民族文化研究叢書 15

(개정증보)

금오신화 연구

이 책은 高麗大學校 民族文化研究院이 새로운 民族文化의 창달과 國學振興을 위하여 제정한 『芝薰國學研究造成費』와 『民族文化研究叢書刊行計劃』에 의하여 出版되었습니다.

民族文化研究叢書 15

(개정증보)

금오신화 연구

설중환 지음

高麗大學校
民族文化研究院

개정증보판을 내면서

이 책은 본래 나의 박사학위 논문이다. 나는 당시 이 책을 발간하면서 향후 일층 완전하게 보완할 것을 다짐하였다. 왜냐하면 나는 당시 이 논문을 1년 만에 정신없이 썼기 때문에, 혹시 다른 사람의 학설을 빠뜨리지나 않았는지 걱정도 되고 뭔가 아쉬운 생각도 있었기 때문이다. 그때 나는 박사 3년차로 계명대학교에서 조교수로 근무할 때였다. 신임교수로 새로운 과목의 강의준비를 하면서, 새벽부터 밤까지 한 1년 죽어라고 썼던 기억이 난다. 그때는 컴퓨터도 없던 때라, 원고지에 만년필로 썼기에 1년 동안 파일럿 만년필 두 자루가 녹아났던 것으로 안다. 왜 그렇게 서둘렀는지 모르겠다. 아마 내가 젊은 날엔 꽤 원기 왕성했고, 성질이 급했기 때문일지도 모른다. 아니 솔직히 말하자면, 나는 당시 제도권(?) 공부에 염증을 느끼고 있었다. 나는 고등학교 시절부터 동양학이랄까 뭐 이런 데 좀 관심이 많았다. 그래서 국문과에 가면 글 쓰는 법도 배우면서 『주역』이나 뭐 동양사상 같은 것도 좀 공부할 줄 알았다. 그런데 막상 입학하고 보니 내 생각과 많이 달랐다. 그래서 1학년을 마치고 1년을 방황하다가 군대를 갔다와 복학하고서는 가정형편상 장학금을 받기 위해 억지로 공부했다고나 할까. 그리고 또 여기서는 다 이야기할 수 없는, 어떤 사정과 인연으로 대학원에 입학하게 되었다. 하여튼 나는 빨리 정규 공부를 끝내고 정말 내가 하고 싶은 공부를 하고 싶었다.

박사논문이 통과되고 바로 다음 날 시작한 공부가 바로 『주역』과 한사상 방면의 책이다. 물론 당시 어설프게 알던 분석심리학도 더 깊이 공부하기 시작했다. 말하기 좋아하는 사람들은 내가 공부한 것이 정통 국문학이 아닌 잡학이라고 비난할 수도 있을 것이다. 그러나 지나놓고 보니 이런 쪽의 공부가 내 국문학 공부에 오히려 더 많은 도움이 되었음을 고백하고 싶다.

이 책의 제목이 『개정증보 금오신화』이지만, 사실 개정증보한 부분은 대부분 작품론에 한정된다. 왜냐하면 다른 부분은 지금도 그때와 마찬가지로 기본생각이 바뀌지 않았기 때문에 문장을 바로잡는 수준에 그쳤다. 참고문헌을 보면 알겠지만, 나는 그 사이 틈틈이 『금오신화』에 대한 연구를 계속하였다. 우선 불교의 참선을 통해 작품의 창작과정을 찾아보았으며, 최초의 한글소설인 『홍길동전』과의 차이점과 공통점도 찾아보았다. 그러나 무엇보다 내가 역학을 공부하면서, 「남염부주지」와 「용궁부연록」이 주역의 원리에 따라 설계된 작품으로, 이들은 서로 다른 작품이 아니라 앞뒤로 연결되어 있는 하나의 작품임을 발견하고는 너무 기뻐 그날 밤 잠을 설친 기억이 난다. 또한 분석심리학을 계속 공부하면서 「만복사저포기」와 「이생규장전」을 심층심리학적으로 깊이 분석하였다. 「취유부벽정기」는 게을러서 따로 논문을 쓰지 않고 이 책에 보완하였다.

올해가 나로서는 정년을 맞이한 해다. 그간을 돌아보면 고소설과 설화 관계 논문을 한 60여 편 쓴 것 같다. 연전에 이들을 정리하여 『한국고소설의 이해』와 『한국고전산문의 이해』라는 책을 출간하였다. 이를 이어 평소의 생각대로 이 책의 개정증보판을 내게 되어 나로서는 정말 기분이 좋다. 아무튼 이 책이 우리 국문학 연구에 조금이나마 도움이 되었으면 좋겠다.

더불어 요즘 세계적 불황 속에 책이 팔리지 않아 어렵다는 가운데서도 본 저서를 기꺼이 출간해 주신 고려대학교 민족문화연구원 최용철 원장님과 여러 편집위원들에게 감사의 인사를 드린다.

2013. 8.

웅갑雄甲 설 중 환

초판 머리말

빛이 있으면 그림자가 있듯 세상 만물은 모두 양면적인 속성을 지니고 있다. 인간 내면에도 양면이 있으니, 희로애락애오喜怒哀樂愛惡가 서로 공존하고 있음이 사실이다. 또한 우리가 알고 있는 의식세계가 있는가 하면 우리가 모르는 무의식세계도 있다. 이런 것을 우리 선조들은 음양으로 파악하여 철학적 인식의 근거로 삼아왔다. 기실 오늘날의 컴퓨터도 이진법(음양)으로 모든 문제를 해결하고 있으니, 어떤 면에서는 거의 같은 원리라고 본다. 그러므로 인간세계를 완전히 인식하기 위해서는 이 양면을 동시에 이해함이 필요하다. 무릇 인간과 세계의 진실을 밝히는 문학에서야 더 말할 필요도 없을 것이다. 더구나 문학세계에서는 보이는 의식세계보다는 보이지 않는 무의식세계가 더 중요하다고 본다. 작가는 보이는 현실을 허구화하여 보이지 않는 진실의 세계를 작품으로 전달하기 때문이다. 따라서 필자는 항상 일면이 아닌 양면을, 그리고 거시적이면서 미시적으로 작품을 보고자 하였다. 기왕 발표된 「춘향전재고」나 「심청전재고」 등도 이런 의도에서 연구된 것들이다.

본 연구도 근본적으로는 같은 시각에서 연구되고 분석되었다. 곧 작품이 생성된 시대의 양면성, 작가 김시습의 내면적인 양면성, 그리고 작품에 나타난 세계의 양면성을 유기적으로 살펴보았다. 결국 작가와 작품의 총체적인 이해에 도달하는 것이 그 목표였다. 그러나 막상 본 연구를 세상에 발표하고자 하니, 심한 자괴지심自愧之心이 일어남을 느끼지 않을 수 없다. 먼저 폭넓은 자료의 섭렵이 부족하였고, 또한 재주도 부족했기 때문이다.

이런 점을 미리 알면서도 『금오신화』를 연구하게 된 것은 작품이 매력적이기도 했지만 최초의 고소설이란 점에서였다. 고소설을 공부하는 필자로서 이를 반드시 분석해 보고 싶은 욕망이 진작부터 있었다. 본 작품의 형성과정과 그 문학적 특질을 검토하므로 해서 그 다음 단계들의 소설을 더 잘 이해하는 기틀이 될 것 같아서였다. 그렇지만 그 형성과정을 일목요연하게 밝힌다는 것이 거의 불가능함을 연구하는 과정에서 절실히 느꼈다. 실제 그 부분에 가장 많은 노력을 쏟았지만 결과는 가장 미흡하게 느끼는 바이다. 다만 하나의 가설을 세우고 그것을 나름대로 증명하려 해 본 것이 성과라면 성과이다. 이 부분은 앞으로 더욱 조사되고 보강되어야 할 것이다. 아울러 다른 부분들도 선배·동학·제현들의 끊임없는 질정을 받아가며 일층 완전하게 보완해 갈 것을 다짐한다.

오늘 본 연구를 발표하게 될 때까지 문학이 무엇인지, 그리고 사는 것이 무엇인지를 알게 모르게 깨우쳐 주시고 생각하게 해주신 모든 스승님들께 감사하며 진심으로 고개 숙인다.

끝으로 본 연구를 지도해 주시고 늘 격려해 주시는 송민호 교수님, 지훈芝薰 국학연구조성비를 지원해 주시고 민족문화연구총서의 하나로 간행될 수 있게 하여 주신 고대 민족문화연구소와 홍일식 소장님께 깊은 감사를 드린다.

1983. 9.

저 자

차 례

Ⅰ. 서론

1. 연구의의 및 방법

매월당梅月堂 김시습金時習(1435~1493 AD)은 조선초기의 시인으로, 그리고 작가로서 그 문학사적 위치가 우뚝하다고 하겠다. 이에 따라 그의 작가론적, 작품론적, 혹은 비교문학적 연구가 다양하게 이루어져 온 것이 사실이다. 이러한 연구들은 매월당과 그 작품을 이해하는데 크게 기여하였다. 그러나 아직까지 매월당과 『금오신화金鰲新話』에 대한 완전하고도 만족할만한 이해에는 도달하지 못했다고 볼 수 있다. 물론 이런 총체적인 이해에 도달하는 것은 하나의 이상에 불과할지도 모른다. 그렇다고 우리는 그러한 목표를 미리 포기해서는 안 될 것이다. 이 글을 쓰는 목적도 이러한 목표에 도달하고자 하는 하나의 발돋움이라 할 수 있다.

필자가 보건대. 이제까지 매월당 연구에 있어 가장 큰 장애는, 매월당과 그 작품에 대한 평가가 옛날부터 서로 엇갈려 왔다는 데 있다고 생각한다.

먼저 매월당에 대해서는 조선 유학의 쌍벽인 이퇴계와 이율곡에게서 그에 대한 평가가 상반되고 있음을 알 수 있다. 먼저 퇴계의 생각을 살펴보기로 한다.

> 허봉許篈이 이황李滉에게 묻기를 "세상 사람들은 매월당이 중 옷 입은 것을 가지고 볼 것이 없다고 하지만, 제 생각에는 매월당이 세상을 도피한 절개는 진실로 중용의 도리에는 합하지 못했다 하더라도, 몸가짐이 청고淸高한 데 합하고 물러감이 권도權道에 합했다고 하겠는데, 이렇게 보는 것이 어떻겠습니까?" 하매, 대답하기를, "매월당은 남다른 하나의 이

인異人이요, 색은행괴索隱行怪에 가깝지만, 만난 세대가 마침 그러하여 드디어 높은 절개를 이루었을 뿐이오." 하였다.1)

이에서 보면 허봉은 매월당을 못마땅하게 여기는 세평에 반대하여 그의 인품을 높이 평하고 있다. 그러나 퇴계는 이와 달리 그를 일종의 색은행괴索隱行怪한 이인異人으로, 또한 그의 절의節義도 세월 탓으로 돌리고 있다. 이런 퇴계와는 달리 율곡은 매월당을 인간적으로 높이 평하고 있음을 볼 수 있다.

> 생각해 보면 그 사람의 재주가 그릇 밖에 넘쳐서 능히 스스로 잡지 못했으니, 그 기氣 받은 것이 경청輕淸한 것에는 풍성하고, 중후重厚한 데에는 인색하였던 것이 아닌지요? 비록 그러하나, 절의節義를 표방하고 윤기倫紀를 붙들었으니, 그 뜻을 궁구해 보면 가히 일월日月과 빛을 다툴 것이며, 그 풍성風聲을 들으면 나약한 사람도 또한 입지立志가 있겠은즉, 비록 백대의 스승이라 하여도 또한 근사할 것입니다.2)

이에서 율곡은 그가 너무 재주가 뛰어나 사람이 중후하지 못하고 가볍기는 해도, 절의를 존중하고 윤기를 붙들었으니 과히 백대의 스승에 가깝다고 한다. 이는 퇴계와는 달리 매월당을 극찬한 것이라 하겠다. 이러한 율곡의 평은 〈매월당집서〉를 쓴 이산해李山海의 평가와도 비슷하다. 결국 매월당에 대한 평은 옛날부터 서로 달라 있었던 것이다.

---

1) 『매월당집』부록 「제자잡기」, 465쪽.
許荷谷篈 問於李文純公滉曰 世人以梅月堂之被緇 爲不足觀 在篈之意 以爲梅月堂遁世一節 固未合於中庸之道 然而身中淸 廢中權 如此看則何如 答曰 梅月別是一種異人 近於索隱行怪 而所値之世適然 遂成其高節耳.

2) 이이, 『매월당집』「김시습전」, 11쪽.
想見其人才溢器外 不能自持 無乃愛氣豐於輕淸 嗇於厚重者歟 雖然標節義扶倫紀 究其志可與日月爭光 聞其風儒夫亦立則 雖爲之百世之師亦近之矣.

나아가 그의 작품에 대한 평가도 그 견해가 서로 달랐다. 퇴계는 『금오신화』의 유는 가히 고견원식高見遠識으로 허락할 수 없다."[3]고 하여 이를 폄하하는 듯한 말을 했으니, 이는 도학군자인 그로서 괴력난신지류怪力亂神之類에 대한 당연한 평가라 하겠다. 그러나 조기영는 『생육신전』에 부록된 잡기에서 "『금오신화』 중에 〈남염부주지〉가 소설의 제1이다. 대개 『전등신화』를 도습蹈襲했지만 출어가 그것보다 뛰어나니 어찌 청출어람靑出於藍에 그치겠는가!"[4]하여, 이 작품을 높이 평가하고 있음을 알 수 있다.

또한 매월당의 시에 대해서도 양면적인 평가가 있으니, 그와 동시대의 김안로나 이자 등은 "근대의 시승詩僧으로는 설잠雪岑이 영수이다."[5]라고 하며 그를 높이 평가하였으나, 허균은 이와 반대의 입장을 취하고 있다.[6]

결국 매월당이나 그의 작품은 옛부터 두 가지 측면에서 상반된 평가가 이루어져 왔음을 알겠다. 필자가 보기에, 이런 상반된 평가가 나오게 된 근본 원인은 매월당의 양면성을 동시에 보지 않고 어느 한 일면만을 보았기 때문에 생긴 결과라고 생각한다.

이에 우리 국문학계에서도 대개는 위와 같이 어느 한 면에만 치중하

---

3) 이황, 『퇴계집』, 「퇴계선생신행록」.
金鰲新話之類 恐不可以高見遠識許之也.

4) 조기영편, 『생육신집』 부록 상, 52쪽.
金鰲新話中 南炎浮洲志 小說之第一也 大概蹈襲佑宗吉剪燈新話 而出語卽過之 豈但靑出於藍而靑於藍.

5) 김안로, 『대동야승』, 「용천담적기」, 경희출판사, 1968, 403쪽.
近代詩僧 岑爲之領袖.

6) 허균, 『허균전집』, 「성수시화」, 대제각 영인, 233쪽.
金悅卿高節卓爾 不可尙已 其詩文 俱超邁 以其遊戲 不用意得之 故强弩之末 每雜蔓 語張打油 可厭也.

여 매월당이나 그 작품을 연구하여 온 듯한 인상을 감출 수 없다. 곧 매월당의 어느 한 면을 너무 강조하거나 아니면 어느 한 면을 아예 무시해 버리는 연구가 그것이다. 이는 다양한 변모를 거친 그의 생애 전체를 고려하지 않고, 어느 한 부분만을 따로 떼어내어 생각했기 때문에 생긴 것으로 사료된다. 따라서 이런 이전의 어떤 선입견이나 편견을 버리고 매월당을 객관적이고 전체적으로 관찰할 때, 우리는 그가 양면성을 갖고 있음을 발견하게 된다. 즉 매월당은 불승이기도 했으나 유학자이기도 했으며, 절의를 지키려고도 했으나 공명을 얻으려고도 했으며, 나아가 현실주의자이기도 했으나 이상주의자이기도 했던 것이다.

이에 우리가 매월당과 그 작품을 정당하게 이해하려고 한다면, 이 양면 중 어느 한 면이라도 소홀히 취급해서는 안 된다고 생각한다. 그러기 위해서는 먼저 그의 생애 전체를 정확하게 이해하여야 할 것이다. 결국 우리는 그의 불교적인 면과 유교적인 면을 동시에 보아야 하고, 그가 절의를 지키려던 심정과 공명을 이루려던 심정을 똑같이 이해하여야 하고, 또한 그의 현실적 기반과 이상을 아울러 염두에 두어야 하는 것이다. 이 양면 속에서 우리는 그의 진면목을 대할 수 있고, 또한 그의 작품의 참모습도 이해하게 될 것이다.

이렇게 매월당이 양면성을 지니고 있는 것은 여러 가지 측면에서 그 원인을 추적해 볼 수 있다. 여기에는 무엇보다 그가 몸담고 있었던 시대·사회의 양면성도 무시하지 못할 것이다. 조선초는 왕권과 신권이 서로 권력다툼을 벌리고, 유학과 불교가 대립하고, 또한 문단에서는 관인문학과 처사문학이 양립해 있던 양면성의 시대였다. 그의 양면성은 그가 서 있었던 조선초의 이런 시대·사회와 밀접한 관련이 있는 것이다. 아울러 화려했던 그의 가문과 한미한 가정에서의 출생, 유학자적 수학과 불승으로서의 생애, 왕도와 패도의 두 세계 사이에서 살아가야 했던 데서도 그 원인의 일부를 찾을 수 있을 것이다.

본고에서는 이러한 모든 점을 두루두루 고찰하여 매월당과 그의 작품을 총체적으로 이해하고자 한다. 이러한 시도가 바로 본 저작의 의의가 될 수 있을 것이다. 이러한 총체적인 이해에 도달하고자, 필자는 몇 가지 연구방법을 설정하고자 한다.

첫째, 필자는 매월당과 『금오신화』에 대한 기존의 연구를 전부 존중하고, 이들을 바탕으로 하여 연구를 출발하고자 한다. 따라서 기존의 연구를 배척하는 것을 지양하고, 그러한 관점이나 성과를 모두 고려할 것이다. 나아가 이들을 서로 조화시키면서 끝내는 한발 더 나아가려는 것이 필자의 욕심이다.

둘째, 필자는 한 사람의 충실한 독자로서 연구를 시작하고자 한다. 작품은 독자에 의해 살고, 독자에 의존하여 존재하기 때문이다. 따라서 한 사람의 독자로서 필자는 『금오신화』가 정말 필요로 하는 응답을 찾고자 한다. 이는 본 작품을 석실에 숨긴 매월당의 천년 한을 풀어주는 것이요, 또한 성실한 독자가 수행해야 할 의무이기도 하다.

셋째, 필자는 훌륭한 독자가 되기 위해 이를 가장 잘 이해할 수 있는 방법을 찾아내고자 할 것이다. 모든 문학 작품은 각각의 얼굴을 가지고 있으며 또한 그 내부에는 독자적인 문제를 지니고 있다. 따라서 본고에서는 『금오신화』가 독자적으로 가지고 있는 문제를 해명하기 위하여 기존의 선입견을 버리고 작품의 본래 모습을 찾고자, 거기에 맞는 방법을 찾아낼 것이다. 이에 직관과 상상력을 동원할 것이며, 그것을 과학적으로 분석할 것이며, 나아가 이 모두를 예술적으로 종합할 것이다. 왜냐하면, 모든 작품은 유기적으로 결합되어 하나의 생명체를 이루고 있기 때문이다.

결국 쓰기가 한 가지 방법밖에 없는 것처럼 읽기도 한 가지 방법밖에 없다는 신념 아래『금오신화』의 숨겨진 의미를 정확하게 찾아보는 것이 그 궁극적인 목표가 될 것이다.

2. 연구사의 검토와 서술방향

지금까지『금오신화』에 대해서는 많은 관심 있는 분들에 의해 상당한 업적이 이루어져 왔다. 먼저 작품의 해제 또는 주석[7)]으로부터 매월당의 생애와 사상의 변모를 다룬 작가론[8)], 중국『전등신화』와의 비교연구[9)], 그리고 작품의 구조와 의미를 새롭게 보는 작품론[10)] 등으로

7) 최남선,「금오신화 해제 」,『계명』19호, 1927.
이가원역주,『금오신화』, 통문관, 1959.
이재호역,『금오신화』, 을유문화사, 1972.
양대연역(권돈오교열),『금오신화』,『국역 매월당집』3, 세종대왕 기념사업회, 1978.
심경호 옮김,『금오신화』, 홍익출판사, 2000.
이지하 옮김,『금오신화』, 민음사, 2009.

8) 정병욱,『김시습연구』, 서울대 논문집 7집 (1958).
정주동,『매월당 김시습연구』, 신아사, 1965.
이재수,「금오신화고」,『한국소설연구』, 형설출판사, 1969.
김광순,「김시습론」,『한국문학작가론』, 현대문학사, 1991.
심경호,『김시습 평전』, 돌베개, 2003.

9) 박성의,「비교문학적 견지에서 본 금오신화와 전등신화」,『문리논집』제3집, 고려대, 1958.
정주동, 앞의 책.
이석래,「금오신화의 전개적 고찰」,『이숭녕박사기념논총』, 을유문화사, 1968.
이재수, 앞의 논문, 앞의 책.
한영환,『금오신화와 전등신화의 구성 비교연구』, 개문사, 1975.
한영환,「전등신화·금오신화·가비자의 비교연구」,『전이와 수용』, 학문사, 1986.
신두헌,「전기소설 전등신화·금오신화·양월물어」,『논문집』21, 상명여대, 1988.
김인규,「금오신화와 양월물어의 비교연구: 이생규장전과 잡초의 무덤」,『우리문학연구』, 8, 1990.

10) 임형택,「현실주의적 세계관과 금오신화」,『국문학연구』13집, 국문학연구회, 1971.
조동일,「소설의 성립과 초기소설의 유형적 특징」,『한국학논집』3집, 계명대 한

여러 분야에 걸쳐 다양하게 연구되었다.

이제 이들 업적을 본고의 서술순서와 관련해서 하나하나 개략적으로 검토하면서 본고의 서술방향도 아울러 제시하고자 한다.

첫째, 매월당의 생애와 사상을 다룬 작가론은 비교적 충실한 연구가 이루어져 왔다.[11] 특히 정병욱과 정주동의 연구는 그를 이해하기에 충분하다고 하여도 과언이 아닐 것이다. 그러나 매월당이 왜 그런 불우한 정치가로 살아갔는지, 왜 승복을 걸치면서 유학자의 면모를 잃지 않았는지, 그리고 왜 그는 방외자의 외로운 문학적 길을 개척하게 되었는지에 대한 구체적인 연구는 아직 충분하지 않다고 본다. 물론 이러한 점들은 지금까지 부분적으로는 언급되었다. 그러나 본고에서는 이들을 당시의 시대상황에 비추어 그 원인을 극명하게 찾아보기로 한다.

둘째, 이제까지 매월당의 생애는 주로 그 외면적인 변화의 양상에 맞추어 서술되어 왔다.[12] 수학기니 방랑기니 금오기니 하는 것들이 그러하다. 그러나 본고에서는 그의 외면적인 면보다는 내면적인 변모의 양상에 초점을 맞추어 그의 생애를 서술하고자 한다. 즉 매월당의 내면을 투시하여 그가 이상을 품었던 때와 실의하여 은둔隱遁하였던 때, 그리고 다시 현실에 나왔으나 좌절하고, 끝내는 초월적 공간에서 은일隱逸하였던 때 등으로 나누어 기술하고자 한다. 이렇게 할 때, 우리는 그의 피상적인 면보다는 그의 살아있는 내면의 숨결을 느낄 수 있을 것이다. 나아가 그의 문학이나 문학적 변모양상도 이런 측면에서

국학연구소, 1976.

김일렬, 「금오신화 고찰」, 『조선전기의 언어와 문화』, 형설출판사, 1976.

11) 정병욱, 앞의 논문.

정주동, 앞의 책.

이재수, 앞의 논문, 앞의 책.

12) 같은 곳.

파악할 때 쉽게 수긍할 수 있게 될 것이다.

셋째, 작품의 형성과정에 대한 연구도 상당한 관심 속에 이루어져왔다.[13] 대부분의 개론서나 문학사에서도 이를 산발적으로 다루어 왔음이 사실이다. 그러나 대부분은 중국의 영향관계로 생각하여, 『전등신화』와의 관계에서 파악하려고 하였다. 그러나 이런 연구도 주로 근원설화적인 면의 연구가 주조를 이루고 있었음을 살필 수 있다.

다만 근자에 임형택이나 조동일에 의해 전대문학의 발전적 계승[14] 내지 이기철학적인 측면에서의 소설발생[15]이라는 견해는 주목을 받기에 충분하다고 본다. 필자는 이들 의견을 경청하되 이와 달리 먼저 문화사적 측면에서 작품의 성립 과정을 밝혀보고자 한다. 이에 먼저 『금오신화』의 형성을 가능하게 하였던 당시의 문화적 기운과 그 성격을 고찰하여 보려고 한다. 왜냐하면 문학작품은 문화의 한 현상으로 고답적인 철학이 아니라 현실적인 사상과 기술(art)이 결합된 것이기 때문이다.

이와 더불어 국내적인 여건과 국외적인 영향을 살피고, 그러한 성숙된 여건 속에서 소설이 개화될 수 있도록 한 『전등신화』의 기교적인 영향을 구체적으로 검증해 볼 것이다. 특히 근원설화 뿐만 아니라, 그 형성과정이나 구조면에서 어떤 경로를 거쳐왔는지에 중점을 두고자 한다. 이것이 밝혀지면 『금오신화』와 『전등신화』와의 영향 관계는 어느 정도 정당하게 정립될 것이다.

넷째, 작품론이다. 이에 대해서는 전반적인, 혹은 부분적인 연구 업

---

13) 이석래, 앞의 논문.
정주동, 앞의 책.
기타 개론서 및 국문학사.
14) 임형택, 앞의 논문.
15) 조동일, 앞의 논문, 앞의 책.

적이 많이 있다. 그러나 필자가 보기에는 이 작품론이 다른 분야에 비해 가장 미흡하게 연구된 것으로 느껴진다. 그것은 이제까지의 작품론이 너무 작품 외적인 측면, 아니면 사상적인 측면에 치우쳐 연구된 결과가 아닐까 하고 생각해 본다.

특히 〈만복사저포기〉나 〈이생규장전〉 등은 연애담이라는 피상적인 연구에 치우치고 있다. 이러한 측면에서의 연구는 정주동[16], 정병욱[17], 이재수[18], 임형택[19], 조동일[20]에 의해 이어져 왔다고 본다. 이들은 접근 방법에서는 차이가 있지만 모두가 애정적인 측면을 주로 다룬다는 데서는 일치하고 있다. 즉 정주동은 불교적인 무상감을 기저로 한 가운데 애정문제가 중심 주제를 이루고 있다고 보았으며, 정병욱은 그를 연애지상주의를 부르짖었다고 하였으며, 임형택은 비애, 즉 이별이나 죽음을 통해서 사랑의 고귀함을 알려준 비극성을 가진 작품으로 보았고, 조동일은 죽은 여자와의 사랑은 세계가 자아를 용납하지 않을 만큼 완강하다는 것을 표현하는 것으로 자아와 세계의 대결을 나타내기 위한 역설적인 구조로 파악하였다.

〈취유부벽정기〉는 일찍부터 작품 외적인 연구가 성행되어 온 것이 특징이다. 이는 최남선[21]이 『금오신화』에서 향토색을 느낄 수 있고, 특히 〈취유부벽정기〉에서는 작가정신을 엿볼 수 있다고 한데서 비롯된다고 생각한다. 이러한 견해는 천태산인[22]에게도 그대로 계승된다. 이어 이가원[23]은 사건이 단종의 손위와 세조의 찬탈을 통탄하는 것으

16) 정주동, 앞의 책.
17) 정병욱, 「김시습연구」, 『한국고전의 재인식』, 홍성사, 1979.
18) 이재수, 앞의 논문, 앞의 책.
19) 임형택, 앞의 논문.
20) 조동일, 앞의 논문, 앞의 책.
21) 최남선, 앞의 논문, 앞의 책.
22) 김태준, 『증보 조선소설사』, 학예사, 1933, 61쪽.

로 보았다. 정주동[24]은 이를 더욱 구체화시켰다고 하겠고, 이와 같은 견해는 이재수[25], 이재호[26] 등에 의해서도 동의를 얻고 있다.

이 작품을 좀더 다른 관점에서 역사적인 사실로 본 것은 임형택[27]에 의해서이다. 그는 이에서 왕조교체에 따른 전조前朝 유민遺民의 저항으로 파악하였다. 그리고 전술한 최남선·천태산인의 견해를 더욱 발전시켜 작품배경이 도선적 문화의식을 반영하고 있으며, 반존화적 민족의식을 나타낸다고 본 것은 이상택[28]에 의해서이다. 또한 작품의 도선적 배경에 더욱 집중하여, 본 작품을 『금오신화』 5편 중에서 신선지향적 원망願望을 가장 뚜렷하게 표현한 소설로 보고 작자의 도선의식을 찾아 본 것이 최삼룡[29]이다.

〈남염부주지〉는 정병욱[30]이 '그의 사상체계를 집대성한 작품'이라는 주장 이래, 계속 사상적인 측면에서 연구되어 온 것이 특징이다. 이러한 주장은 이가원[31], 정주동[32], 이재수[33], 임형택[34], 조동일[35], 그리고 최삼룡[36]에게서 그대로 받아들여진다. 특히 정주동은 불교적인 측면에서, 임형택과 조동일은 기일원론적인 철학사상에 입각하여

---

23) 이가원, 「금오신화 해제」, 『금오신화』, 통문관, 1959.
24) 정주동, 앞의 책, 670쪽.
25) 이재수, 앞의 책, 70-71쪽 참조.
26) 이재호, 「금오신화고」, 『금오신화』, 과학사, 1980.
27) 임형택, 앞의 논문.
28) 이상택, 「취유부벽정기의 도가적 문화의식」, 『한국고선소설의 탐구』, 중앙출판사, 1981.
29) 최삼룡, 『조선초기소설의 도선사상』, 형설출판사, 1982, 142~164쪽 참조.
30) 정병욱, 앞의 논문, 앞의 책.
31) 이가원, 앞의 논문, 앞의 책.
32) 정주동, 앞의 책.
33) 이재수, 앞의 논문, 앞의 책.
34) 임형택, 앞의 논문.
35) 조동일, 앞의 논문, 앞의 책.
36) 최삼룡, 앞의 책.

작품의 분석하였다고 하겠다. 또한 최삼룡은 기일원론에 의한 도가적 방향으로 접근하여 특히 그 귀신관에 주목한 바 있다.

끝으로 「용궁부연록」은 정주동[37]의 사상적인 측면에서의 연구로 시작된다. 그는 여기에서 삼교사상이 혼합되어 나타난다고 하였다. 이어 이재수[38]는 매월당이 자신을 가탁한 우의소설로 보았다. 본 작품은 『금오신화』의 다른 작품들에 비하여 비교적 언급이 덜 되어 있는 작품이다. 이는 아마도 외견상 작품구조의 단순성과 또한 작가의 사상이 구체적으로 드러나지 않았기 때문이라고 사료된다. 그러나 필자가 보기에는 『금오신화』 5편이 각각 독특한 구조와 의미를 갖고 있기에, 어느 하나 버릴 것이 없다고 본다. 즉 5편은 서로 우열을 가리기 힘들 만큼 각각의 가치를 지니고 있다는 말이다.

살펴본 대로 〈만복사저포기〉와 〈이생규장전〉은 주로 애정물로 보아 왔으며, 〈취유부벽정기〉와 〈남염부주지〉는 주로 역사성이나 사상성에 치중하여 연구되었고, 〈용궁부연록〉은 연구가 가장 미흡한 것으로 나타난다. 그러나 『금오신화』는 역사책이나 사상집이 아닌 소설집이요, 소설 중에서도 위대한 소설이다. 따라서 본고에서는 이를 선입견 없이 읽고 또 읽어, 작품 본래의 의미를 찾아내고자 한다. 이에 본고의 작품론은 기존의 연구와는 아주 다른, 새로운 해석이 될 것이다.

다섯째, 본 작품의 창작기법을 고찰하고자 한다. 이에 대한 연구는 필자가 과문한 탓인지 몰라도 거의 전무한 것으로 보인다. 그러나 훌륭한 작품은 반드시 훌륭한 작품이 된 원인이 있다. 이는 그 작가의 창작기법으로 밝혀질 것이다. 따라서 본고에서는 『금오신화』가 왜 독자들의 흥미를 유발하는지, 문체와 내용이 어떠한 관계를 가지고 있는

37) 정주동, 앞의 책, 722쪽.
38) 이재수, 앞의 논문, 앞의 책.

지, 표제는 어떠한 상징적 의미를 지니고 있는지, 서두와 결말은 어떤 유기적 관계를 맺고 있는지, 배경은 어떻게 적실하게 설정되어 있는지를 구체적으로 살펴봄으로써 본 작품의 창작기교를 하나하나 밝혀낼 것이다. 이것이 밝혀질 때, 『금오신화』가 왜, 어째서 위대한지를 주장할 수 있는 구체적 바탕이 마련될 수 있을 것이다.

여섯째, 매월당의 작가정신에 대한 연구이다. 이 역시 연구자들의 논문 속에서 부분적으로 발견된다. 여기서는 이들을 검토하고, 또한 본 연구에서 주어진 결과를 바탕으로 하여 그의 작가정신을 정립하고자 한다. 매월당은 이제까지 역사의식적인 측면에서의 작가의식이 강조되어 왔으나, 필자는 그가 본래의 자기를 발견하고, 나아가 인간을 발견했다는 데에 더 큰 가치를 두고자 한다. 이는 본 작품의 한계이면서 동시에 그 특성이기도 하다.

끝으로 작품의 문학사적 의의 역시 개론서나 개별논문에 산발적으로 나타나 있다. 필자는 이들을 정리하고, 『전등신화』와의 대비를 통하여 필자 나름의 견해를 밝히고자 한다.

살펴본 대로 『금오신화』는 상당히 많은 학자들에 의해, 그리고 상당히 많은 분야에서 꽤 많이 연구되어 왔다. 그러나 아직 미흡한 분야, 논의되지 않은 분야 역시 많이 있다고 본다. 이런 이유로 필자는 본 논문을 쓰게 되었다.

끝으로 본고의 text로는 가장 널리 알려진 『매월당전집』[39]을 사용한다.

---

39) 『매월당전집』은 성균관대학교 대동문화연구원에서 1973년 편집 영인한 것으로, 권수는 신활자본에서, 「매월당집원집」은 갑인자본에서, 「매월당속집」은 신활자본의 보유시문을 전재하였다. 또한 「매월당별집」은 조명박물관본을, 『금오신화』는 대총본을 필사하여 전재하였고, 「매월당부록」은 신활자본을 영인하였다.

Ⅱ. 작가적 배경

우리가 한 작품을 정당하게 이해하려고 한다면, 먼저 그 시대와 작가에 대한 연구가 선행되어야 할 것이다. 그것은 어떤 작품이나 당대의 사회적 인습과 문화적 전통, 그리고 작가의 체험 등을 바탕으로 하여 만들어지기 때문이다. 따라서 김시습은 어떤 시대와 사회에 처해 있었으며, 거기에서 무엇을 자양분으로 섭취하였는지, 그리고 그는 어떤 가문에서 태어나 어떤 수학과정을 거쳐 결국 어떤 생애를 살아갔는지에 먼저 주의를 기울여야 할 것이다. 이러한 조사와 연구를 종합하여 우리는 그의 총체적인 정신적 이력서를 만들어 낼 수 있으며, 이것은 그의 문학을 더 잘 이해할 수 있는 기틀이 될 것이다.

1. 여말 · 선초의 시대적 특성

여말 · 선초는 우리나라 내부뿐만 아니라, 외부로는 원元 · 명明 교체기에 해당하는 동아시아 역사의 일대 전환기이기도 하였다. 이러한 역사적 전환기 속에서 김시습은 세종 17년(1435년) 서울 반궁泮宮(성균관) 북쪽(현 명륜동)에서 충순위忠順衛 일성日省의 아들로 태어났다.[1] 이후 그는 방랑과 환속을 거듭하면서 단종, 세조를 거쳐 성종 24년 계축년(1493년) 3월 충청도 홍산(현 부여군) 무량사無量寺에서 59세를 일기로 생애를 마쳤다.

이러한 그의 길지 않은 일생 행적을 종합하여 보면, 이미 정병욱이

---

1) 『매월당집』 문집 21, 347쪽.
僕 乙卯年 生京都泮宮之北 云云.

지적한 것처럼 다음 세 가지 면모가 두드러짐을 알 수 있다.

> 첫째로 매월당은 조선 건국 당시의 훈구파인 기성세력에 감연히 도전하면서 성장하는 신흥사대부의 동반자로서 굽힐 줄 모르는 양식을 지닌 불우한 정치가였다. 그리고 둘째로는 유불교체기인 과도기에 위치한 한 사람의 지식인으로서 그의 생활은 철두철미하게 현실을 부정하는 불교이념을 실천하는 형태를 빌어서 표현하면서, 그의 교양과 양식은 신흥사대부의 정신무장이었던 유교이념이 그 기반이 되어 있었기 때문에, 그는 극도의 자기분열증 속에서 고민하였고 급기야는 성격의 파탄까지 초래하게 되었던 불우한 사상가이기도 하였다. 끝으로 셋째로는 불굴의 정치적 양식을 갖춘 과도기의 지식으로서 때때로 인생을 부정하면서 때로는 추악하고도 가증한 현실과 타협하지 않으면 안 되는 그 고뇌를 작품 활동을 통하여 형상화시켜 낸 위대한 문학가로서의 구실을 다하였던 인물이었다.[2)]

이에서 보듯이 매월당은 절의를 굽힐 줄 몰랐던 불우한 정치가, 유불교체기에 고뇌하던 사상가, 그리고 영원히 기념할 만한 작품을 남긴 문학가로서 살아갔던 것이다. 이에 필자는 그가 왜 이러한 생애를 보내어야만 했던가를 당시의 시대여건에 비추어 살펴보려고 한다. 즉 그는 왜 한 번도 그의 웅지를 펴보지 못한 불우한 정치가가 되었는지, 그는 왜 '심유적불心儒跡佛'[3)]이라는 후세의 비평을 받게끔 승복을 걸쳤으면서도 유학자의 면모를 잃지 않았는지, 그리고 그는 왜 위대한 문학가라는 영예를 누리게 되었는지를 먼저 시대·사회적인 측면에서 검토해 보려는 것이다.

---

2) 정병욱, 「김시습과 금오신화」, 『한국고전소설』, 계명대학 출판부, 1974, 23쪽.
3) 이이, 『매월당집』, 「김시습전」, 9쪽.

(1) 정치적 상황

매월당은 한번도 그의 뜻을 펴보지 못한 불우한 정치가였다. 왜 그랬을까? 그가 섰던 조선 초기는 아직 정치적으로 안정되지 못한, 왕권王權과 신권臣權이 서로 권력의 핵을 차지하려는 과도기였다고 볼 수 있다. 따라서 그는 그런 과도기 속의 한 정치가로서 절의節義를 지키느라 끝내 그의 꿈을 실현시킬 기회를 놓치고 말게 된다. 이러한 불행은 당시의 정치적 맥락 속에서 파악되어야 할 것이다.

중세사회에 있어 왕권은 절대적이었다. 신하들은 다만 왕을 중심으로 하여 권력구조를 형성하였으니, 곧 중앙집권제가 그것이다. 우리 역사도 왕 중심의 중앙집권제로 내려온 것이 사실이다. 이는 특히 통일신라 이후 불교의 호국적인 사상을 배경으로 하여, 고려 때까지는 절대적인 왕권이 유지될 수 있었다고 본다.[4] 그러나 조선 초기로 내려오면 절대적이었던 왕권이 내면적으로 상대적인 왕권으로 변모되는 듯한 인상을 준다. 이에는 몇 가지 이유를 상정하여 볼 수 있다.

첫째는 당시는 개국開國 초기라, 여느 시대와 마찬가지로 아직 왕권이 제대로 확립되지 못한 것이 그 원인의 하나라고 하겠다.

둘째는 조선의 성립과정에서 그 이유를 찾을 수 있을 것이다. 조선은 고려조가 국내외적으로 갖고 있던 정치사회적인 모순을 동시에 해결하고자, 알다시피 무장武將으로 명망이 있던 이성계파와 문치주의·왕도정치를 표방하던 정도전을 중심으로 한 문인文人들의 합작으

---

4) 이기백, 『한국고대사론』, 탐구당, 1975, 114쪽 참조.
불교가 불토와 속세를 구별하여 불토에 절대적인 권위를 부여하고, 현세를 속세로 규정하는 이원적 세계관은 동시에 초인간적인 힘에 의하여 전생에서의 업보로 현세에 전생한다는 숙명론을 심어 주었다. 이러한 불교의 이원론적 세계관은 신라의 지배적 신분층인 진골귀족의 권위를 뒷받침해 주는 호국적 이론이었다.

로 건국된다. 따라서 이들 사이의 정치적 권력투쟁에서 또한 그 원인의 일부를 찾을 수 있다고 본다.

셋째로 무엇보다 조선 초기의 정치사상에서 그 원인을 찾을 수 있다. 즉 조선은 개국과 동시에 정치사회적인 이유로 척불숭유斥佛崇儒 정책을 쓴다. 따라서 이제까지 절대왕권을 이념적으로 뒷받침하던 불교의 호국론 대신에 유학의 민본적인 왕도정치王道政治가 명목상으로나마 중심적인 자리를 차지하게 된다. 소위 유학에서 이상으로 삼는 왕도정치는 왕권과 신권이 균형을 이룬 가운데 신하는 왕의 권위를 인정하고 왕은 신하의 의논을 존중할 수 있는 상태라야만 실현될 수 있는 것이다. 왕권이 지나치게 강대한 정치체제 하에서 왕도정치·유교정치의 실현이 어렵고, 반면에 신권이 과대하여 왕권을 압도하는 상태에서도 이상적인 것이 될 수 없기 때문이다.[5] 따라서 왕과 신하들은 서로 권력을 견제하게 된다. 그러나 이것을 이상일 뿐이다. 실제 정치적 권력다툼은 이상이 아니라 냉정한 현실적 투쟁인 것이다. 이런저런 이유로 조선 초기는 왕권과 신권이 서로 대립하면서 균형을 이루고자 상호 견제하는 정치적 양상을 보였다.

우리는 이제 태조에서부터 왕권이 확립된 성종 초까지 왕권과 신권 사이의 권력구조, 즉 권력핵의 변동 상황을 유의해 보기로 한다. 이를 알기 위해서는 왕을 중심한 육조六曹와 신들로 구성된 의정부議政府 사이의 관계를 파악하는 것이 이해의 첩경이라 생각된다. 왜냐하면, 왕을 중심으로 한 육조와 최고 중신들로 구성된 의정부가 서로 대립 견제하여 갔기 때문이다.

조선왕조를 개창한 태조 이성계와 그를 추대한 개혁파들은 비록 새

---

5) 최승희, 「양반 유교정치의 진전」, 『한국사』 9, 국사편찬위원회, 1981, 137쪽 참조.

왕조를 개창하였지만 이에 따른 사회적 혼란과 민심의 수습을 위하여 새로운 제도와 문물을 마련하지 못하고 한결같이 고려의 그것을 계승하였다. 따라서 조선왕조의 최고 의결집행의 국정기관은 개국 초에는 고려 충렬왕 때 설치된 도평의사사都評議使司였다. 이 도평의사사는 정종 2년 4월의 관제개혁에서 의정부로 개편되었으므로, 의정부가 조선 초기 최고의 국정기관이 되었다. 그것은 의정부가 법제적으로 최고의 국정기관이었고, 또 최고위 관료들과 최다의 인원으로 구성되었기 때문이다. 그런데 최고 중신들의 모임인 의정부는 왕권·육조기능의 강약에 따라, 또한 그 구성원의 성격에 따라 그 권한이 변하였다. 대체적으로 국가의 최고정책을 결정하는 권한은 왕권이 강할 때에는 육조로, 신권이 우세할 때에는 의정부로 귀속되는 경향이 있었다.[6] 즉 태조로부터 세종조까지 육조와 의정부를 사이에 두고 왕권과 신권이 서로 팽팽히 맞서고 있었다. 즉 정종 초에는 의정부의의제가 실시되면서 의정부가 국정 전반을 총괄하였으나 태종에 오면 왕권강화 및 육조직계제六曹直啓制 실시 기도와 함께 육조의 지위가 향상되는 반면 의정부는 상대적으로 약화되어 갔다. 태종 14년부터 세종 17년에 있어서는 육조직계제의 실시로 육조가 국정을 주도하였지만, 대체로 의정부도 활발한 활동을 하였다. 그러나 매월당이 태어난 이듬해인 세종 18년부터 단종까지는 의정부의의제가 다시 부활되면서, 의정부가 국정을 주도하였다. 의정부의의제가 부활된 것은 세종의 신병 때문이기도 하지만, 세종 치세에는 왕권과 신권이 조화를 이루어 정치가 안정되었고 육조도 활발히 국정에 참여하였기 때문이다.[7]

이에 우리는 매월당이 섰던 정치의 장이 왕권과 신권이 서로 팽팽히

---

6) 한충희, 「조선초기의 의정부 연구」, 계명대 대학원, 1980 참조.
7) 같은 곳.

맞서서 서로 권력의 핵을 교대로 주고받던 시대였음을 알 수 있다. 더우기 그가 세종 17년에 태어나 유학자로서의 대성을 꿈꾸며 수학하던 때는 세종대로, 왕권과 신권이 조회되어 유교의 왕도정치 이념이 가장 이상에 가깝게 실현된 시기이다. 세종은 태종의 뒤를 이어 재위 32년간(1418~50) 중앙집권제의 확립, 국가재정의 충실, 영토의 확장, 민생의 안정, 문화의 난숙을 가져옴으로써 개국 이래 가장 안정된 시대를 맞이하였기 때문이다.[8)]

특히 세종대의 정치가 유교 정치이념을 이상에 가깝게 실현할 수 있었던 원동력은 왕립학술연구소인 집현전集賢殿에 있었다고 보인다. 무엇보다 집현전에서의 학술연구나 고제연구는 유학정치의 기본원칙을 설정하기 위한 것이라기보다는 기왕에 설정된 유교이념을 현실정치에 반영시키는 과정에서 일어나는 지엽적이고 세부적인 문제들을 해결하고자 하는데 큰 의의가 있었다[9)]고 볼 때, 세종대에는 집현전을 통하여 유학이 정치현장에서 실제 이상적으로 구현된 시대라 보아야 할 것이다. 그러므로 세종대에는 국왕 중심의 민본정치 · 민족국가의 확립과 아울러 각종 기술문화가 국가의 적극적인 장려로 발전되었으니, 활자와 인쇄술의 개량 등이 그것이다. 또한 왕도정치 이념에 입각하여 민생안정을 위하여 농업 진흥정책이 적극적으로 추진되고, 의학서가 편찬되기도 하였다. 이렇게 세종대의 정치 · 경제적 안정과 번영은 '문화의 황금시대'를 연출하게 되었다.

매월당은 이러한 시대, 즉 유학의 정치이념이 가장 이상에 가깝게 실현된 시기에 태어나서 민본적인 왕도정치의 실현을 꿈꾸며 학업에 몰두하여 갔던 것이다. 그러나 세종이 죽고 문종마저 요절하고 어린

---

8) 한영우, 「조선왕조의 정치경제기반」, 『한국사』 9, 국사편찬위원회, 1974, 86쪽.
9) 최승희, 「집현전연구 상하」, 『역사학보』 32 · 33집, 1967 참조.

단종이 등극하자 왕권과 신권과의 조화가 깨어지게 되었다. 이에 정치 권력은 황보인·김종서 등 의정부 대신들에게 집중되었다. 여기에 왕실을 대표하는 수양대군이 일어나 한명회·권람權擥·홍달손 등과 모의하여 단종을 몰아내고 다시 전제왕권을 수립하기에 이르렀다. 이가 곧 세조이며, 이 사건을 계유정란癸酉靖難이라 한다. 이어 세조는 안평·금성대군 등의 정적과 자기에게 비협조적인 세종조의 유신들을 제거하였으며, 왕권의 전제화를 반대하는 일부 집현전 학자들을 숙청하였다.[10] 나아가 집현전을 폐지하였다.

이 단종폐위사건은 뒤에도 사화를 일으키는 직접적인 원인이 되었거니와, 또 문인·학자들 간에도 많은 충격을 주어 대립반목을 이루는 하나의 원인이 되었던 것이니, 당시에 이미 김시습· 남효온·원호·이맹전·조려·성담수 등 세칭 생육신生六臣은 불사이군不事二君의 절의節義를 굳게 지키며 출사出仕를 부끄러이 여기었다.[11]

이러한 세조의 무력적인 왕위찬탈이 이후 매월당을 내내 불우한 정치가로 만드는 직접적인 계기가 된다. 즉 왕도정치의 정통유학을 배웠던 그는 이러한 세조를, 다른 사육신이나 생육신들과 마찬가지로 왕도王道가 아니라 패도覇道로 간주하였기 때문이다. 다음 시는 이러한 사실을 잘 암시해주고 있다.

天生我太祖　하늘이 우리 태조 내려주시니
御天乘六龍　하늘에 어거하여 여섯 용을 타시고
垂裕百億載　도의를 백억 년에 드리워 주시니
禮樂何雝雝　예악이 어찌 그리 화락하였던지!

---

10) 한우근, 「한국사 개요」, 진단학회, 『한국사』 9, 을유문화사, 1962, 9쪽 참조.
11) 진단학회, 『한국사』 근세전기편, 을유문화사, 1962, 95~96쪽.

世宗又繼緖　세종께서 또 그 계서를 이어받으니
遠追三五蹤　멀리 삼황오제의 자취를 따라가셨네.
庶幾大道復　거의 대도를 회복하려 하는데
吁嗟賓九重　아! 슬프다 구중 하늘의 손님이 되셨네.[12)]

위의 시에서 우리는 그가 태조 이래 세종까지는 천명에 의한 대도-왕도정치가 실현되는 것으로 간주하였음을 알게 된다. 그러나 '거의 대도를 회복하려 하는데, 아! 슬프다 구중 하늘의 손님이 되셨네'라는 말에서, 우리는 그가 세종 이후 세조가 들어서면서부터는 대도가 무너졌다고 생각하였음을 감지할 수 있다.

다음 노래는 이를 더욱 입증해 줄 것이다.

大道旣不行　대도는 이미 행하여지지 아니 하니
誰與抒中情　뉘와 더불어 속마음을 펴볼 건가?[13)]

여기서 우리는 매월당이 태조 이래 왕도정치가 시작되어 세종에 이르러서는 거의 완전히 대도가 회복되었으나, 세조의 등극으로 말미암아 대도가 아닌 패역의 도가 횡행하는 세상이 되었다고 판단한 것을 짐작할 수 있다. 따라서 그는 세상을 등지고 실의에 빠져 전국을 주유하며 은둔생활에 들어갔던 것이다. 금오산에서 왕도가 다시 나타나기를 기다리던 그는 드디어 성종이 숭유정치를 표방하고 인재를 모으자 세상 밖으로 나간다. 그러나 이미 세상은 너무 변해 있었고 그 또한

---

12) 『매월당집』 시집 12. 〈病臥彌旬 至秋深乃起 感今思古 作興詩十一首〉 중 제10수. 본문에 나오는 시문의 번역은 『국역 매월당집』, 세종대왕기념사업회, 1977을 참조하였다.
13) 같은 책, 시집 8. 「和淵明飮酒詩十二首」 중 기3.

이미 늙었기에, 그는 다시 그런 현실을 뛰어넘고자 초월의 세계로 나아갔던 것이다.

결국 매월당은 왕권과 신권 간의 권력다툼에서 피해를 입은 사람이라 해야 마땅할 것이다. 그는 그 사이에서 일생 절의를 지키느라 한번도 그의 웅지雄志를 펴볼 기회를 얻지 못한 불우한 정치가로 살아갔던 것이다.

(2) 사상적 배경

매월당의 일생을 돌아다보면, 외면상 유학과 불교 사이를 오가는 양면적인 생활을 하고 있었음을 알 수 있다. 그러나 그는 그 어느 곳에서도 만족하지 못한, 불우한 사상가라 할 수 있다. 이는 조선 초기의 사상적 배경과 무관하지 않다.

고려 후기에 이르러 불교계가 크게 타락해 있었음은 주지의 사실이다. 그러나 당시의 불교는 전술했다시피 통일신라 이후 호국론적인 이론으로 귀족층의 권위를 합리화하였으므로, 국왕을 비롯한 왕실과 권문세족은 오히려 불교를 적극 옹호하는 처지에 있었다. 이에 성리학을 토대로 한 신흥세력은 중세기적 귀족으로 전락한 불교와 유교를 극복할 수 있는 새로운 반귀족적 민본적 사유체계를 수립하여 현실 타개를 도모하고자 혁명을 시도하여 조선을 건국하였다.[14] 이들이 정치적인 혁신을 하기 위해서는 우선 여말에 정계와 밀접한 관계를 맺고 있던 타락한 불교를 개혁하지 않으면 안 되었다. 이에 신라 때부터 국교로 숭상되던 불교를 배척하고 성리학을 내세우게 된 것은 그 시대의 필연적 요청이라 하겠다.

---

14) 최정여, 『조선초기 예악연구』, 계명대 한국학연구소, 1975, 3쪽 참조.

한우근은 신진유사들이 성리학을 기반으로 한 사회개혁은 대개 3단계로 나누어 볼 수 있다고 했다. 그의 말을 들어보기로 한다.

> 첫째 주자학의 수용기(충렬왕조~충정왕조), 둘째 주자학의 이해기(공민왕조~창왕조), 셋째 주자학의 대불교투쟁기(공양왕조)가 그것이다. 안향·백이정·이제현 등이 주축이 되는 첫째 단계에서는 주자학의 수용과 문묘제향·관학부흥에 관심을 기울였고, 이색·정몽주·이숭인·박상충 등이 주축이 되는 둘째 단계에서는 불교의 윤리사상을 유교적인 윤리사상으로 바꾸기 위한 주자학의 보급과, 불교의 세속권과 타락된 측면만을 공격하는데 그쳤다. 이는 아직도 신진유사들의 세력이 구세력을 타도할 이만큼 성숙되지 못했기 때문이다. 따라서 신진유사들이 본격적으로 구세력을 공격한 것은 이성계가 정권을 장악한 위화도 회군 이후의 일이었다. 정도전·김초·박초 등이 그 주축이 되는 인물이었다.[15)]

이에서 보면, 성리학은 여말 충렬왕 때부터 수용되고 보급되기 시작하여, 이성계가 정권을 장악하고서부터는 정도전·김초·박초 등에 의하여 본격적인 대불교투쟁에 나섰던 것이다. 특히 정도전은 이성계의 정치고문으로서 성리학을 정치적인 이데올로기로 이념화하였으며, 특히 『경제육전經濟六典』·『경국대전經國大典』」등 조선 정치의 대법전을 편찬함에 있어 기본이념으로 활용하였다. 이에 따라 강력한 도학적 유교정치가 실시되었다. 태학太學과 문묘文廟를 세우고 각 지방마다 향교鄕校를 설치하여 성리학의 보급에 주력하였고 서적의 활발한 인쇄에 수반하여 유학진흥에 실질을 거두어 나아갔다. 따라서 정치·문화·경제·사회의 모든 면에 걸쳐 유학적 기반은 확고하여져 갔다.[16)]

---

15) 한우근, 앞의 논문, 앞의 책, 2쪽.
16) 김석하, 『한국문학사』, 신아사, 1975, 159~160쪽 참조.

그러나 척불숭유정책은 문자 그대로 정치적 구호만으로는 진척될 수는 없었으니 종교란 인위적으로 어떻게 할 수 없는 그 무엇이기 때문일 것이다. 특히 불교가 쉽사리 사라지지 않았던 것은 몇 가지 이유로 나누어 생각해 볼 수 있다.

첫째는 왕실王室의 신불信佛 때문이라고 본다. 왕실에는 불교신앙에 젖은 대비大妃를 비롯한 여성뿐만 아니라 왕위 계승에서 자의로나 타의로 탈락되어 정치에 관여할 수 없었던 왕자와 종척들이 많았던 것은 궁중을 중심으로 하는 왕실불교를 성하게 하는 절대적인 여건이 되고 있었다. 비妃나 빈嬪 등 궁중 여성들의 불교숭배는 대개 청상과부가 된 이들이 실의를 달래어 보려고 죽은 지아비의 명복을 빌기 위한 것이었으며, 군君이나 대군大君 등 왕자의 불교숭배는 불교에 귀의함으로써 정치적인 희생을 면하기 위한 것이기도 하였다.[17] 여기다가 왕 개인의 신앙심이 작용하였고, 또한 불교를 통하여 왕권 및 왕실의 존엄을 높이려는 노력도 무시할 수 없었다.

둘째는 당시 불교국이었던 중국의 대외적인 압력이 없지 않았기 때문이다.

셋째는 무엇보다 불교는 천여 년의 세월 동안 신앙되면서 이미 우리 땅에 완전히 토착화되었기 때문이라고 생각된다.

이와 같은 대내외적인 요인으로 조선초에는 불교가 유교와 함께 양반층이나 서민층에 다 같이 공존할 수 있었다고 사료된다. 이제 이들을 하나하나 구체적으로 살펴보자.

조선의 왕실이 배불排佛로 시작되었다고 하나, 이는 어디까지나 왕권을 안정시키려는 표면적 수단이었지 그것이 결코 목적이 아니었던

---

17) 안계현, 「불교억제책과 불교계의 동향」, 『한국사』 11, 163~164쪽.

것이다. 태조 이성계 역시 고려 때 사람으로 그 시대 풍조대로 부처를 숭앙하고, 그 신앙심 역시 여느 사람과 같이 두터웠다. 나아가 여말·선초에 이름을 떨쳤던 고승 무학과는 끊으래야 끊을 수 없는 깊은 인연도 있었다. 이에 대해서는 서산대사가 지은 〈설봉산석왕사기〉에 전설적으로 전해지고 있다.

무학이 설봉산 토굴에서 혼자 공부하고 있을 때, 얼마 멀지 않은 안변땅에 사는 이성계라는 청년이 찾아왔다.

이성계는 어느 날 꿈을 꾸었다.

「만 마리나 되는 많은 닭이 일시에 꼬끼오 하고 울고, 천여 집이나 되는 많은 집에서 방아 공이를 찧는 소리가 한꺼번에 쿵하고 났다. 그리고 또 이어서 다 허물어진 집에 들어가서 서까래 셋을 지고 나왔다. 또 꽃이 떨어지고, 거울이 땅에 떨어졌다.」

이러한 세 가지 꿈의 해몽을 부탁하기 위해서였다.

이에 무학은「그 꿈은 희유한 꿈입니다. 만가에서 닭소리가 나고 천가에서 공이 소리가 난 것은 높고 귀하게 될 것을 축하하는 뜻이고, 헌 집에 들어가서 서까래 세 개를 지고 나온 것은 임금 왕王 자를 뜻하는 것입니다. 그리고 꽃이 날아 떨어지면 열매를 맺는 법이며, 거울이 땅에 떨어졌는데 어찌 소리가 없겠습니까? 꽃이나 거울 꿈도 역시 왕업을 재촉하는 꿈입니다.」라고 해몽하고는, 그곳에다 석왕사釋王寺를 짓고 오백성제를 올려 천 일간 몰래 불공을 드리게 했다.

이에 이성계는 왕이 되려는 야심을 품게 되었다. 그 뒤 이성계는 차차 벼슬길에 나아가게 되었고, 더욱이 무술이 뛰어나서 해적들을 막는 데 많은 공을 세웠다. 그는 또 고려말에 특별히 실력을 가지고 있던 승군僧軍과 손을 잡았고, 보부상과도 깊은 관계를 맺어 경제적 뒷받침을 얻게 되었다. 그래서 위화도의 회군 때에도 그의 배후에서 수족처럼 움직이던 사람은 승군 영도자인 신조라는 천태종 출신의 승려였다.[18)]

여기서 볼 때, 이성계가 왕이 될 꿈을 알게 된 것도 또한 위화도에서 회군하여 그것을 실현하는 데도 승려와 승군의 절대적인 도움을 얻었던 것이다. 따라서 이성계는 임금이 된 뒤 태조 원년 10월 11일, 자기의 탄생일을 맞이해서 무학대사無學大師를 왕사王師로 봉하고 묘엄존사妙嚴尊師의 법호를 하사하였다.[19] 이후 도성을 정할 때도 무학의 뜻을 받아들여, 계룡산의 공사를 중지하고 한양을 도읍으로 삼았다.[20]

이렇게 불교적인 도움을 받고 출발한 태조는 만년에도 불교에 의지하였으니, 방원의 권력 쟁탈 때에 억울하게 죽은 아들 방번·방석에 대한 정과 사위 이제와 정도전·남은에 대한 연민의 정에서 더욱 그러하였다.[21] 왕이자 또한 한 인간이었던 이성계는 정치와 수신에서는 유교 정신에 따라 표면적으로 척불을 주장하고 강화하였지만 근본적으로는 불교를 꼭 배격할 마음이 없었던 것이다. 따라서 태조는 현실적으로 구체적인 불폐佛弊에 손을 대었을 뿐 일부 유교주의자들이 주장하는 바와 같은 불교의 근절이라는 것은 그로서는 염두에도 두지 아니하였다.[22]

그러나 태조의 뒤를 이은 태종은 시종 억불숭유의 방침을 견지하여 정책상으로 많은 변화를 가져오게 하였다. 당시 전주 금산사 주지 도징과 진주 와룡사 주지 설연의 사비간음사건이 적발되자 태종 5년(1405) 의정부는 고려 때부터 계속되어 온 사원전寺院田과 사사노비寺社奴婢의 혁거革去를 왕에게 강력히 요구하였다. 이들의 비행은 사실 그다지 놀랄만한 큰 죄상이 아니었는데도 이것이 계기가 되어 대규모

---

18) 신구문화사편, 『고려·조선의 고승 11인』, 신구문화사, 1976, 108~109쪽.
19) 같은 책, 107쪽.
20) 같은 책, 112쪽.
21) 홍이섭, 『세종대왕』, 세종대왕 기념사업회, 1973, 48쪽 참조.
22) 안계현, 앞의 논문, 앞의 책, 150쪽.

의 반불정책이 본격적으로 단행된 데는 다른 목적이 있었기 때문이다. 즉 군수軍需의 부족을 채우고 역役의 부담자인 민정民丁의 확보와 공천公賤의 보충이라는 인적 물적 국가재원의 재정비를 위한 것이 그것이었다.[23] 그리하여 태종 5년부터 우선 승려들이 사사노비를 제자나 족인族人에게 사사로이 증여하지 못하도록 하여 일단 사원의 재산이 동결되는 한편 적지 않은 사전과 사노비의 몰수가 이루어지기 시작했다. 이윽고 6년 3월에는 전국에 남겨 둘 공인사찰로 242사를 정하고, 이 242사에 각각 상주할 승려의 정원수도 아울러 책정하였다. 또한 그 정원수에 따라 승 1인당 전지 2결과 노비 1명의 비율로 전지와 노비가 지급되었다. 242사 이외의 나머지 사사전은 모두 군자감軍資監에 소속시켜 선군船軍의 양향糧餉을 확보하게 되고, 또한 사사노비 가운데 8,600명을 각각 군기감軍器監·내자사內資寺·내섬사內贍寺 등 각사에 배정하여 입역시켰다. 아울러 종전에 11종으로 있어 온 불교종단을 조계종曹溪宗·천태종天台宗·화엄종華嚴宗·자은종慈恩宗·중신종中神宗·총남종摠南宗·시흥종始興宗 등 7종을 묶어 불교의 발전을 저해하였다.[24]

이렇게 태종대에는 사사노비 혁거로 말미암아 불교계는 심히 위축되었다고 하겠다. 그러나 태종도 개인적으로는 불교를 믿었다. 태종은 8년, 아버지 태조의 병환을 깨끗이 낫게 하려고 지신사知申事 황희에게 부탁하여 부처에게 제를 올리고 병의 쾌차를 빌었으나, 그해 6월 초2일에 태조는 세상을 떠났다. 궁중에서는 초7일에 전殿에 진언법석眞言法席을 마련하였고, 사십구일 재에는 세자를 회암사로 보내기도 하였다. 또한 태종이 궁중에 별전을 두고 부처를 받들게 되자 사간원

23) 같은 논문, 151쪽 참조.
24) 같은 논문, 151~152쪽 참조.

司諫院의 권우 등은 상소로써 태종의 숭불을 힘써 반대하였으나 실상 국왕의 불사를 막지는 못하였다. 이러한 정신의 유풍은 세종에게도 그대로 전해졌다.[25)]

세종대에는 전반과 후반으로 나누어 고찰하는 것이 필요하다고 본다. 왜냐하면 세종은 전기에는 선교禪敎 양종兩宗에로의 통폐합을 통한 억불정책을 썼지만, 후기에는 숭불적인 태도를 취하였기 때문이다.

세종은 6년(1424) 예조의 계청啓請에 의해서 조계종·천태종·총남종의 3종을 합하여 선종禪宗으로 하고, 화엄종·자은종·중신종·시흥종 4종을 합쳐서 교종敎宗으로 하되 양종 각각 18사寺만을 공인사찰로 지정하게 되니, 태종 6년에 있은 242사의 정리에 비해 일대개혁이었다. 이에 완전한 유교국가를 만들어 보려고 하던 유학자들은 불교를 이단시하고 있었던 처지이므로 성균관학생이나 학당생도들도 관리들의 이같은 배불책에 적극 호응하였다.[26)] 그러나 세종의 주위에는 태종의 후궁 의빈 권씨가 삭발하고 있었으며, 실형 효령대군은 천태종승 행호에게 귀의하고 여승 사당을 존경하고 있었다. 더구나 세종은 연년이 잇달았던 두 왕자와 왕비 소혜왕후 심씨의 죽음에 대한 왕 자신의 비통과 더불어 만년에는 숭불의 왕이 되고 말았다.[27)] 따라서 『석보상절』, 『월인천강지곡』의 출간으로, 당시로서는 놀랄만한 불사를 이루었던 것이다.

세종의 치세 중 그의 불교 원조援助 또는 자신의 숭불이 신하와의 사이에서 시비가 되는데, 그 계기는 (가)왕실의 상사喪事에서 사찰의 설재設齋와 승려와의 거래, (나)사찰사탑의 보수와 불당·사찰의 건

25) 홍이섭, 앞의 책, 49~50쪽 참조.
26) 안계현, 앞의 논문, 앞의 책, 153쪽 참조.
27) 같은 논문, 164쪽 참조.

립, (다)승려의 비행, (라)유불의 소규모적 폭행사건과 그 처리과정 때문이었다.[28] 즉 세종은 노상왕(정종), 대비(모후), 태종이 승하하자 설재하고 사찰을 건립하려 한다. 더욱이 왕비가 승하하자 그의 불공은 더욱 심해졌다. 그리고 끝내는 30년 11월 5일 내불당內佛堂을 세우니 말년에 불교를 숭신崇信하고 불경을 간행하며 『용비어천가』를 지어 선대제왕의 창업의 공적을 찬양한 것 등은 모두가 왕권과 왕실의 존엄을 높이려는 의도와 관련이 있는 것 같다.[29] 즉 불교는 왕권과 왕실의 권한을 높이는 데도 일면 이용되었음을 알겠다.

이후 세조대에는 불교가 한층 더 성해졌다. 전대왕가의 전통도 있었지만 이는 무엇보다 세조 자신이 불교를 신봉하였기 때문이다. 이는 세조가 성임과 나눈 대화를 보면 잘 알 수 있다.

> 수양대군이 성임에게
> 「자네는 공자와 석가의 도가 어느 쪽이 더 나은 줄 생각하나?」
> 하자, 성임은
> 「저는 공자의 도는 책을 읽어서 그 뜻을 좀 압니다만, 석씨에 대해서는 아직 그 책을 보지 못하여 아는 것이 없습니다.」
> 하였다. 이에 수양대군은
> 「부처님의 도가 공자보다 낫다.」하고 말하였다.[30]

이렇게 세조는 스스로 불교의 진가眞價를 알고 있었기에, 재위 전에

---

28) 이숭녕, 「세종조의 시대적 배경」, 『세종조문화의 재인식』, 한국정신문화연구원, 1982, 17쪽.

29) 한영우, 앞의 논문, 앞의 책, 91쪽.

30) 『세종실록』 권122, 30年, 무진12월조, 106쪽.
首陽大君 語曰 汝謂孔子之道與釋迦孰優 任曰 孔子之道 語嘗讀其書 粗知其義 至若釋氏 吾不嘗見其書 未敢知也 大君曰 釋氏之道過孔子.

는 『석보상절』을 짓고 재위 후에는 불교의 진흥에 진력하였다. 그리하여 세조는 신미혜각과 수미묘각 등 승려를 비롯하여 윤사로·황수신·한기복·김수온 등 조정 신하들의 전폭적인 참여 아래 불교를 다시 중흥시키었다[31]고 해도 과언이 아니다. 또한 세조는 왕권강화를 위한 사상정책의 일환으로 불교를 장려하였다. 간경도감刊經都監을 두어 대규모의 역경譯經사업을 벌인 것이라든가 원각사를 세우고 승려의 지위와 권익을 옹호해 준 것이라든가, 해인사 대장경을 찍어 명산거찰에 분장하게 한 것 등이 그것이다. 뿐만 아니라 신미·학설·학조와 같은 고승 등은 세조의 지극한 총애를 받고 극도의 복록을 누리었다.[32]

결국 성종조에 이르러 유학이 확고하게 자리잡기까지 태조로부터 세조까지 왕실은 일정 정도 불교를 신봉하고 있었음을 알 수 있다. 그리고 세종과 세조는 불교를 통하여 왕권을 강화하는 데도 이용하였음을 알겠다.

또한 불교가 쉽게 사라지지 않은 둘째 이유로서 조선은 개국과 동시에 숭유정책을 썼지만, 당시 중국은 불교국이었으므로 승직을 박탈당한 불교의 지도층들이 국가에 반감을 품고 중국으로 망명하여 그곳 황제의 힘을 빌어 불교압제자들에게 압력을 가하는 고단수의 술책을 썼으므로[33], 조선도 이를 전적으로 무시할 수 없었기 때문일 것이다.

세종 1년 12월, 20여명의 승려들이 국경을 넘어 억불의 실정을 명나라에 호소하려고 도망친 일이 있었다. 이에 명나라로부터 억불정책에 대한 질책과 아울러 앞서 숭불주崇佛主 명제明帝가 내시태감 황엄을 보

31) 안계현, 앞의 논문, 앞의 책, 164쪽 참조.
32) 한우근, 앞의 논문, 앞의 책, 2쪽.
33) 최정여, 「산대도감극 성립의 제문제」, 『한국학논집』 제1집, 계명대학 한국학연구소, 1973, 22쪽.

내와 제주도의 금불상을 모셔갈 때, 태종이 불상에 예불을 하지 않았던 일에 대한 보복도 우려하여 조선은 외면상으로나마 숭불의 태도를 보이기 위해 여러 가지 방책을 실시할 필요성이 역설되었다. 이에 대해서는 변계량 등 중신들도 모두 이의 없이 찬성하였는데 전에 명제로부터 받은 〈제불여래명칭가곡諸佛如來名稱歌曲〉을 널리 외어서 익히게 할 구체안을 마련하여 이를 실시하기까지 했던 것은 그 한 예이다.[34]

세종 3년에도 적휴 등 9명이 비상수단을 써서 1월 6일에 도강하여 명으로 들어가서 불교박해의 실정을 호소한 일이 뒤늦게 알려져 3월 5일에는 승려 상강이 그 선두자로 혐의를 입어 의금부에 하옥된 일도 있었다.[35] 따라서 조선은 이런 대외적인 이유로 지배층에 있어서도 유학과 불교는 서로 공존하고 있었던 것이라고 보여진다.

이러한 대내외적인 요인으로 불교가 왕실에서 숭상되었겠지만 무엇보다 불교가 본질적으로 봉건적 전제군주국가의 이데올로기에 저촉되지 않는 사상이었기 때문이다. 즉 유교가 통치에 필요한 실천윤리라면 불교는 왕실의 안녕과 미래를 보장해 주는 종교적인 신앙으로서 필요하였던 것이었다. 그렇기에 유교와 불교는 삼국시대 이래 공존하여 왔고 나아가서는 유교로 입국한 조선왕조에 있어서도 불교는 유교정치의 그늘 밑에서 계속 내려오게 되었다.

지배층은 대내외적인 이유로 그렇다치더라도, 서민층에서도 유교와 불교가 함께 수용되고 있었다. 이는 무엇보다도 불교가 천여 년 내려오는 동안 이미 우리의 토속신앙과 밀접한 관련을 맺고 있었기에, 하루아침에 불교를 성리학으로 대치할 수 없었기 때문일 것이다. 이것은 불교가 쉬 사라질 수 없었던 세 번째 이유가 된다.

---

34) 안계현, 앞의 논문, 앞의 책, 155~156쪽.
35) 같은 논문, 155~156쪽.

4세기 후반에서부터 전래하기 시작한 불교는 한토韓土에 들어와 이미 있었던 토속적인 무속신앙·점복신앙·풍수사상과 공존하고 습합하기에 이르렀다. 무속신앙이나 불교는 다같이 인간의 제재除災 초복招福 무병無病을 기원했으니 목적이 같았고, 사찰에서는 무속신을 긍정하고 존재케 했으며 무격들은 불상을 모시고 의지하였다. 소원의 표현을 불교에서는 경문, 무속에서는 무가로 나타냈으나 내용의 유사성을 낳았으며 기구와 복장까지 유사하게 되었다. 한편 무격들은 사회적 폄시貶視와 미신이라 학대하고 부정하는 데에서 자신을 보호하고 합리화시키며 상승하는 수단으로 불교로 위장하기 위해서 불상을 모시는 일도 있었다. 무격과는 달리 점복과 풍수에 종사하자면 한학에 능해서 역학 음양학에 깊은 지식이 있어야 했는데 승려는 그만한 지식과 한학에 능력에 있어 점복이나 풍수사상의 원리를 터득하고 따라서 승려가 점복사와 풍수사를 겸하는 결과가 되었던 것이다.[36)]

이와 같이 불교는 무속신앙·점복·풍수설과 서로 습합하여 상호 밀접성을 가지게 되었다. 즉 무불巫佛이 밀착하여 불교가 우리 풍토에 토착화되었으므로, 우리 민중생활에서 이를 쉽게 떨쳐버릴 수 없었던 것이다. 지금도 우리 생활에 알게 모르게 불교적 요소가 남아 있는 것도 이런 까닭이라고 하겠다.

흔히 우리 역사에서 불교와 유학이 금을 긋듯이 뚜렷하게 배불排佛에서 숭유崇儒로 넘어온 듯이 말들을 하지만, 사실은 우리가 살펴본 대로 그 경계가 그리 명백하지 않다. 오히려 조선초에는 유불이 서로 대립하며 공존한 것을 볼 수 있다. 그러나 시대의 흐름은 벌써 유학 쪽으로 기울었으니, 〈무악재〉에 얽힌 전설이 이를 상징적으로 설명해 주고 있다.

---

36) 임동권, 「민속종교와 불교」, 『어문논집』 제13집, 중앙대 국문학과, 1978.

> 전설로 전하는 바에 의하며 성을 쌓을 때, 지금의 영천 〈무악재〉에서 성을 밖으로 내느냐 안으로 들이느냐에 대해서 오랫동안 논쟁이 그치지 않았다 한다. 만약에 왕사의 말대로 성을 밖으로 내어 쌓으면 불교가 크게 일어날 것이요, 유신들의 말대로 들여 쌓으면 유교가 크게 일어난다는 것이었다. 불교의 무학과 유교 일파가 서로 판가름한 곳이라 해서 '무악재'라 부른다는 것이다. 이 때 무학의 의견은 마침내 성을 안으로 들이자는 정도전 일파의 의견에 눌리고 말았다 한다.[37)]

이것은 입으로 전해지는 하나의 전설에 지나지 않으나, 당시 불교계와 유학계의 대립상을 잘 나타내는 상징적 이야기라 하겠다. 조선은 실제 전설대로 유학이 끝내 불교를 타파하고 유학의 전성시대를 이루고 말았다.

이렇게 매월당은 유불이 상호 대립하면서 공존하는 양면의 시대에 살아갔음을 알겠다. 따라서 그가 승복을 걸치고서 유학자로 살아간 것도 이런 시대사상 속에서 이해되어야 할 것이다. 그는 왕도정치가 가장 이상에 가깝게 실현된 세종대에 태어나 성장하며, 그 속에서 입신하려고 하였다. 그러나 마침 세조가 등극하여 대도가 무너진 것은 물론 그가 이교라고 생각했던 불교가 다시 융성하게 되자, 그는 세상을 피한다. 그러나 그가 피할 곳은 아이러니컬하게도 그가 이교라고 생각했던 불교밖에 없었다. 왜냐하면 그에게는 돌아가 안주할 가정도, 생활근거와 농장이 있는 향리도 없었기 때문이다. 또한 그는 불교를 현실주의적으로 해석하였기에, 그의 해석을 거친 불교사상은 현실적이고 합리적이었으므로 인간의 삶을 중시하는 민본·애민사상과 일치되어[38)] 불교에 의탁할 수 있었으리라. 그러나 이런 것보다는 그가 불교

37) 신구문화사편, 『고려·조선의 고승 11인』, 신구문화사, 112쪽.
38) 임형택, 「현실주의적 세계관과 금오신화」, 국문학연구회, 1971, 24쪽.

의 선문禪門에서 그의 도를 닦을 수 있다고 생각했기 때문이라고 본다. 즉 그의 유학적 수업에 불교가 도리어 이용될 수 있었다는 말이다. 이런 점은 그의 생애를 이야기할 때 좀더 자세히 기술될 것이다.

결국 매월당은 현실을 환몽시하는 불교와 현실을 직시하는 유교의 틈바구니 속에서 스스로의 삶을 모색하여 갔던 것이다. 그가 주어진 현실 속에서 늘 보다 더 나은 이상세계를 꿈꾸며 살아간 것은 이런 측면에서 해명될 수 있을 것이다.

(3) 조선 초기의 문풍文風

김시습은 조선 초기의 한 위대한 문학가이기도 하다. 이에 여기서는 당시의 문풍을 고찰해 봄으로써 그가 당시 어떤 위치에 설 수 있었는지를 알아보고자 한다.

조선초의 문풍文風은 당시의 학풍學風과 상호 유기적인 관계를 맺고 있다. 알다시피 조선초에는 실질적인 효용성에 비추어 사장의 실용적인 면을 중시한 사장파詞章派가 있었고, 반면에 유자의 실질적인 본분을 중시하는 도학파道學派가 있었다. 이는 그들의 처지가 서로 달랐기 때문에 분파된 것으로 보인다. 즉 전자는 이성계의 신왕조 관료체제를 확립하기 위하여 신분·제도상의 사회적 안정과 교화에 중점을 두게 되었고, 후자는 이성계와 합작을 거부하여 은둔자적隱遁自適하는 풍토에서 참 왕도정치를 실현하고자 학문과 제자 양성에 주력하였던 것이다. 이런 학풍과 연계되어 조선초에는 사장학에 치우친 관료적官僚的 문학과 도학을 중시한 처사적處士的 문학이 공존하였다. 이에 대해서는 근자에 활발하게 이루어진 연구들을 요약하여 정리하고자 한다.[39]

---

39) 이에 대한 대표적 연구 업적은 다음과 같다.

우선 두 조류의 성격은 아래와 같이 요약될 수 있다.

> …… 사대부는 중앙의 관료인 동시에 지방의 농장을 발판으로 한 지주적 관인들이었다. '중앙의 관료인 동시에 지방의 지주'인 이들 사대부는 나아가면 조정의 관료로서 좌군택민佐君澤民의 치적을 올리고, 물러나면 강호의 처사로서 음풍농월吟風弄月의 고치高致를 누리는 양면의 생활세계를 가지게 되었다.
>
> 이러한 사대부생활의 양면성은 또한 그들의 문학으로 하여금 양면의 세계를 가지게 하였다. 경국의 문장으로 불후의 성사를 장식하는 관각문학館閣文學 - 관료적官僚的 문학과 일세를 추구하고 한적한 인생을 자락하는 강호문학江湖文學(산림문학·전원문학 등이 다 동일 범주에 속하는 것임) - 처사적處士的 문학文學이 그것이다.[40)]

즉 관인문학은 현실에 참여하여 부귀영화를 누리는 관인들의 문학이며, 다른 하나는 현실에 참여하지 못하고 세상을 초월하여 자연과 융화된 삶을 구가하는 처사문학이 그것이다. 그러나 관인문학과 처사문학은 근본적으로는 같은 사대부층의 문학으로, 사대부가 나아가면 관료요 물러나면 처사가 되는 까닭에 처지와 환경에 따라 서로 내왕할 수 있는 가변적인 관계에 있는 것들이었다.

임형택, 「한문학」, 『한국사』 11, 1974.
임형택, 「16세기 사림파의 문예의식」, 『한국학논집』 제3집, 계명대 한국학연구소, 1975.
임형택, 「조선전기 문인유형과 방외인문학」, 『한국문학연구입문』, 지식산업사, 1982.
이병혁, 「여말·선초의 관인문학과 처사문학」, 같은 책.
정요일, 「조선전기의 시학」, 『한국고전시학사』, 홍성사, 1979.

40) 이우성, 「고려말·이조초의 어부가」, 『성대 논문집』 제9집, 성대 국문학과, 1964, 15쪽.

이제 여말·선초의 관인문학부터 살펴보기로 하겠다. 이는 주자학을 수입한 안향에서 비롯하여, 그의 학풍은 권보·백이정·이진, 이제현, 이곡·이색·정몽주·이숭인 등으로 이어졌다. 이러한 전통을 조선에 이어간 사람은 개국공신 정도전이라 하겠다. 그의 〈정동방곡〉·〈문덕곡〉·〈몽탁〉 등은 신왕조의 공덕을 송축한 관인문학의 대표작들이다. 정도전에 이어 대표적인 관인문학자로는 권근·하륜·변계량으로 이어지고, 『동문선』·『동국통감』을 편찬한 서거정에 이르러 그 정점에 달했다고 하겠다. 서거정 이후엔 관료층의 패배의식을 반영하기에 이르러 노쇠현상을 일으키고 문학사에 있어서의 위치를 처사문학에 양보하였다.[41]

다음으로 여말·선초의 처사문학을 살펴보기로 한다. 이는 나라 잃은 여말 유신 중 자연으로 돌아간 사람들에 의하여 성립되었다. 곧 여말선초의 처사문학은 당시 벼슬을 버리고 표연히 자연으로 돌아가 자연과의 친화를 이룬 원천석으로부터 시작된다. 그러나 본격적으로 처사문학의 길을 연 분은 길재라 하겠다. 그는 고려가 망하기 전에 선산으로 돌아가 후진 양성을 하면서 수도자적인 생활을 문학으로 나타내었으니, 〈술지〉·〈한거〉·〈우음〉·〈무제〉 등의 시가 그것이다.

이런 전통은 『사육신전』을 지은 남효온과 더불어 김숙자·김종직·김굉필·정여창 등으로 이어진다. 이러한 처사문학은 16세기에 이르기까지는 관인문학의 득세로 그 발전이 미미하다가, 16세기 이후 지방 사림의 대거 진출로 말미암아 문학사에서 확고한 위치를 점하게 되었다.[42]

매월당이 살았던 시대의 문풍은 이상 살펴본 대로, 관인문학과 처사문학이 양대 주류를 이루며 흘러갔던 것이다. 이런 와중에서 살았던

---

41) 임형택, 「한문학」, 앞의 책, 262~275쪽 참조.
42) 임형택, 「조선전기 문인유형과 방외인문학」, 224쪽.

매월당의 문학적 변모는 그 생애와 연관해서 뒤에 자세히 거론되겠지만 그는 수학기엔 관인문학쪽으로 힘쓰고, 실의하여 은둔하게 되었을 때는 자연 처사문학 쪽으로 치우치게 된다. 그러나 말년에 이르러 그는 관인도, 그렇다고 진정한 처사도 될 수 없었다. 즉 당시 사대부는 관인과 처사의 두 세계를 내왕할 수 있었음에 비해 그는 이 두 세계의 어디에도 발붙일 수가 없었던 것이다. 매월당은 절의를 지키느라 관인도 될 수 없었고, 그렇다고 그의 이상을 품고 영구히 처사가 될 수 있는 경제적 여건도 마련되어 있지 않았다. 즉 그는 어렸을 때는 관인문학 쪽에 힘썼으나 불의의 사건을 만나 타의에 의해 처사문학을 하게 된 것이다. 그러나 그것은 그의 본래 목적이 아니었다. 결국 그는 어쩔 수 없이 관인과 처사의 경지를 뛰어넘어 중세기에 있어서는 저항적인 생활이었던 방외의 생활을 하게 되었고, 여기서 〈방외인문학方外人文學〉이란 새로운 문학의 장을 열게 된다.[43]

2. 매월당의 생애

고소설의 서두에는 흔히 주인공의 가문이 소개되고 있다. 이것은 아마 고소설이 생성된 시기가 대가족중심제 사회였기 때문일 것이다. 당시 사회적 지위나 신분도 그 가문에서 출발한 것이 사실이다. 그만큼 조선사회는 가문중심의, 가문을 무시하지 못하는 사회이었음에 틀림없다.

이에 우리는 왜 매월당이 일생 동안 주어진 현실 속에서 끝까지 최고의 이상을 추구하며 양면의 세계에서 방황하고, 심적 갈등을 겪으면

43) 임형택, 「한문학」, 앞의 책, 284쪽 참조.

서 살아갔는지 우선 그의 가문과 연관해서 고찰하여야 할 것이다. 또한 가문과 마찬가지로 한 인간의 생애는 받은 바 교육의 영향도 무시하지 못할 것이다. 그러므로 그가 받은 교육도 이런 측면에 유의하면서 아울러 검토하고자 한다.

(1) 가문

『매월당집』 부록에 실린 매월당의 세계도世系圖를 살펴보면, 그의 고조에는 신라시조 김알지를 비롯하여 미추왕, 내물왕, 무열왕, 명주군왕 등이 있고, 중조로 내려오면 상서, 평장서, 그리고 대문장가 인존仁存 등이 있으며, 이후 그 자손들은 대대로 문관요직을 두루 거쳤다. 그러나 근조에 들어와 그의 7대조인 상장 칠초七貂로부터는 줄곧 무반으로 대를 이어왔다. 특히 그의 조부 원간元侃은 오위부장이요, 부는 충순위에 음보蔭補되었으나 병으로 취임하지도 못하였다.[44]

이렇듯 매월당은 본래 소위 '명문 집안의 후손'이었다. 그렇지만 선대에는 왕족과 대문장가 등의 화려했던 가문에 비하여, 그가 태어난 집안은 하급무관으로 너무나 한미하였다. 이에 후세인으로 하여금 '생지지질生知之質'을 타고났다고 할 만큼 영민하였던 그는 스스로 명가의 후손임을 깨닫고, 비천해진 가문을 전대의 화려했던 가문으로 다시 끌어올리려 생각했을 것은 가문중심의 사회에서는 당연한 추론이라 하겠다. 이는 그가 스스로의 가문에 대하여 자부심을 느끼고 있었음에서도 짐작할 수 있다.

저의 성관이 강릉이니 삼한 때 신라왕 김알지의 후예인 원성왕의 아우

---

44) 『매월당집』 문집 21, 「상류양양진정서」, 347쪽.
父承其蔭 纔占仕 端以病故 不克就仕云云.

> 김조원의 후손으로, 이는『삼국사기』신라본기에 자세하게 기재되어 있습니다. 어머니의 본관은 울진으로 선사仙槎 장씨라 합니다. 서로 전하여 오기를 한나라 때 박망후를 지낸 장건의 후예라고 하지만, 그 사실은 자세하지 못합니다. 먼 조상인 김연과 김태현은 대대로 고려의 시중 벼슬을 지냈는데 이 일은『고려사』본사에 자세하게 실려 있습니다. 저의 증조에 이르러서는 벼슬이 봉익대부에 그쳤는데, 아버지께서는 그 음덕을 이어 받아 겨우 벼슬을 차지하셨지만 병고 때문에 벼슬길에 나아가지 못하셨습니다.[45]

여기서 보면 그는 전대의 부계뿐만 아니라 모계에서까지도 상당히 자랑스럽게 서술하고 있음을 볼 수 있다. 따라서 그는 선조의 위엄을 잇겠다고 마음속으로는 높은 이상을 품었지만, 아직 그가 몸담고 있는 초라한 현실을 벗어날 수 없었음을 짐작할 수 있다. 여기서 그는 출생에서부터 현실과 이상이 엇갈리는 두 세계에 뛰어들게 된다.

(2) 수학과정

매월당이 불우한 현실을 딛고 원대한 이상을 품게 된 것은 그 가문 이외에도 재주에 따르는, 유학적 교육과도 큰 관계가 있다고 본다. 인간은 교육적 동물이기 때문이다. 단적으로 말하자면, 그는 당시로는 입신양명할 수 있는 유학적 분위기 속에서 태어나, 훌륭한 유학자를 스승으로 모시고, 유학교육을 받으며 성장해 갔던 것이다.

그가 유학적 분위기 속에서 태어났음은 그의 출생담에 잘 암시되어

---

45) 같은 곳.

僕姓貫江陵 三韓時新羅王金閼智之裔 元聖王弟周元之孫 三國本史 載之詳矣 母貫蔚珍 仙槎張氏 相傳以爲漢博望候張騫之裔 未詳其實 遠祖金淵台鉉 代爲高麗侍中 高麗本史 詳載矣 至吾曾祖而止奉翊 父承其蔭 纔占仕 端以病 故不克就仕.

있다. 그가 태어나기 전에 반궁인들의 꿈에 공자가 반궁리 김일성의 집에 탄생함을 보고 이튿날 그 집에 가서 물었더니 과연 매월당이 태어났다는 것이 그것이다.[46] 이 이야기가 사실이냐 아니냐 하는 것은 중요한 문제가 아니다. 다만 이것은 당시 그의 주변이 유학적 분위기였고, 그가 공자처럼 위대한 인물이었음을 단적으로 나타내어 주는 상징적 이야기라 하겠다. 곧 공자를 가장 위대한 성인으로 생각했던 사고가 그것이다. 또한 이웃에 살던 집안어른인 집현학사 최치운崔致雲이 지어준 이름이 '시습時習'이다.[47] 이는 『논어』의 맨 처음 학이편에서 따온 것으로, 유학적인 이름이라고 해야 할 것이다.

이렇게 공자가 탄생하는 꿈을 꾸고 태어나서, 유학 경전인 『논어』 첫머리 글자를 이름으로 한 매월당은 처음 교육도 유학으로 시작하였다. 즉 그의 교학을 맡은 외조는 우리말을 먼저 가르치지 않고, 천자문부터 가르쳤다. 그는 매월당이 2세 때까지 한문에 통하게 하고, 3세 때에는 연칠자聯七字, 평측平仄, 대우對耦, 압운押韻 등의 방법을 가르쳐 한시도 짓게 할 수 있게 하였다.[48]

이때부터 그는 『정속』·『유학』·『자설』 등 당시 어린이들이 읽는 여러 서적들을 다 섭렵하고 『소학』에 이르러서는 그 대의를 통하여 능히

---

46) 『매월당집』 부록 권 1, 「유적수보」, 462쪽.
世傳梅月堂之生也 泮官人 皆夢孔子生於泮里金日省(先生父諱)家 翌日問其家 梅月生焉.

47) 『매월당집』 문집 21, 「상류양양진정서」, 347쪽.
隣有族祖崔致雲 命名時習.

48) 같은 곳.
外祖不先教方言 只教以梁千文 口雖喔咿而意皆通焉 故至長 口吃不猶能言 以筆墨與之 皆書其意 古三歲能歲綴文 言五歲者 言大達其文理時也…… 至丁巳春 乃能言謂外祖日 何以作詩乎 祖日聯七字評仄對耦押韻之詩 僕日若如此可聯七字矣…….

글까지 지었으니, 수 천여의 글이나 되었다 한다.[49] 이때까지 그의 재질을 계발시키는 데는 오직 그의 외조가 담당하였다. 그는 뒷날까지 따뜻했던 그 외조의 사랑을 잊지 못하였으니, 그의 시 〈매월당육가〉 중에 잘 나타난다.

> 外公外公愛我嬰　외조부여! 외조부여! 어린 나를 사랑하셔서,
> 喜我期月吾伊聲　내 돐달에 이이하는 소리 기뻐도 하셨네.
> 學立亭亭誨書計　걸음마 배워 꼿꼿이 설 제 글 가르칠 계획하셔,
> 七字綴文辭甚麗　일곱자 글 엮은 말이 퍽도 고왔네.[50]

5세 때에는 『중용』·『대학』을 이웃에 사는 수찬 이계전李季甸의 문하에서 같은 나이인 봉封의 형, 우堣와 같이 수학하여 뜻을 통하게 되고 세상에서 신동이라는 칭호를 얻게 되었다.[51] 그가 '오세五歲'라는 호를 얻게 된 것은 이에 연유한다. 당시 그의 교육을 담당한 이계전[52]은 정통 유학자였으니, 그는 대제학·영중추원사 등을 역임하였다. 이렇게 매월당은 당시의 집현전학사들로부터 정통 유학을 배우면서 그의 원대한 꿈을 키워나갔던 것이다.

이즈음 그가 신동으로 알려지자 당시의 정승 허조許稠까지 그의 집

---

49) 같은 곳.
從此 讀正俗幼學字說等 童稚之書畢 至小學 通其大意 能綴文 至數千餘言.
50) 『매월당집』 시집 14.
51) 『매월당집』 문집 21. 「상류양양진정서」, 347쪽.
52) 『한국인명사전』, 신구문화사, 1980, 595쪽.
李季甸의 字는 屛甫, 호는 存養齋, 본관은 韓山, 穡의 손자, 知中樞院事 種善의 아들이다. 1427년(세종 9년) 宗廟副丞으로 親試文科에 급제. 金汶과 함께 〈綱目痛鑑訓義〉를 편찬했다. 都承旨를 거쳐 1452년 『世宗實錄』 편찬에 참여하고, 1453년 癸酉靖難에 공을 세워 靖難功臣 1등, 1455년 佐翼功臣 2등으로, 漢城府院君에 봉해지고 大提學·領中樞院事 등을 역임했다. 시호는 文烈이다.

을 찾아와 그를 보고 나는 이미 늙었으니 〈노老〉자를 가지고 시구를 지으라 하니, 곧 소리를 내어서 〈노목개화심불로老木開花心不老〉라 하니, 그는 무릎을 치며 이가 참으로 신동이라 경탄하여 마지않았다 한다. 허정승이 그의 재주가 명실상부함을 알고 난 뒤에는, 그 소문이 퍼져 많은 고관들이 그를 보러 찾아 왔다.[53]

더욱이 세종께서도 이 사실을 들으시고 승정원의 대언사지신사 박이창朴以昌을 시켜서 그 허실을 시험하라고 전지하였다. 이에 박이창은 매월당을 불러 무릎 위에 앉히고 이름을 부르며 작구 여부를 묻자 곧 〈내시강포김시습來時襁褓金時習〉이라 말하였으며, 또 이창이 벽화산수도를 가리키며 작구할 수 있느냐 함에 곧 〈소정주택하인재小亭舟宅何人在〉라고 응답하였다. 이와 같이 이창의 무릎 위에서 작구한 시가 적지 않았다 한다.[54]

세종께서도 스스로 보고자 하였으나 시속의 이목이 두려워 그만두고, 다만 전지傳旨하여 돌아가 가친의 교양을 받아 부지런히 힘써 학업이 성취함을 기다리면 장차 크게 쓰리라 하시고 물건을 하사하셨다 한다.[55]

이 당시의 사실은, 그가 뒷날 회고한 시에 잘 드러난다.

---

53) 『매월당집』 문집21, 「상류양양진정서」, 347쪽.
虛名騰籍 政丞許稠 到廬而訪僕 卽呼字日 余老矣老字作句 僕卽膝上 呼名日汝 能作句乎 僕卽應日 老木開花心不老 許便擊節 嘆訝喈喈日 此所謂神童也 始縉紳知名屢訪矣.

54) 같은 글, 347쪽.
英廟 聞而召于代信 司 知申事朴以昌 傳旨問虛實能否 知申事 抱于膝上 呼名日汝能作句呼 僕便應日 來時襁褓金時習 又此壁畵山水圖日 汝又可作 僕卽應日 小亭舟宅何人在 如此作文作詩 不少.

55) 같은 글, 347쪽.
啓傳旨日 欲親引見 恐駭人廳 宜還授家親韜晦 敎養至勤 待年長學業成就 將大用 賜物還家.

八朔解他語　여덟 달만에 남의 말 알아들었고
三朞能綴文　세 돐 되면서 글을 엮을 수 있었네!
雨花吟得句　비와 꽃을 읊어서 시구를 얻었고
聲淚手摩分　소리와 눈물을 손으로 가리켜 가려내었네.
上相臨庭字　높은 정승이 집안에 왕림하였고
諸宗貺典墳　여러 종파에서 삼황오제의 글을 선사하였네.
期余就仕日　내가 벼슬하게 되는 날에는
經術佐明君　경학으로 밝은 임금 모시려 했네.[56]

현주賢主 현상賢相의 각별한 사랑과 격려를 받은 매월당은 그로부터 13세까지는 이웃에 사는 성균관 대사성 김반金泮의 문하에서 『맹자』·『시경』·『서경』·『춘추』 등을 배우고, 역시 국초 사절지종이라고까지 칭송을 받던 윤상尹祥에게 나아가 『주역』·『예기』· 제사諸史 및 제자백가를 두루 훑었다.[57]

그의 스승 김반[58], 윤상[59]은 모두 당시의 쟁쟁한 유학자요 사장으로

56) 『매월당집』 시집 14, 「서민」 6수 중 제 3수.
57) 『매월당집』 문집 21, 「상류양양진정서」.
自此歲 至于十三歲 詣近隣大司成金泮門下 授語孟詩書春秋 又詣隣兼司成尹祥授易禮諸史 至諸子百家 皆無傳授閱覽.
58) 『한국인명대사전』, 101쪽.
金泮은 字가 詞源, 號는 松亭, 權近의 門人으로, 經書에 밝았다. 1399년 式年文科에 급제, 1405년 권근의 저서 『禮記淺見錄』을 繕寫하여 成均館主簿이 된 후 성균관에 40여년 재직하며, 세종 때 누차 大司成을 지내면서 많은 인재를 양성했다. 金鉤·金末과 함께 經學三金이라 불리었으며, 만년에 강서에 돌아와 곤궁하게 살다가 죽었다.
59) 같은 책, 555쪽.
尹祥은 字는 實夫, 호는 別洞, 본관은 禮泉으로 善의 아들이다. 趙庸의 門人으로 예천의 郡吏로 있으면서 학문을 연구하여 특히 性理學·易學에 밝았다. 조선이 건국된 이듬해인 1393년 生員이 되고, 1396년 式年文科에 급제하여 善山·尙州의 敎授를 거쳐 禮曹正郎이 되어 書狀官으로 명나라에 다녀와서 司藝가 되었다.

이름이 높은 이들이었으니, 이들은 모두 당시에 학덕이 높은 유학자이면서 또한 성균관의 대사성이었다. 매월당은 이들에게 개인적 지도를 받았을 뿐만 아니라, 직접 성균관에 입학하여서도 배웠다. 그가 이 시기에 성균관에 입학하여 수학하였음은 다음 시 가운데 잘 나타난다.

二十年前學泮宮　스무해 전에 반궁에서 글 배울 때
青衿濟濟道相同　많은 선비 닦는 도가 서로 같았더니
舊遊重話還堪笑　옛 친구와 거듭 말하니 또한 웃을 만하지만
時事因談俗作聾　시사 따라 말하니 귀머거리 되려네.
千佛名經君掛籍　천불 명경에 그대 적을 걸었지만
一爐香榻我觀空　한 향로의 향탑에서 나는 공空을 보리라.
若論世諦應多俗　세상 요체 논하자면 응당 속됨 많을 거니
且佛絲桐彈古風　거문고나 털어 갖고 옛 풍류나 타리라.[60)]

이 시는 호남 유람시, 곧 그의 나이 26-29세 사이에 된 것이니 이로부터 20년 전은 약 10세 전후라 할 수 있을 것이다. 그때 그는 반궁, 곧 성균관에서 글을 배웠음을 말하면서 동시에 자신의 신세도 한탄하고 있다.

이제까지 살펴본 바에 의하면, 매월당의 성장은 모두 유학적이었다고 할 수 있다. 가문이 그랬고, 출생담이 그랬고, 이름이 그랬고, 또한 그의 재질을 키워준 외조나, 이계전, 김반, 윤상 등의 스승이 그랬다. 나아가 그의 이름을 세상에 알린 정승 허조를 비롯한 이름난 관리들이

1448년 禮文館提學으로서 成均館博士가 되어 성균관에 입학한 世孫(端宗)에게 학문을 강의했고, 문종 초에 致仕 후진 양성에 힘썼다. 문장에 능했으며 조선 초기의 으뜸가는 사범이었다.

60) 『매월당집』 시집 11. 「與金直講話舊」.

그랬고, 그의 장래에 큰 희망을 불어 넣어준 세종이 그랬다. 따라서 그는 유학적 왕도정치 하에서 입신양명立身揚名하여 이현부모以顯父母하려는 생각을 갖고 유학에 매진했음을 짐작할 수 있다. 그가 끝까지 유학자적 면모를 잃지 않았던 것은 이런 면에서 이해하여야 되리라고 본다. 그러나 현실은 이상대로만 구현되어 가는 것이 아니다. 이것은 현실적 인간이 겪어야 하는 삶의 참모습이기도 하다.

(3) 생애

문학은 생활의 표현이다. 따라서 작가의 생애와 문학은 서로 뗄 수 없는 밀접한 관계를 유지하고 있는 것이다. 이에 여기서는 매월당의 문학을 이해하기 위해 그의 생애를 고찰하려고 한다. 다만 인간은 성장하면서 여러모로 변모하기 때문에, 매월당도 그 전모를 이해하기 위해서는 그의 생애를 여러 과정으로 나누어 살펴보는 것이 필요하다고 본다.

그의 생애는 이미 몇몇 선학들에 의하여 자세히 검토된 바 있다. 이들은 그의 생애를 몇 단계씩 나누었으니, 각각 살펴보기로 한다.

먼저 정병욱은 그의 생애를 5기로 구분하였다.

1) 수학기修學期 (1세~20세)
2) 방랑기放浪期 (21세~30세)
3) 금오기金鰲期 (31세~36세)
4) 실의기失意期 (37세~48세)
5) 만년晩年 (49세~59세)[61]

다음 정주동은 이를 보다 세분하였다.

61) 정병욱, 「김시습연구」, 『한국고전의 재인식』, 홍성사, 1979, 37쪽.

1. 성장 수학기 (1세~21세)
   1) 재명승세기 (1세~5세)
   2) 취사 수학기
   3) 강릉 낙향기
   4) 과거준비 및 입산수학기
2. 방랑 은거 배회기 (21세~59세)
   1) 방랑기(20대) (21세~31세)
      (1) 서울 주변 배회기 (21세~23세)
      (2) 송도 관서 유람기 (24세~25세)
      (3) 관동 유람기 (25세~26세)
      (4) 호남 유람기 (26세~29세)
   2) 은거기 (29세~48세)
      (1) 은거준비기 (29세~31세)
      (2) 금오산 은거기 (31세~37세)
      (3) 성동 은거기 (37세~48세)
   3) 배회기 (49세~59세)
      (1) 관동 배회기 (49세~57세)
      (2) 호서 배회기 (57세~59세)[62)]

끝으로 이재수는 이들 중간쯤하여 다음과 같이 분류하였다.

(1) 성장수학기 (1세~20세, 세종17년~단종2년, 1435~1454 AD)
(2) 일차 방랑기 (21세~30세, 세조원년~세조10년, 1455~1464 AD)
(3) 금오정착기 (31세~36세, 세조 11년~성종원년, 1465~1470 AD)
(4) 환속기 (37세~48세, 성종2년~성종13년, 1471~1482 AD)
   ① 환속 출세기 (37세~46세, 성종2년~성종11년, 1471~1480 AD)

62) 정주동, 앞의 책, 40~132쪽 참조.

② 환속 절망기 (47세~48세, 성종12년~성종13년, 1481~1482 AD)

(5) 이차 방랑종년기(49세~59세, 성종14년~성종24년, 1483~1493 AD)[63]

이 세 분의 학설을 보면, 매월당의 외적 모습에 중점을 두고 그의 생애를 분류한 것이 공통점이라 하겠다. 다른 점으로는 정병욱은 간단 명료하게, 정주동은 그와 반대로 복잡하고 자상하게, 그리고 이재수는 그 중간쯤 되게 나누었다고 하겠으나, 근본적으로 크게 차이가 없는 것으로 보인다.

본고에서는 이상 여러 선학들의 설을 참고로 하여 매월당의 생애를 몇 단계로 나누어 보고자 한다. 특히 정병욱의 분류를 기반으로 하되 외적 모습보다는 그의 내적 변모에 중점을 두고 생애를 구분하려 한다. 즉 그는 이상과 현실의 틈바구니 속에서 살다간 작가이므로, 이에 의거하여 생애를 구분하려 한다.

결론적으로 말해서 매월당은 유학자로서의 입신양명을 꿈꾸다가 그것이 타의에 의해 좌절되자 처음에는 실의하여 방랑하다가, 이어 현실에 참여할 준비로 금오산에 정착하여 은둔하다가, 결국 현실세계로 나온다. 그러나 현실은 그의 이상과 너무나 달라 좌절만 하고, 그는 이번에는 은둔이 아닌, 자신의 이상을 초월적 세계에 실현하기 위해 은일의 세계로 나아간다. 여기서 은둔隱遁은 세상을 피해 숨어 지내다가 기회가 주어지면 다시 현실세계로 나오는 것을 말하지만, 은일隱逸은 현실세계를 초월한 경지로 다시는 세상사에 관심이 없는 용어로 사용하고자 한다.

이런 점을 고려하면서 그의 생애를 도표로 나타내면 다음과 같다.

---

63) 이재수, 『한국소설연구』, 형설출판사, 1969, 47쪽.

(1) 현실적 이상의 추구 – 수학기修學期 – (1세~20세)
(2) 현실과 이상의 갈등 – 은둔기隱遁期 – (21세~36세)
① 실의적 은둔기 (21세~30세)
② 참여적 은둔기 (31세~36세)
(3) 현실의 긍정과 부정 – 좌절기挫折期 – (37세~48세)
(4) 초월적 이상의 추구 – 은일기隱逸期 – (49세~59세)

이제 위의 도표에 따라 시기별로 그의 행적을 좀더 구체적으로 알아보기로 한다. 이 부문은 특히 정병욱과 정주동의 선구적 연구가 크게 도움이 되었음을 미리 밝혀 둔다.

1) 현실적 이상의 추구 – 수학기 – (1세~20세)

매월당의 수학과정은 이미 앞에서 언급한 바 있다. 즉 그는 생지지질을 갖고 태어나, 외조外祖와 당시의 대유大儒들이었던 이계전, 김반, 윤상 등의 문하에서 공부하며 타고난 재질을 계발시켜 나갔다. 더욱이 정승 허조 등에 의하여 이름이 세상에 알려지고, 끝내는 당시 임금이었던 세종에게까지 알려져 장래를 약속받고 대망에 부풀어 학업에 열중하였다. 즉 이 당시는 그가 유학자로서 입신양명하는 것을 이상으로 하던 시기였다고 하겠다. 이때의 심정은 그가 뒤에 술회한 〈장지壯志〉라는 시에 잘 드러나고 있다.

壯志桑弧射四方　큰 뜻으로 뽕나무 활을 들어 사방에 쏘고서
東丘千里負靑箱　동쪽 나라 천리 길을 푸른 상자 지고 다녔네.
俗參周孔明仁義　주공·공자의 인의 밝히는 일에 참여하려 하였고
又學孫吳事戚揚　또 손오를 배워서 척양의 무술을 일삼았네.

運致蘇秦懸相印 운수가 닿으면 소진처럼 정승의 인을 찰 것이고
命窮正則賦離騷 운명 궁하면 정칙正則처럼 이소경이나 지으리라
如今落魄無才思 이제 와서는 낙백하여 한 치의 희망도 없으니
曳杖行歌類楚狂 지팡이 끌고 노래하니 초나라 광접여와 같네.[64]

이 시에서 매월당은 어려서 성공하기를 바라며 사방으로 책을 메고 다니며 공부하였음을 말하고 있다. 그리하여 주공·공자의 인의를 밝힐 뿐만 아니라, 무장도 되어 나라를 위해 싸울 각오도 있었으며, 나아가 정승에의 꿈까지 꾸었다. 즉 출장입상出將入相의 큰 야망을 품었다는 말이다. 그러므로 그에게 여러 가지 현실적인 어려움이 닥쳐왔으나, 그는 결코 이를 포기하지 않았다. 곧 그가 15세 되던 해 그의 모친이 세상을 떠나자, 그는 학업을 일단 중단하고 강릉에 있는 외가의 농장으로 내려가 수분守墳하던 중 3년을 채 마치기도 전에 그의 외숙모마저 죽자 그는 서울로 되돌아온다. 그러나 그의 부친은 중병으로 말미암아 가사를 돌보지 못할 지경이었다. 이런 파란 속에서 그는 다시 계모를 맞이하였고 이어서 훈련원 도정 남효례南孝禮의 딸을 맞아 장가도 들었으나 그의 앞길은 점차 어두워만 갔다.[65] 그러나 그는 결코 그의 이상을 포기하지 않았으니 복잡한 가정환경 속에서는 학업성취가 어려움을 알고, 드디어 번거로운 집안을 떠나 공부에 전념하기 위해 입산하는 길을 택하여 삼각산 중흥사重興寺로 들어갔다.

그리고 그는 당시 입신양명할 수 있는 유일한 길이었던 과거의 기회를 노렸다. 드디어 단종 원년 계유의 감시에 응하여 합격하고, 이어서 단종 즉위를 축하하기 위해서 계유 2월에 특설한 경시인 증광시(회시)

---

64) 『매월당집』 시집 1.
65) 정병욱, 앞의 논문, 앞의 책, 38~39쪽 참조.

에 동료와 같이 응하였으나 낙방되었으니, 그의 〈봉전진충逢全盡忠〉이란 시가 이를 잘 증명하고 있다.

癸酉赴春闈　계유년 봄 과거에 나아갔더니
南宮一鶚飛　성균관에 큰 수리 날아올랐네.
遇君隨計事　그대 만나 계사를 따라
約我入荊圍　형위에 들 것을 나와 약속했다네.
未綽桃花浪　도화 물결 아직 곱지 않으니
空懷璞玉歸　박옥만 품에 안고 돌아왔으니.
劉公今久屈　유공도 지금까지 오래 굴하고
余亦染緇衣　나 역시 치의로 물들이었네.[66]

위에서 '춘위春闈'라는 것은 봄에 거행되는 회시(복시), 곧 여기서는 증광시를 말하는 것이며, '공회박옥귀空懷璞玉歸'라는 것은 낙방을 말하는 것이다. 이에 매월당은 그해 가을 3년마다 정기적으로 시행하는 식년시를 보려고 수학에 전념하였을 것이나 「국조방목國朝榜目」에는 그의 이름이 보이지 아니한다. 이는 과거에 응시하여 낙방한 것이라기보다 그 해 10월 수양대군이 김종서, 황보인 등을 죽이고 안평대군을 강화에 압치하여 군국의 중사를 총치總治하고, 이후 영의정이 되어 안평대군에게 사사한 소위 계유정란癸酉靖難으로 인하여 과거응시를 포기한 것이 아닌가 짐작된다.[67]

이러한 사정은 매월당이 쓴 〈탕유관서록후지宕遊關西錄後志〉에도 잘 나타난다고 본다.

---

66) 『매월당집』 시집 6.
67) 정주동, 앞의 책, 56~57쪽.
이와 반대로 정병욱 교수는 앞의 논문에서 매월당이 과거를 보지 못했다고 한다. 필자는 이에 대해서는 정주동의 의견을 따르고자 한다.

> 일찍이 과거를 준비하는 선비가 되었을 때 친구들이 와서 지필로 다시 과거 볼 것을 힘쓰도록 권하였으나 오히려 관심을 두지 아니하였다.68)

이를 보면, 그는 처음 과거에 떨어지고, 다시 과거를 보려고 준비하였으나 계유정난으로 인하여 스스로 과거를 포기한 것으로 보인다.

결국 그는 하급무관의 집에서 태어나 입신양명하여 선대의 가문을 되살리겠다는 화려한 꿈을 안고 공부하였으나 겹치는 가정비극, 유일한 희망이었던 과거실패, 또한 그가 배운 학문으로서는 도저히 용납할 수 없는 패도의 등장 등으로 말미암아 소극적이요 감성적이었던 그는 깊은 실의의 구렁 속으로 떨어지고 만다. 그러므로 이 시기는 어려운 현실을 딛고 원대한 이상을 실현하려던, 현실적 이상을 추구하던 때로 볼 수 있다.

2) 현실과 이상의 갈등 - 은둔기 - (21세~36세)

유학을 공부하며 당시 유일한 희망이었던 과거로 입신하려던 그는 드디어 자기 현실을 직시하기 시작한다. 이때는 그의 꿈이 깨어진 실의의 기간이다. 그에게는 가정의 행복도 과거에 대한 희망도 물거품처럼 사라지고, 더욱이 당시는 그가 희구하던 왕도가 아니라 패도가 횡행하는 그런 현실이었다.

그는 이제까지 이상이 현실적 어려움보다 컸기에 그런 현실을 이겨냈으나 이젠 그의 이상보다 더 큰 현실의 어려움이 그를 가로막아 섰다. 이에 실의한 그는 우선 이런 현실을 피하게 된다 그러나 그는 영원히 도피하는 것이 아니라, 정연사려精研思慮를 통해 높은 인격과 학문

---

68) 『매월당집』 시집 9.
嘗爲擧子 朋友過以紙筆 復勵薦鶚 猶不干懷.

을 닦아서 유위지시有爲之時를 기다리기 위해 잠시 숨는 것이다. 이것은 은둔이라 해야 마땅할 것이다.

본고에서는 이 은둔을 두 단계로 나누어 보았다. 처음은 불우한 현실에 직면해서 실의하여 전국을 방랑하던 실의적 은둔기요, 둘째는 모든 것을 정리하고 다시 이상을 실현하기 위해 금오산에서 준비하던 때로 참여적 은둔기이다.

① 실의적 은둔기(21세~30세)

매월당은 삼각산 중흥사에서 수학 독서하다가, 21세 되던 해에 수양대군이 단종을 몰아내고 대권을 잡았다는 소문을 듣고 즉시 머리를 깎고 중이 되어 전국편력의 길을 떠났다. 이때 그의 심정은 〈상유양양진정서上柳襄陽陳情書〉에 아주 완곡하게 표현되어 있다.

> 15세 때 자모께서 세상을 떠나자 외숙모에게 양육을 받게 되었는데, 외숙모는 독자인 외손자라 하여 사랑하여 기르기를 친자식처럼 하여 주었습니다. 어머니 상사를 당함에 농장으로 데리고 가 서울로 보내지 아니하여 3년 동안 분묘를 지키다가 상제를 미처 끝내기도 못해서 외숙모마저 이어서 세상을 떠났습니다. 홀아비인 아버지께서 병환으로 가사를 다스릴 수 없었으므로 또 계모를 얻으니, 세상일은 어기어지고 박해지기만 하였습니다. …… 이윽고 생각과 일이 어긋나 전패顚沛할 때에 영묘와 현묘께서 잇달아 빈천하셨고, 광묘 초년에는 고구故舊와 교목喬木들이 모조리 귀신 명부에 오르게 되었으며, 그리고 또 이교가 크게 일어나 사문이 쇠락하게 되니, 제 뜻은 벌써 황량해졌습니다. 드디어 머리 깎은 이와 벗하여 산수에 놀게 되니, 친구들이 저를 두고 불교를 즐겨 한다고 여기게 되었습니다.[69]

---

69) 『매월당집』 문집 21, 「상류양양진정서」, 348쪽.

이에서 보면 그는 가정적인 불행과, 그의 천재라는 명성에 대한 기대감을 채울 수 없는 부끄러움에, 세조가 왕위를 찬탈하고 김종서·황보인 등의 친구가 피살되고, 그리고 유학이 쇠퇴하게 되고, 이교라 생각했던 불교가 다시 성하게 되자, 세상에 뜻이 없어졌던 것이다. 특히 그는 무엇보다 세조의 왕위 찬탈에 대해서 직접적인 충격을 받은 듯 보이는데, 그것이 의리義理에 어긋난다고 믿었기 때문인 듯하다. 이는 그가 쓴 〈고금군자은현론古今君子隱顯論〉을 읽어보면 이해가 될 것이다.

> 군자가 처신하기란 어려운 것이다. 이롭다 하여 조급하게 나아갈 수도 없고, 위태롭다 하여 용감하게 물러날 수도 없는 것이다. ……성인이나 현인의 나아가고 물러남은 오직 의리에 합당하고 아니함과 때의 좋고 좋지 못함 여하에 달려 있을 뿐이다.[70)]

그는 군자의 처신이 어려움과 의리와 때를 판단해서 진퇴를 결정해야 한다고 하면서, 그 예로서 모두 때를 기다려 현달한 이윤과 부열, 그리고 강태공을 들었다. 이로 미루어 매월당은 세조의 등극으로 말미암아, 전조에 대한 의리를 지키고, 패도가 왕도로 바뀔 때를 기다리기 위하여 은둔한 것이라 생각된다. 그런데 그가 왜 하필 중이 되어 길을 떠났는지에 대한 이유는, 그로부터 10년 뒤 관서지방을 둘러보고 쓴

至十五歲 慈母見背 鞠於外公婆 公婆以獨外甥 愛而育猶子焉 及丁母憂 牽于農莊 不猶京都 守墳三年 未及終制 而公婆又繼揖世矣 鰥釜抱病 不能治家事 又得繼母 世事乘薄……旣而心事相遠 顚沛之際 英廟顯廟 相繼賓天 光廟之初 故舊喬木 盡爲鬼簿 而復異敎大興 斯文陵夷 僕之志 已荒凉矣 遂伴髡者 遊山水故 人以我爲喜釋.

70) 『매월당집』 문집 18, 「고금군자은현론」, 306쪽.
君子之處身 難矣哉 不可以利躁進 不可以危勇退……聖賢之進退 惟在義之當否 時之可不可如何耳.

〈탕유관서록후지宕遊關西錄後志〉에 잘 나타나 있다.

> 내 어려서부터 질탕하게 명리를 기뻐하지 않으며, 생업을 돌보지 아니하고 다만 청빈하게 뜻을 지킴으로써 회포를 삼아 평소에 산수에 방랑하면서 좋은 경치를 만나는 대로 시를 읊고 구경도 하고자 하였었다. ……어느 날 갑자기 감개한 일을 만나게 됨에 내 이르기를
> "남아가 이 세상에 나서 도를 행할 만한데도 몸만을 깨끗이 하여 인륜을 어지럽게 함이 부끄러울 것이요, 만약 행할 수 없다면 홀로 그 몸만을 착하게 함이 옳다." 하고 둥둥 사물 밖에 떠서 도남·사막의 풍도를 우러러 사모하고자 하였으나 우리나라의 습속에 또한 이런 일이 없어 어물어물 결정을 짓지 못하고 있었다. 어느 날 저녁에 문득 깨닫기를
> "만약 옷에 검은 물을 들여 입고 산사람이 된다면 소원은 채울 수 있을 것이다."
> 하고, 드디어 송도로 향하였다.……[71]

여기서 볼 때, 그는 어릴 때부터의 기질과 소위 계유정난의 충격적인 사건으로 말미암아 중국의 선술가요 은둔자인 도남[72], 사막[73] 등을 사모하여 그들과 같이 되기를 원하였으나, 우리나라엔 그런 습속이

---

71) 『매월당집』 시집 9, 「탕유관서록후지」.
余 自少跌宕 不喜名利 不顧生業 唯以淸貧守志爲懷 素欲放浪山水 遇景吟翫……一日 忽遇感慨之事 以謂男兒生斯世 道可行則潔身亂倫 恥也 如不可行 獨善其身可也 欲乏乏於物外 仰慕圖南思邈之風 而國俗且無此事 猶豫未決 一夕忽悟 若染緇爲山人 則可以塞願 遂向松都.

72) 송나라 陳搏의 자. 眞源人임. 호는 扶搖子. 賜號는 希夷先生. 武巖山의 九室巖에 숨어 선술을 수련하였다.

73) 송나라 金溪人인 黃彥遠의 자이며 호는 東奄. 政和에 진사가 되어 벼슬은 평강부 교수에 이르렀다. 적들이 국경을 침범하자 황언원은 의병을 일으켜 백성들을 이끌고 守城하였으므로 적이 함부로 하지 못하였다. 뒤에 吉水令이 제수되었으나 부임하지 않고 東奄으로 돌아가 『오경지남』, 『동엄문집』등을 저술하였다.

없어 옷에 검은 물을 들여 입고 중노릇을 하였다는 말이다. 즉 그가 중이 된 것은, 그것이 목적이 아니라 은둔을 하기 위한 하나의 수단내지는 취미에 불과하였던 것이다. 이는 그가 쓴 〈상유자한서上柳自漢書〉라는 글에서도 잘 드러난다.

> 또한 저는 본디 불로佛老 등 이단을 좋아하지 않으면서 중과 짝했던 것은 중이란 원래 물외인이요, 산수 또한 물외경이기에, 이 몸이 물외에서 놀고 싶어 중과 벗하며 산수 간에 노닐었던 것입니다.[74)]

여기서 그는 물외인物外人으로 지내고 싶어 중과 더불어 생활하였음을 밝히고 있다. 실제 그에게는 돌아가 안주할 가정도, 생활근거와 족당이 있는 향리도 없었던 것이다. 이같이 불우한 처지에 놓였던 봉건도시의 지식인인 그는 물외인을 벗하여 산수 간을 노니는 방식을 쉽사리 취할 수 있었다고 보인다.[75)] 이런 몇 가지 이유로 중이 되었지만 그것이 그의 본심에서 우러난 것이 아니었으므로 그는 머리는 깎았지만, 수염은 깎지 않았던 것으로 보인다.

이후 매월당은 서울을 지나 송도 및 관서지방을 유람하고, 이어 전국의 명산과 절경이 있는 관동지방을 거쳐 마침내는 해동의 곡창 호남지방에까지 발길이 미치게 된다. 그런데 근 10년간의 마지막 방랑지인 호남에서 그는 심경의 변화를 느끼고 있음을 볼 수 있다. 즉 실의에만 잠겼던 그가, 이제 현실에 참여할 마음의 자세를 다지려는 것이 바로 그것이다. 이런 점은 그의 〈탕유호남록후지宕遊湖南錄後志〉에서 엿

74) 『매월당집』 문집 21, 「상류자한서」, 346쪽.
又僕 素不好佛老異端 與髡者伴 髡本物外人也 山水亦物外境也 慾身游物外 與髡者伴 而游於山水也.
75) 임형택, 「현실주의적 세계관과 금오신화」, 20쪽.

볼 수 있다. 매월당은 호남지방을 둘러보고 우선 오곡이 풍양함을 보고 놀란다. 그것은 '주민의 충실함과 물산의 풍부함이 관동의 몇 배나 많았기'[76] 때문이다. 따라서 그는 '성상의 교화가 융흡融洽하고 어진 덕택이 흘러 해우의 창생이 번성하지 않음이 없게 되었다'[77]고 하며, 나아가서는 '변경에 근심이 없어지고 봉화도 멎게 되었으니, 이것은 성인이 조정에서 지극히 잘 다스린 상서라 하겠다.'[78]하여 세조의 치적을 찬양하기까지 한다.

이때는 세조 8년으로 그의 실의에 찬 방랑도 어언 10년에 가까운 때다. 그가 세조의 치적을 찬양한 것은 그가 실의를 딛고 현실에 참여해야 하겠다는 생각을 은연 중에 나타낸 것으로 풀이해야 할 것이다. 따라서 그가 그 해 가을에 책을 사려고 서울에 올라간 것도 새로운 도약을 위한 준비였다고 보아야 할 것이다. 그때 마침 효령대군의 권유에 못 이겨 세조의 불경언해사업을 도와 잠시 내불당에서 교정의 일을 맡아보기에 이르렀다.[79] 이도 역시 이런 문맥에서 파악해야 이해가 갈 것이다. 그러나 그 일은 그가 본래 원하던 일이 아니었다. 따라서 그는 경주로 떠나간다.

이제 매월당은 실의의 방랑을 끝내고, 새로운 인생을 출발하기 위하여 책을 사고, 또한 그런 정신으로 세조의 사업에도 일시 협조하였던 것이다.

---

76) 『매월당집』 시집 11, 「탕유호남록후지」.
且居民之實 物產之富 倍蓰關東.
77) 같은 곳.
但聖化融洽 仁澤滂沱 海隅蒼生 罔不繫庶.
78) 같은 곳.
邊境無虞 狼烟頓息 此聖朝至治之一端也.
79) 이가원, 『금오신화』, 통문관, 1959, 18~19쪽 참조.

② 참여적 은둔기(31세~36세)

그가 31세 되던 세조 11년 봄에 그는 책을 싸들고 경주 남산인 금오산에 금오산실을 복축하고 정착한다.[80] 실로 오랜만의 정착이었다. 이제 매월당의 나이 31세. 공자는 삼십에 입지立志라 하였다. 따라서 그도 은둔 중에서나마 스스로의 방향을 새롭게 설정하려고 시도한 것 같다. 즉 그는 이제 10여 년의 방랑 끝에 실의를 딛고 다시 자기의 이상을 실현하기 위해 참여에의 발돋움을 한다. 그의 참여에의 발돋움에 대한 기회는 의외로 빨리 왔다. 그가 금오산에 들어간 그 해 3월 그믐께 그는 효령대군의 추천으로 원각사 낙성회에 참가하라는 세조의 소명을 받았다.

> 나는 그 말을 듣고 언뜻 마음을 고쳐먹고,
> "좋은 모임은 늘 있는 것이 아니며, 번창하는 세대는 만나기 어려운 것이다. 달려가 치하하고 곧 돌아와 여생을 마치리라."
> 하고서, 즉시 날짜를 다투어 상경하여 이 모임에 참석하였다.[81]

이를 보면, 그가 모임에 나간 것은 그것이 그의 현실참여에의 꿈이 이루어질 수 있는 계기가 될 수도 있다고 믿었기 때문일 것이다. 그러므로 그는 상경하여 효령대군의 명을 받아 원각사 찬시를 지어 드리니 세조께서 보시고 매월당이 원각사에 머물 것을 원하셨다. 그러나 그는 단호히 서울을 떠났다. 이는 아마도 그가 불경언해 교정사업을 그만 둔 것과 같이 그가 승려로서 대접받는 것이 싫었기 때문일 것이다. 그에게 있어서 승복은 어디까지는 살아가는 하나의 수단으로 걸친 것이

---

80) 정병욱, 앞의 논문, 앞의 책, 45쪽 참조.
81) 『매월당집』 속집 2, 「원각사낙성회」, 378쪽.
余於是 幡然改曰 勝會不常 盛世難遇 馳賀便回 以終餘年 卽剋日上京 以參嘉會.

지, 그의 본마음은 유학적 입신양명에 있었던 것이다. 따라서 그는 돌아오는 도중에 주상께서 두세 번이나 불렀으나 질병을 칭하여 사절하고는 옛산으로 돌아오고 말았다.[82] 이것은 그의 기대와 실제가 어긋났기 때문이라고 해석된다. 즉 세조는 그를 고승으로 부른 것이고 그는 불도로 출세하고 싶진 않았던 것이다.[83] 그가 나중에 "이도로 세상에 이름을 나타내고자 아니하였기 때문에 돌아간 세조가 전지하여 자주 불렀으나 나아가지 않았다."[84]라는 회고에서 보듯이, 원각사 낙성회에 참가했을 때 세조가 그에게 원각사의 승려로서가 아니라, 높은 벼슬자리로 불렀다면 이후 이야기는 전혀 달라졌을지도 모른다.

다시 금오산으로 돌아온 그는 이미 30대의 장년. 그에게 남은 것이라고는 아무 것도 없었다. 그는 아무 것도 이룬 것이 없었기 때문이다. 그에겐 권력도, 재산도, 처자도 없는 무소유의 병든 몸만이 그를 괴롭혔으며, 더욱이 그는 이미 40대로 접어들고 있었다. 그렇다고 현재의 승려의 길도 그가 애당초 꿈꾸었던 길과는 거리가 멀었다.

공자는 사십이불혹四十而不惑이라 하였다. 거꾸로 말하면 삼십대까지는 혹할 수 있다는 말이다. 매월당도 이에서 예외는 아니었다. 그는 진실로 현실을 있는 그대로 인정하느냐, 아니면 계속 그의 이상을 좇느냐의 갈림길에서 혹된 생활의 나날을 보내고 있었다. 따라서 그는 비참한 현실 속에서 화려했던 옛날의 꿈을 꾼다. 있는 세계에서 있어야 할 세계를 꿈꾸는 것이다. 여기서 『금오신화』가 탄생한다. 작품에 나타나는 이런 모습은 뒤에 작품론에서 상술될 것이다.

---

82) 같은 책, 「원각사찬시」, 378쪽.
上召之再三 以疾病謝 不赴還于古山.
83) 임형택, 앞의 논문, 21쪽.
84) 『매월당집』 문집 21, 「상류양양진정서 」, 348쪽.
然不欲以異道顯世故 光廟傳旨屢召 而皆不就.

당시 매월당의 심정은 금오산에 있을 때 쓴 것으로 보이는 〈옥루탄 屋漏歎〉이라는 시에 잘 나타나고 있다.

屋漏淋泠意不平　집이 철철 새어서 마음이 편하지 아니하여
抛書偃臥壓愁城　책 던지고 비스듬히 누워서 근심됨을 누른다.
廉纖踈雨千山暝　가늘고 성긴 비에 일천 산이 어두운데
料峭長風萬樹鳴　쌀쌀한 긴 바람에 일만 나무 울어댄다.
志士胸襟存節義　지사의 가슴 속에는 절의가 있는데
壯夫氣槩立功名　대장부의 기개는 공명을 세우려한다.
功名節義皆吾事　공명이고 절의고 모두 내가 할 일인데
得失相傾恨莫并　득실이 서로 틀어지니 합치치 못하여 한이 되네.[85)]

여기서 보면 그는 비오는 날 비가 새는 지붕 밑에 누워 잡잡한 심정을 처량하게 노래하고 있다. 즉 지사로서 살려니 절의를 지켜야 하고, 대장부의 기개를 펴자니 공명을 세워야 하는데, 그 가운데서 이럴 수도 없고 저럴 수도 없는 처지의 감정이 미묘하게 교차되고 있음을 잘 보여주고 있다. 이렇게 현실과 이상이 교차되는 속에서 그는『금오신화』를 창작하는 것이다. 이의 구조가 〈현실-이상〉의 양면구조로 이루어진 것도 당시의 이런 감정과 관련해서 생각해야 될 것이다. 다음 정병욱의 설도 이와 유사한 관점에서 파악된 것으로 보인다.

> 그의 현실에의 불신이 이상에의 추구로 전환되는 곳에서 우리는『금오신화』의 창작 계기를 포착할 수 있을 것이다. 따라서 이『금오신화』는 진실로 그의 고고청순한 인간정신의 발현이었고, 그의 고독한 청춘번민의 양상이었다 할 것이다.[86)]

---

85)『매월당집』시집 1.

이는 매월당이 현실과 이상의 갈등 속에서 자신의 고고한 번민을 해소하기 위해서 작품을 썼다는 말이다. 결국 매월당이 『금오신화』에서 추구한 세계는 바로 그가 실현하고자 하는 그의 이상세계이다. 따라서 거기에는 그에게 가장 절실했던 문제 - 한恨, 절의節義, 허무감虛無感, 통치욕統治慾, 지기지은知己之恩 등이 해결되는 장이다. 이는 당시 그의 숨김없는 속마음이니, 그가 본 작품을 쓰고, '후세에 반드시 나를 알아주는 자가 있을 것이다'한 것은 바로 이런 속마음을 알아달라는 것이 아닐까 한다. 또한 이를 석실에 묻은 것은[87] 이런 속마음이 탄로되는 것이 부끄러웠기 때문일 것이다. 사람은 그의 속마음은 항상 숨기는 법이니까 말이다.

이처럼 『금오신화』는 매월당이 금오산에서 가졌던 생활감정의 반영이다. 곧 그의 이상과 그것을 가로막는 현실과의 갈등에 대한 체험의 표현인 것이다. 그렇기에 금오산에서의 그는 이상을 포기한 것이 아니라, 꾸준히 높은 인격과 학문을 닦아서 일할 때를 기다리며 은둔하고 있었던 것이다. 그러다가 그 때가 왔다고 생각했을 때, 그는 다시 세상으로 나간다.

3) 현실의 긍정과 부정 - 좌절기- (37세~48세)

세월은 흘러 현실과 이상의 갈림길에서 번민하던 그에게 드디어 떳떳하게 출세할 수 있는 기회가 왔다. 그때 중앙에서는 세조와 예종의 두 조가 바뀌고 성종이 무단신불武斷信佛의 폐세弊世를 개혁하고 숭유문치崇儒文治를 표방하고 널리 인재를 구하였다.[88] 근 20여 년 동안이

---

86) 정병욱, 앞의 논문, 앞의 책, 52쪽.
87) 김안로, 『용천담적기』, 入金鰲山著藏石室 曰 後世必有知岑者.
88) 같은 곳.

나 이런 날을 기다렸던 그는 성종 2년 그가 37세 되던 해 봄에 금오산실을 떠나 상경하였다. 이때 그는 은근히 기대가 컸던 것으로 보인다. 이는 그가 나중에 "금상께서 등극하셔서 어진이를 쓰시고 간언을 따르신다기에 처음으로 벼슬해 볼까"[89]했다고 술회한 것이 그것을 증명한다고 하겠다.

그는 지난번에 세조가 불렀을 때 올라갔으나 일이 뜻과 같지 않아서 내려왔었다. 그런데 이번에는 그때와는 또 다른 상황이 벌어져 있었다. 때는 왔지만 세상이 너무 변해 있었고 또한 자신이 너무 늙어 있었던 것이다. 즉 그와 친분이 두텁던 서거정은 달성군으로 봉작을 받고 예문관대제학이 되어 있었으며, 정창손은 영의정, 김수온은 좌이공신, 노사신은 영돈령부사 등이 되어 있었다. 이런 사실을 안 그는 서울에 온 이듬해 가을에 성동에 폭천정사를 복축하고 그곳에서 평생을 마치리라 하였다.[90]

그는 이제 입신양명한다는 것이 금오산실에서 혼자 꿈꾸던 것과는 너무나 거리가 멀다는 것을 알았다. 즉 그는 아직도 일개 서생인 반면에 같이 공부하던 옛 친구들은 이미 따라갈 수 없는 높은 지위에 있었던 것이다. 이에 자존심이 강했던 그는 현실적 이상을 버리고 현실적 현실에 눌러 앉아 버린다. 곧 모든 꿈을 버리고 스스로의 현실적 상황을 받아들이게 된다.

인간이 어렸을 때부터 염원하던 꿈을 잃으면 어떻게 될까? 아마도 자포자기하여 비정상적인 생활로 들어가게 될 것이다. 매월당도 그랬다. 그는 "일부러 미치광이 짓을 하여"[91] 길을 가던 영의정 정창손을

---

89) 『매월당집』 문집 21, 「상류양양진정서」, 348쪽.
今聖上 登極 茸賢從諫 翼欲筮仕.

90) 정병욱, 앞의 논문, 앞의 책, 53쪽.

이유 없이 심히 놀려 꾸짖기도 하고[92], 또한 "관청에 가서 관리와 얼굴을 맞대고 다투어 싸우기도 하였다."[93] 이와 같이 그는 사람들을 희롱하고 세상을 모멸하는 풍자적 생활을 하였으니, 일반에겐 기인이나 미친 승려로 비추어졌음이 당연하다. 그러나 꿈 잃은 그로서는 또한 당연한 행위였다. 후대의 사람들이 그를 '일종의 이인異人'[94]이라고 보는 것은, 매월당의 이때 모습만을 두고 하는 말일 것이다.

이후 10년간 매월당의 거취에 대해서는 오늘날 그 정확한 사정을 알 수 없다. 현전하는 문헌에 의하면 대체로 서울을 중심으로 하여 그 근교에 우거하고 있었던 것으로 짐작할 수 있다. 그 중에서도 수락산에 가장 오래 머물러 있었다.[95]

아마 이때 그는 현실속의 불만을 잊기 위하여 불교의 선문에 전념했는지도 모른다. 이는 그의 선에 관한 저술인 〈십현담요해서十玄談要解序〉와 〈대화엄법계도서大華嚴法界圖序〉의 집필이, 모두 수락산에 있을 때에 저술한 것으로 보이는 점[96]으로 미루어 그러하였으리라고 추측할 수 있다. 그리고 『사우명행록師友名行錄』에도 그가 수락정사에 들

91) 윤춘년, 『매월당집』, 「매월당선생전」, 7쪽.
先生 卽閉戶不出者三日 一夕忽痛哭 盡焚其書佯狂.

92) 남효온, 『추강선생문집』, 「사우명행록」, 창문각, 영인, 1979, 541쪽.
一日 飮酒過市 見領議政鄭昌孫 日汝奴宜休.

93) 김안로, 『대동야승』, 「용천담적기」, 402쪽.
其臧獲田宅 任人取奪 曾不屑意 復忽從其人請還 其人不肯 岺身卽雀鼠之庭 面爭供對 譊譊如市井之競.

94) 『매월당집』 부록 1, 465쪽.
梅月 別是一種異人.

95) 정병욱, 앞의 논문, 앞의 책, 57쪽.

96) 정병욱, 「매월당집 해제」, 『국역 매월당집』, 세종대왕기념사업회, 1977. 이에 대해서는 매월당이 각 서문에서 「十玄談要解序」는 을미년(1475, 성종 6년) 폭천산에서, 그리고 「大華嚴法界圖序」는 병신년(1476, 성종 7년) 녹태헌에서 썼다고 자술하고 있다.

어가 거처하면서 도를 닦으며 단련하였다[97]고 한다. 여기서 닦은 도는 아마도 선문禪門의 도道가 분명한 것으로 생각된다.

그러다가 그는 47세 되는 성종 12년에 홀연히 머리를 기르고 고기를 먹기 시작하며 그의 조부에게 제문을 지어 올려 전날의 죄를 뉘우치고 드디어 안씨 여자를 처로 얻어 완전히 환속하고 말았다.[98] 이는 불혹不惑의 나이도 중반을 넘긴 그가 자기를 있는 그대로 받아들여 현실에 적응하고 안주하려는 것으로, 어떤 면에서 발전적인 것이라고 보아야 할 것이다. 그러므로 그는 더 이상 승복을 입고 지낼 필요가 없었던 것이다. 승복은 다만 그가 은둔을 하기 위한 수단이었기 때문이다. 이제 그는 유의지시를 기다리는 은둔인이 아니라, 일상을 살아가는 하나의 평범한 인간에 불과하였다.[99] 이는 또한 당시 성종이 숭유억불정책을 써서 불교가 된서리를 맞게 되자 승려 중에서 환속하는 이가 많았던 시대적 기풍과도 무관하지 않았을 것이다.

그러나 하늘은 천재인 그를 범인凡人으로 살도록 그냥 놓아두지 않았다. 곧 가정적으로는 결혼 후 얼마 가지 않아 부인이 세상을 떠나고 국가적으로는 그 이듬해인 성종 13년에 윤씨 폐비의 의논이 일어나매, 그는 다시 세상사에 뜻이 없어져 그런 현실을 미워하며 의지할 곳 없는 그의 영혼은 인생 최초의 생활 전선에서 완전히 패배 당한 채 또 다시 방랑의 길을 떠나고 말았다.[100]

이때 그는 인간 세상에 처신하기 불가함을 다섯 가지로 논하였으니,[101] 무처無妻, 재취再娶하여도 생활능력이 없음, 적씨翟氏와 맹광

97) 남효온, 앞의 책, 539쪽.
人居水洛精舍 修道鍊形.
98) 정병욱, 앞의 논문, 앞의 책, 58쪽.
99) 그가 환속한 후에 쓴 『매월당집』 속집 1, 「祭祖父文」은 이의 이해를 도울 것이다.
100) 정병욱, 앞의 논문, 앞의 책, 55~59쪽 참조.

같은 현처賢妻를 얻을 수 없는 것, 출사出仕해 보았자 녹봉이 작을 뿐 아니라 용렬한 무리들을 용서할 수 없는 성질, 산수를 사랑하는 버릇에 농경을 그만두니 여전 궁박하다는 등의 이유가 그것이다. 세 가지는 처에 관한 것이고 나머지 두 가지는 호구지책에 관한 것이다. 이는 그가 현실적으로 가정을 꾸릴 수 없다는 것으로 그의 당시 심정을 솔직히 고백한 것이라 하겠다. 이렇게 시작되는 두 번째 방랑은 첫 번째 방랑과는 여러 면에 있어서 또 다른 차원의 방랑이 된다.

4) 초월적 이상의 추구 – 은일기 – (49세~59세)

세속의 먼지를 훌훌 털어버리고 다시 물외物外 선문禪門으로 방랑의 길을 나선 것은 그가 49세 되는 성종 14년이었다. 이때 그의 모습은 마치 〈만복사저포기〉나 〈용궁부연록〉의 마지막 부분과 흡사하다.

> 양생은 그 뒤 다시는 결혼하지 않고 지리산에 들어가 약초를 캐며 살아갔다고 하는데, 그가 어디서 세상을 마쳤는지 아는 이가 없다.[102]

> 그 뒤에 한생은 세상의 명예와 이익을 생각에 두지 않고 명산에 들어갔는데, 어느 곳에서 세상을 마쳤는지 알 수 없다.[103]

---

101) 『매월당집』 문집 21, 「상류양양진정서」, 348~349쪽.
僕之處身 極爲至難 而不得居於人世者 有五不可焉 世人見人裝束 不以心志也 而無浣汚裁縫者 一不可也 得若妻若妾 便作居計 治生所絆 不能於貧富自在 二不可也 又安得如陶之翟氏 梁之孟光乎 三不可也 雖故舊見憐 薦以一宦 秩微祿簿 不能遽伸 又僕性戇直 不能容於碌碌之輩 四不可也 僕之居於深洞 只愛山明水麗 若耕耘之事非所个懷 且今歲 損稼而出洞 求活人便 謂如前窮迫 故立身如此 五不可也.

102) 生後不復婚嫁 入智異山採藥 不知所從.

103) 其後 生不以名利爲懷 入名山不知所從.

인생 말년에 상처를 하고 다시는 장가들지 않겠다고 맹세하고, 세상의 명예와 이익을 생각에 두지 않고 명산에 들어간 주인공은, 그가 일찍이 작품에서 예견하였던 스스로의 모습이었다. 세상의 명예와 이익을 생각에 두지 않는다는 말은 세상을 뛰어넘었다는 말이다. 이를 초월이라 하여도 좋을 것이다. 그렇다. 그는 이제까지 현실 속에서 이상을 추구하다가 실패하고, 이제 마지막 남은 유일한 길인 초월적 공간에서 스스로 세상을 초월하는 도를 실현하려고 한다. 그러므로 그의 말년은 초월적 이상을 추구하던 은일기隱逸期라 해야 마땅하다.

당시 그의 심정을 잘 나타낸 것으로 보여지는 시로 〈금조향영목이수명禽鳥向榮木以隨鳴〉이 있다. 마지막 두 행을 보기로 하겠다.

> 煥惱勿得道　근심이고 걱정일랑 다시는 말 말고
> 宜修超世道　세상을 초월한 도 닦는 게 좋으리.[104]

여기에서 보듯이 매월당은 자연 속에 묻혀서 다시는 근심 걱정을 않고, 오직 세상을 초월한 도를 닦기에만 전념한다. 따라서 그는 육경자사六經子史를 짊어지고 관동의 명산과 대천을 남김없이 편력하며, 혹은 지방청년의 계몽훈도에 진력하며, 혹은 산과 강을 완상하며, 솟구치는 흥겨움을 시구 문장으로 옮기면서, 출입무상한 그의 여생을 초속고답超俗高踏하고 비예일세非睨一世하는 가운데서 보내고자 하였다.[105] 이때 그는 불교의 선종에서 초월의 세계를 찾은 게 아니었겠느냐는 추측이 간다. 그것은 김안로가 "그는 선종에서 세상을 도피하고"[106] 있었다

---

104) 『매월당집』 시집 5.
105) 정병욱, 앞의 논문, 앞의 책, 60~61쪽.
106) 김안로, 앞의 책, 402쪽.
　　逃世於禪 不奉其法.

는 말이, 그 말년을 두고 이야기한 것으로 보여지기 때문이다. 특히 김시습이 선승으로 일가를 이루었음은, 율곡도 언급한 바 있다.

> 선·도 두 교에 이르러서도 역시 대의를 보아서 그 병 되는 근원을 깊이 연구하였다. 선어를 짓기 좋아하여 현미한 것을 밝혀냄에 영탈하여 막히고 걸리는 것이 없었으며, 비록 늙은 중·이름난 중으로 그 학문이 깊은 자라 하더라도 감히 그의 말에 대항하지 못하였다.[107]

율곡은 매월당이 선·도에도 두루 정통하였다고 말한다. 이러한 견해는 〈매월당집서〉를 쓴 이자에게서도 발견된다.

> 하루는 동도를 지나다가 명확하게 크게 깨닫고 말하기를, "선리禪理는 퍽 깊어서 생각한 지 다섯 해 만에 투명하게 열리는 것을 얻었으나, 우리 도 같은 것은 본래가 계급이 있어서 마치 건강한 자가 사닥다리를 오르는 것같이 한 발을 들면 곧 한 층을 올라가는 것으로, 문득 깨달아 시원하게 열리는 즐거움은 없지만, 조용히 지내면서 젖어드는 맛이 있으니, 그것은 그 마음속이 허명虛明하여 닿는 데마다 환하게 비추어 참과 거짓, 손과 주인의 분별이 진실로 이미 얼음처럼 녹고 구름처럼 풀리는 것이 있다." 하였다.[108]

여기서 보면, 매월당은 유학과 선을 대비하면서 아울러 5년 만에 선을 깨달은 즐거움과 그 대오의 경지를 말하였다. 즉 그는 선을 종교적

---

107) 이이, 앞의 책, 9쪽.
至如禪道二家 亦見大意 深究病源 以喜作禪語 發闡玄微 穎脫無滯礙 雖老釋名髡 深於其學者 莫敢抗其鋒.

108) 이자, 『매월당집』「매월당집서」, 3-4쪽.
一日過東都 豁然大悟 曰禪理頗深 思量五載 乃得透開 如吾道 自有階級 若健者之升梯 纔擧一足 遽達一重 無頓悟快決之樂 而有優游涵泳之味 是其心地虛明 觸處洞然 而於眞贗賓主之分 固已氷釋而雲解矣.

인 차원으로 생각한 것보다는 오히려 깨달음의 경지에 이르는 방법으로 생각한 듯하다. 아래 글은 이를 입증해 줄 수 있을 것이다.

> 대개 세상 사람들은 선禪은 선정禪定하여 안한安閑하다는 뜻이라 말하고, 선자禪字가 곧 생각하고 닦으며 고요히 생각한다는 말임을 알지 못한다.[109)]

이에서 보면, 그는 선은 도를 생각하고 닦으며 고요히 생각하는 하나의 수단으로 본 것임에 틀림없다. 그래서 그는 유학자이면서 승복을 걸칠 수 있었던 것이다. 따라서 그는 은둔기부터 선에 관심을 두다가, 은일기에는 선에 전념하여 도를 닦으며 초월의 세계로 나아간 것으로 보인다. 이는 그가 40대 초반에 선에 관한 두 가지 책을 저술하고, 또한 수락산에서 한동안 선문에서 도를 닦은 것으로 미루어 짐작할 수 있는 사실이다. 결국 그는 40대 이후에는 벌써 나름대로 선에 대한 일가를 이루었고, 그의 말년에는 이에 귀의하여 초월의 세계로 나아간 듯하다.[110)] 따라서 그가 쓴 시 중에 선에 관한 시가 많이 있다. 여기서는 대표적으로 〈증준상인贈峻上人〉이란 시 한 수만 보기로 하겠다.

> 空色觀來色卽空　공색을 보니 색이 바로 공이어서
> 更無一物可相容　다시 예서 한 물건도 없어야 서로 용납되리니.
> 松非有意當軒翠　소나무가 뜻이 있어 추녀 끝에 푸른 것 아니요
> 花自無心向日紅　꽃도 무심한 채 해를 향해 붉어 있네.
> 同異異同同異異　이를 동이라 하고 동을 이라함은 동과 이가 다름이고

---

109) 『매월당집』 문집 16, 「잡저」 무사제일, 274쪽.
夫世人 稱禪是禪定安閑之意 未知禪字 乃思修靜慮之稱.

110) 서규태, 「매월당의 유심적 인생관과 시세계」, 고려대 대학원, 1982 참조.

異同同異異同同　동을 이라 하고 이를 동이라 함은 이와 동이 같음일세.
俗尋同異眞消息　동과 이의 참 소식을 굳이 찾으려거든
看取高高最上峰　높고 높은 최상봉에서 보아야 알 것이네.[111]

이는 매월당이 선문의 노인인 준상인에게 준 20수 중의 한 수이다. 여기서 그는 공색空色이나 동이同異를 놓고, 긍정과 부정, 부정과 긍정, 부정과 부정, 긍정과 긍정 등의 논리적 전개를 보이고 있다. 이의 진부眞否는 오직 '높고 높은 최상봉'에서만 간취할 수 있다는 것이다. 이는 곧 사물의 본질을 깨우칠 수 있는 선의 세계이다. 선의 세계는 전논리적인 직관의 세계이기 때문이다.

이렇게 그는 정신적으로는 선문에 의지하여 궁리하고, 육신의 건강을 위해서는 선가의 섭생식을 취하면서 성실한 인생을 보내고자 하였던 것이다. 이렇게 물외에 몸을 맡겨 초세의 도를 닦고자 지향없이 표랑하다가 병든 몸을 이끌고 마지막 의탁한 곳이 홍산 무량사였다. 당시의 심정을 읊은 〈무량사와병無量寺臥病〉이란 시를 한번 읽어보기로 한다.

春雨浪浪三二月　봄비가 계속하여 2·3월에 내리는데
扶持暴炳起禪房　심한 병을 붙들고서 선방에서 일어났네.
向生欲問西來意　나더러 입산한 뜻 묻고자 하나
却恐他僧作擧揚　도리어 다른 중이 칭찬할까 두렵네.[112]

그는 장마비가 내리는 봄날에 심히 병이 들어, 입산한 뜻이 고승이 되기 위한 것이 아니라 다른 뜻이 있었음을 이렇게 자조적으로 읊고 있다. 아마도 그는 세상을 도피하고, 끝내는 세상을 초월하기 위하여

111) 『매월당집』 시집 3.
112) 같은 책, 시집 7.

입산한 것이리라. 그는 성종 24년 3월 그의 마지막 안식처이던 선방에서 59세를 일기로 고요히 숨진다. 초세의 도를 닦던 매월당도 인생의 무상함을 이길 수는 없었던 모양이다. 사후의 그에 대한 기록은 율곡이 〈김시습전〉에 잘 전하고 있다.

> 유언으로 화장하지 말라 하여, 임시로 절 옆에 묻었다가 3년 후에 장사 지내려고 빈소를 여니 얼굴빛이 살아있는 것 같아서 중들이 놀라 모두 "부처요."하고, 끝내 불교의 다비의 예식대로 하여 그 뼈를 모아 부도를 만들었다.[113]

이는 마치 〈취유부벽정기〉의 마지막 부분 – 사람들은 "홍생이 신선을 만나서 죽음에서 해탈되었기 때문이다."라고 하였다[114] – 과 흡사하다. 이렇게 매월당은 비록 죽어 없어졌지만 그의 정신은 오늘날까지도 살아 있는 것이다. 그것을 부처로 표현하여도 좋고 신선으로 표현하여도 좋다. 이는 후세인에게 그가 아직도 살아있음을 상징한 것으로 보인다. 그렇다. 그의 정신은 앞으로도 죽지 않고 영원히 우리 곁에 살아있을 것이다.

이제까지 논의한 바 있는 매월당의 생애를 간추려 보면 다음과 같다.

김시습은 무인 집안에서 태어나 문인으로서의 영달을 꾀한다. 즉 20세까지는 당시 현실 속에서 입신양명하려는 이상을 품고 공부한다. 그러나 가정사정과 사회여건의 변화에 의해 타의로 은둔의 생활을 택하지 않을 수 없었다. 20대에는 실의하여 전국을 방랑하다가, 30대에

113) 이이, 앞의 책, 11쪽.
遺戒無燒葬 權厝寺側後三年 將葬啓其殯 顏色如生 緇徒驚歎 咸以爲佛 竟依異敎茶毗 取其骨作浮圖.

114) 人以爲遇仙屍解云.

와서는 현실에 참여할 준비를 한다. 그러나 막상 30대 후반에 현실에 뛰어들었을 때, 그는 젊은 날의 꿈을 실현하기에는 너무 늙어버렸음을 뼈저리게 느낀다. 이후 한동안 꿈 잃은 아픔에 미친 듯 행동한다. 그러나 이내 수락산에 들어가 선문에 의지하여 슬픔을 달래다가 결국 47세 때 현실로 돌아온다. 이제 그는 승복도 벗고 재혼도 하여 완전히 현실에 안주하려 하였지만, 하늘은 그를 범인으로 놓아두지 않았다. 세상은 다시 시끄러워지고 아내마저 죽자, 그는 생활인의 패배를 안고 다시 방랑의 길을 나선다. 그러나 이번에는 현실에서가 아니라 초월적 공간에서 초세의 도를 추구한다. 이에 물외에 의지하며 방랑하다가 결국 허무한 세계를 뛰어넘어 초월의 세계로 떠나갔다.

결국 그는 쉼 없이 자신의 이상을 추구해 간 정열적인 지식인이라고 해야 할 것이다. 이러한 그의 일생은 스스로를 노래한 〈아생我生〉이란 시에 잘 나타나고 있다.

我生旣爲人　내가 나서 이미 사람되어 있거니
胡不盡人道　어찌해서 사람 도리 다하지 않으리오마는.
少歲事名利　젊어서는 명리를 일삼았고
壯年行顚倒　장년이 되어서는 자빠지고 넘어졌네.
靜思縱大恧　고요히 생각하면 크게 부끄러우니
不能悟於早　일찍이 깨닫지를 못한 탓이라.
後悔難可追　후회한들 돌이키기 어려운 일이라
寤擗甚如擣　깨달아서 가슴 치길 다듬이질하듯 하네.
況未盡忠孝　아직도 충효를 다하지 못했으니
此外何求討　그 밖에 또 무엇을 구하고 찾겠는가!
生爲一罪人　살아서는 하나의 죄인이 되었고
死作窮鬼了　죽어서는 궁색한 귀신이 되었네.

更復騰虛名　다시금 헛된 이름 또 일어나니
反顧增憂惱　돌아보곤 근심 번뇌만 더하네.
百歲標余壙　백년 후에 이내 무덤에 표할 적에는
當書夢死老　꿈속에 죽은 늙은이라 그렇게만 쓸지어다.
庶幾得我心　행여나 내 마음 알아주어
千載知懷抱　천년 뒤 이내 회포 알게나 하소.[115]

여기서 매월당은 그 스스로의 묘비를 '꿈 속에 죽은 늙은이〔夢死老〕'라고 쓰는 것이 마땅하다고 하였다. 실제 그는 어렸을 때부터 죽는 순간까지 꿈을 꾸면서 그것을 실현하려 하였다. 즉 젊어서는 주어진 현실을 뛰어넘기 위해 명리를 찾아 다녔고, 늙어서는 세상을 초월하는 도를 찾아다녔던 것이다. 이러한 점은 그가 평일에 그린 두 화상과 그 찬에 상징적으로 잘 나타난다고 본다. 윤춘년尹春年의 〈매월당선생전〉에서 이 부분을 한번 읽어보기로 한다.

> 선생은 평일에 늙고 젊은 두 화상[像〕을 손수 그렸고, 이어서 스스로 찬을 지어 절에 남겨 놓았다.[116]

율곡도 〈김시습전〉에서 같은 말을 하며, 찬의 내용까지 밝히고 있다.

> 살았을 때에 손수 늙고 젊은 두 화상을 그리고 또 스스로 찬을 지어서 절에 두었는데, 찬의 맺음말에 말하기를, '너의 형상이 지극히 작고 너의 말은 크게 어리석으니, 마땅히 언덕과 구렁 속에 두어야 할 것이다.'라고 하였다.[117]

---

115) 『매월당집』 시집 14.
116) 윤춘년, 앞의 책, 8쪽.
先生 於平日 親畫其老少之二像 仍自贊留于寺.

여기서 아이와 노인은 바로 그 자신의 양면이 아닌가 하고 생각된다. 즉 아이는 그가 본래 꿈꾸던 그라면, 노인은 현실의 자기 모습인 것이다. 그는 늘 이 두 개의 화상을 보면서 '현실의 자기'와 '이상의 자기'를 비교해 보았을 것이다. 그러나 그는 스스로의 꿈이 깨어졌다고 판단했기 때문에 자신을 모멸하여 짐승 같고 어리석어, 구렁 속에 버려 마땅하다고 자책했는지 모른다. 따라서 그는 마지막으로 현실과 이상, 이 모두를 초월할 수 있는 세계로 나아갔음을 알 수 있다. 결국 매월당은 유학자 → 처사 → 방외자로 3번씩이나 변모하면서, 은둔에서 은일의 세계로 나아갔음을 알 수 있다.

끝으로 사족을 붙이자면, 필자가 보건대 김시습은 인생을 참 성실하게 살았다고 생각된다. 즉 유학에서 말하는 거경居敬·궁리窮理·역행力行을 몸소 실천한 것으로 보인다. 그러므로 그는 늘 더 높은 차원의 인생을 찾아나섰던 것이다. 겉으로 보면 방랑하고 방탕한 듯하지만, 그것은 그에게 주어진 현실을 성실하게 살아가기 위한 하나의 방편이었다. 그의 성실성은 그의 글씨에서도 단적으로 나타났으니, 매월당의 글씨는 "단 한 자도 방탕하게 된 것이 없어 한자 한자마다 심획을 볼 수 있다."[118]고 한다. 이를 보더라도 김시습은 자신의 자유의지로 인생을 참되게 살았음을 알 수 있다. 그는 '성품이 강직해서 남의 허물을 용납하지 않은' 것처럼 그 자신의 허물도 용납하지 않은,[119] 철저

117) 이이, 앞의 책, 10쪽.
生時 手畫老少二像 且自贊留于寺 贊之亂 日爾形至眇 爾言大侗 宜爾置之 丘壑之中.

118) 허목, 『미수기언』 별집 발 「동봉친필시첩발」, p.102. (고전국역총서 180『미수기언』3, 뒷면 영인, 민족문화추진회, 1979).
戱墨終無一字放散 一一心畫可見.

119) 이이, 앞의 책, 9쪽.
勁直不容人過.

한 유가적 군자였던 것으로 판단된다.

3. 매월당의 문학세계와 그 변모 양상

문학은 작가 자신의 표현이다. 따라서 매월당의 생애가 변천하여 왔듯이 그의 문학도 변모해 왔다고 본다. 본 절에서는 이 변모의 과정을 그의 생애와 대비하여 살피는 것이 목적이다.

일찍이 공자는 『시경』을 산정하였으며, 아들 백어에게 『주역』 〈소남〉 읽기를 명했고, 〈관저〉를 비평했으며, 흥興·관觀·군群·원怨·다식초목조수지명多識草木鳥獸之名 등 시의 효용을 들고 시가 가진 교화의 기능을 강조한 이래, 문학은 이미 유가와 떨어질 수 없는 관계에 놓이게 되었으며, 『시경』의 주자적 해석 - 의義·리理가 기준이 된- 도 이런 바탕에서 이루어지는 것이다. 공자나 주자의 『시경』에 대한 관심이 이처럼 깊은 것은 결국 시가 학문을 온전히 하는데 이바지할 수 있다는 것을 증명한 셈이다.[120] 그러므로 유학과 문학은 상보적인 처지에서 서로 분리될 수 없는 밀접한 관계를 가지게 되는 것이다.

이런 관점에서 본다면, 매월당은 태어나면서부터 그의 외조로부터 문학적 수업을 받았다고 할 수 있다. 그의 외조부는 그에게 유학적 수업을 시켰으니, 방언보다는 양 『천자문』을 먼저 가르쳤고, 그가 2세가 되었을 때는 당송의 현시 초구 백여 수를 뽑아 주어 다 읽게 하였고, 3세가 되었을 때는 연칠자·평측·대우·압운 등의 작시법을 가르쳐서 그로 하여금 스스로 '춘우신모기연개春雨新慕氣連開' 또는 '도홍류

120) 이원주, 「도학파의 문학」, 『한국문학연구입문』, 259쪽.

록삼춘모桃紅柳綠三春暮' 또는 '주관청침송엽로珠貫青針松葉露'라고 읊게 하였음은 이미 언급한 바 있다.

이렇게 그는 관인문학을 배우는 데서 그 문학적 수업을 시작하였다고 하겠다. 이는 그가 화려했던 가문을 되찾으려는 그의 이상을 실현하는데 가장 좋은 방법이기도 하였다. 당시의 관인문학은 바로 출세의 지름길이었기 때문이다. 따라서 전술했다시피 그는 외조로부터 『정속』·『자설』등을 배우고, 5세 때에는 이계전으로부터 『중용』·『대학』등을 배우고, 나아가 김반에게서는 『맹자』·『시경』·『서경』·『춘추』 등을 배우고, 윤상에게서는 『주역』·『예기』· 제사 및 제가백가를 두루 배우며 관인문학자에로의 탄탄대로를 걸어가게 되었다.

그러나 그는 관인문학계에서 꽃도 피우기 전인 15세에 그의 모친이 세상을 떠나고, 이어 외숙모마저 돌아가셨다. 더구나 계모를 맞이하였을 뿐만아니라 부친마저 병으로 누워 있어, 가정적 불행이 그의 수학을 더욱 어렵게 하였다. 이에 매월당은 인생의 허무를 느끼고 유학뿐 아니라 불경에 대한 연구도 심상하지 않았다. 그러나 이렇게 이단에 마음이 기울어졌던 것은 마음의 공백을 메우기 위한 하나의 신앙적 행동이었지 그렇다고 아직까지 탈속산인의 생활에 의탁하려는 심정은 아니었던 것이다.[121] 즉 그는 아직까지 관인으로서의 입신양명을 마음속에서 포기할 수 없었던 것이다. 그러므로 그는 삼각산 중흥사에서 관인문학을 공부하며 과거급제의 그날을 기다렸던 것이니, 계속 관인문학을 공부하였다고 할 것이다.

그러나 매월당이 21세 되던 해, 수양대군이 단종을 몰아내고 대권을 잡는 소위 계유정난이 일어난다. 이는 그에게 단순히 왕위만 바뀌었다

121) 정주동, 앞의 책, 53~54쪽.

는 의미 이상을 주었으니, 그것은 세종 이래의 숭유문치주의가 숭불무치주의로 바뀌게 된 것이 그것이다. 그는 왕도정치 하에서 유학으로 입신양명하려 하였으나, 이제 세상은 패도가 지배하는 난세가 되어버렸다. 이에 그는 붓을 던지고 승복에 의지하여 방랑의 길을 떠난다.

이때부터 그의 문학은 관인문학에서 처사문학으로 바뀌게 된다. 처사란 세파의 표면에 나서지 않고 조용히 초야에 파묻혀 사는 선비를 말한다. 그리고 자기의 뜻을 펼 수 있는 기회가 있으면 언제든지 참여할 준비가 되어 있는 사람들이다. 그러므로 이렇게 은둔하면서 하는 문학을 처사문학이라 하겠다.

이후 매월당은 10여 년 간 전국을 주유하면서 글을 지었으니, 이는 거의 처사문학에 속한다. 여기서 대표적인 한 편만을 감상하기로 한다.

上宋少尹(송소윤에게 드리다)

使君持節到關西　사군이 옥절 잡고 관서에 오실 때
童子爭迎竹馬齊　동자들도 다투어 맞으니 죽마가 가지런했네.
一邑均沾甘雨露　한 고을에 단비와 이슬이 고루고루 적시니
萬民爭望旱雲霓　만민이 가뭄에 구름과 북새를 다투어 바라는 듯.
春深花滿常梨樹　봄은 깊어 팥배나무에 꽃이 만발하고
風細香來技麥畦　봄바람에 향기는 기맥 밭에서 오네.
想得他年宣詔去　생각건대 뒷날에 조서 펴러 가게 되면
珥貂躡環珮丹梯　갖옷 입고 옥을 차고 단제를 밟으리라.[122)]

여기서 보면 그는 임금의 명령을 받은 관리의 행차를 극히 부러운 눈으로 바라보며, 동시에 그에게도 훗날 기회가 주어진다면 관복을 입

---

122) 『매월당집』 시집 9.

고 옥대를 띠고 조정에 나아갈 처사적 희망을 피력하고 있다.

그가 처사로서 은둔한 시기는 크게 두 기로 나누었으니, 실의적 은둔기와 참여적 은둔기가 그것이다. 대체로 보면 전기는 실의에 빠져 인생의 허무를 노래한 것이 대부분이다. 그가 20대 초에 관서지방을 방랑하며 읊은 아래와 같은 시구들이 그것을 단적으로 보여주는 좋은 예이다.

細料世間　　　자세히 세상일을 생각해 보니
歡樂與悲傷　　기쁘며 즐거움과 슬프며 속상함이
提是南柯夢一場　이 모두 남가의 한 마당 꿈이라.[123]

白鷗不管興亡事　백구는 흥망사에 관계하지 아니하며
出沒綠波無箇心　푸른 물에 드나들며 아무 마음 없네.[124]

그는 세상의 기쁨과 즐거움과 슬픔과 속상함이 모두 일장춘몽이니, 인생은 허무하다는 것이다. 또한 스스로 백구에 의탁하여 세상의 흥망에 관계하지 않겠다는 은둔적인 자세를 노래하고 있다. 이처럼 매월당은 은둔 초기인 실의기에는 관서지방을 유랑하며 주로 인생허무를 노래하였다.

그러나 후기에 들어오면 은둔생활 중 참여에의 갈등을 보이고 있다. 이는 그가 10여 년의 방랑 끝에 쓴 〈가현椵峴〉이란 시에 잘 드러나고 있다.

驟雨暗前村　소나기로 앞마을이 컴컴하더니
溪流徹底渾　시냇물 바닥까지 흐려졌구나.

---

123) 같은 책.「浿江曲」.
124) 같은 책.「浮碧樓」.

疊峯遮客眼　첩첩이 겹친 봉우리 길손의 눈을 막는데
一逕入溪源　지름길 하나 시내 위로 통하였네.
青草眠黃犢　푸른 풀 위에는 누런 송아지 누워 있고
蒼厓叫白猿　푸른 절벽에는 흰 잔나비 울부짖는다.
十年南北去　십년 동안 남북으로 다녔지만
歧路正銷魂　갈림길 만나면 또한 애태우네.[125)]

위에서 매월당은 첩첩이 가린 봉우리 앞에서 갈림길 만나면 애태운다는 것으로, 당시 자신의 내면적 갈등을 잘 암시하고 있다. 이 갈림길은 아마도 은둔이냐 참여이냐에의 갈림길이었음에 틀림없을 것이다.

이러한 경향은 점차 바뀌어 세상에 참여할 의사를 조금씩 비치기 시작한다. 이는 그가 금오산에서 쓴 시구에서 잘 드러난다고 하겠다.

藤繞石床無一酹　등이 얽힌 상석에 술 권할 이 없으니
他生那似此生休　저승이 어찌 이승보다 아름다우랴?[126)]

而我雖緇褐　나는 비록 검은 장삼을 입었다 해도
志則異於是　뜻은 바로 이것과는 다르답니다.[127)]

天生夫子扶斯世　하늘이 공부자 내시어 이 세상을 붙들게 하시니
如欲爲君捨此誰　만약 군주가 되려면 이를 두고 누구를 쓰리오?[128)]

여기서 보면 현실에 참여하려는 의지를 은연 중 볼 수 있다. 즉 저승보다는 이승이 낫고, 승복을 걸쳤지만 뜻은 다른데 있고, 더구나 정치

125) 같은 책. 시집 1.
126) 같은 책, 시집 12.「金氏陵」.
127) 같은 곳.「贈金進士」.
128) 같은 곳.「得孟氏」.

에 대해서도 나름대로의 견해를 보이니 공자의 뜻이 아니고서는 천하를 건질 수 없다는 것이다. 이렇게 그의 처사문학은 실의적 문학에서 참여적 문학에로 변모하여 갔다. 그러나 그의 문학은 처사문학에서만 끝난 것이 아니다.

알다시피 매월당은 현실세계에 대한 새로운 꿈을 안고 세상에 나아갔다. 이는 세조 이래의 숭불무단이 끝나고 성종조에 들어서면서 다시 숭유문치의 세계로 바뀌었기 때문이다. 그러나 이미 그의 몸은 너무 늙어 있었다. 37세, 이는 당시의 나이로는 새출발하기에 너무 늦은 나이였다. 또한 그의 동료 서거정, 정창손, 노사신 등은 이미 그가 따라갈 수 없을 만큼 높은 관직에 있었다. 이에 자존심이 강했던 매월당은 그의 꿈이, 막연하게나마 금오산실에서 간직했던 꿈이 현실적으로 완전히 깨어졌음을 실감하게 된다. 이에 그는 미친다. 그러나 세월 따라 미친 행동도 끝나고, 이제 그는 정말 평범한 범부가 되고자 승복을 벗고 머리도 기르고 장가도 간다. 그러나 하늘은 그를 평범한 인간으로 두는 것에 만족하지 않았다. 그의 재가한 부인이 죽고 다시 조정은 떠들썩해졌다.

이제 매월당은 현실 속에서 꿀 수 있는 모든 꿈을 잃었다. 첫째는 현실에서의 입신양명이요, 둘째는 은둔하면서까지 기다리던 막연한 입신양명이요, 마지막으로는 정말 평범한 생활인으로서 살아가려 했던 절박한 꿈마저 잃은 것이다. 이제 그는 세계 속에서 모든 것을 잃었다. 그래서 그는 세계 밖에서 모든 것을 얻으려고 한다. 그것은 초월의 길을 통해서이다. 초월은 모든 현실을 뛰어넘기 때문이다.

매월당은 관료적 세계와 처사적 세계, 그 어느 쪽에도 안주하지 못했다. 그 세계들이 그를 용납하지 않았고, 그도 그 세계들을 거부했다. 즉 그는 중앙의 관료로서 자기를 내놓아 문장으로 이름을 구하여 현달하거나, 아니면 지방의 지주로서 산림처사를 자처하고 규범 속에 자기를 꽁꽁 묶어 두고 공맹과 정주를 머리에 이고 도학자로 고명高名을 세우는 삶의 방식을 거부하고 나섰던 것이다. 도덕적 사회적 규범을 초탈한 그 시대의 아웃사이더였다. 그러나 이렇게 규범을 초월한 방외인적인 삶의 자세를 곧 부당한 현실을 거부하는 저항의 한 표현으로 보고, 매월당을 일종의 반항적인 인간형에 속한다거나, 이런 저항을 중세기적인 억누름에 대한 항거라는 점에 특별한 의의가 주어진다.[129]는 견해나, 그가 걸어갔던 방외의 길은 인간다운 양심을 지키고자 하는 실존적 고투의 형극이라는 주장은[130] 한번 생각해 볼 필요가 있다. 왜냐하면 필자가 보기에는 매월당의 방외인적 삶은 그의 말년의 삶으로, 그는 이제 더 이상 세상에 미련을 두지 않고 세상을 초월한 삶이라고 보기 때문이다. 그는 방외에서 세상을 초월할 도를 닦아 나갔던 것이다. 이런 방외의 경지를 읊은 것에 〈노경老境〉이란 시가 있다.

老境侵尋近　늙바탕이 차츰차츰 다가오는데
還嗟識事稀　도리어 세상사 아는 것 없어서 슬퍼하네.
眼昏難辨物　눈 어두워 물건을 분별하기 어렵고
耳聵不知譏　귀 어두워 조롱해도 알지 못하네.
炕煖惟耽睡　구들이 따뜻하면 자는 것만 즐겁고
蔬甘可療飢　나물이 달아야 요기도 할 수 있다네.
人間多少事　인간의 많고 적은 일을
方覺頗相違　이제야 알겠네, 자못 서로 어긋나는 줄을![131]

129) 임형택, 「한문학」, 앞의 책, 252쪽 참조.
130) 진경환, 「보론: 탈주와 해체의 기획」, 『고전의 타작』, 월인, 2000, 316쪽 참조.
131) 『매월당집』시집 15.

이는 정말 노경에 이르러 세상을 초월한 그 자신의 심정이 아닐 수 없다. 그는 배고프면 먹고, 졸리면 자고, 남들을 의식하지 않으면서, 세상사가 인간의 뜻대로 되지 않음을 크게 깨달았던 것이다. 이렇게 그는 자아와 세계의 거리를 불교 선의 초월의 경지로 메워 나갔던 것이다.

이제 매월당의 문학을 대체로 정리해 보면, 그의 문학은 그의 생애와 상당히 밀접한 관련이 있음을 본다. 즉 그가 유자이었을 때는 관인문학을, 그가 처사이었을 때는 처사문학을, 그리고 그가 방외자가 되었을 때는 방외인문학을 개척하였던 것이다. 이는 그의 교우관계를 살펴보더라도 알 수 있으니, 서거정·김수온·정창손·신숙주 등 이른바 달관현직한 관인들이 있었는가 하면, 남효온·홍유손·이정사 등 고담전청하는 처사들도 있었고, 또한 전국을 편력하면서 사귄 방외의 승려들도 적지 않았다. 그는 이 세 부류의 친구들과 교우관계를 맺었던 것이다.[132)]

이로 미루어 보더라도 대체로 매월당의 문학은 현실에서의 관인문학이 은둔기에는 처사문학으로 나아갔고, 마지막 은일기에는 방외인문학으로 상승되어 갔음을 알 수 있다.

---

132) 정병욱, 앞의 논문, 앞의 책, 67쪽 참조.

Ⅲ. 작품의 형성과정

한 작품이 형성되는 데는 여러 가지 복합적인 요인이 작용한다. 따라서 어떤 작품의 형성과정을 밝힌다는 것은 실로 모호하면서도 어려운 작업이다. 특히 『금오신화』는 여말·선초의 문화적 대변혁기에 성립되었기 때문에 더욱 그러하다. 그러나 『금오신화』의 형성과정이 복잡하다는 것은 그만큼 본 작품의 문학사적 의의가 크고 중요하다는 의미도 된다. 이에 본 장에서는 이의 형성과정을 밝혀봄으로써 우리의 초기소설사를 인식하는 데 일조가 되고자 한다.

이에 접근하는 방법은 여러 가지가 검토될 수 있을 것이다. 그러나 본고에서는 당시의 문화적 환경과 전시대 문학과의 관계만으로 범위를 한정하고자 한다. 이미 이에 대한 선구적 연구로는 이기철학적인 측면에서 고찰[1]된 바 있다. 여기서는 이러한 의견들을 참조하면서 조선초의 문화적 환경과 전시대 문학과의 관계 속에서 작품의 형성과정을 고찰하고자 한다. 문학작품은 전대의 문학 전통을 이은 당대의 구체적인 문화적 산물이기 때문이다.

1. 조선초기의 문화적 기운과 성격

(1) 외적 기운

한 시대 문화의 외적 기운은 그 시대에 출판된 서적들의 양에 의해

---

1) 이에 해당하는 대표적인 논문은 다음과 같다.
임형택, "현실주의적 세계관과 『금오신화』, 『국문학연구』 제13집, 국문학연구회, 1971.
조동일, 「소설의 성립과 초기소설의 유형적 특징」, 『한국소설의 이론』, 지식산업사, 1977.

잘 나타난다고 본다. 서적은 그 시대의 정신적 산물이기 때문이다. 이제 조선 초기에 편찬된 서적들을 통해서 당시의 문화적 기운을 살펴보고, 그것이 『금오신화』의 형성과 어떤 관계를 가지는지를 알아보겠다.

조선 전기의 편찬사업으로서는 실록편찬사업 · 『고려사』와 기타 사서 편찬사업 · 지리지편찬사업 등이 있으나,[2] 본격적인 편찬사업은 세종 10년(1428년)에 들어와서부터이다. 그것은 편찬사업을 주도한 집현전이 본격적으로 활동한 시기이기도 하다. 집현전이 편찬에 참여한 세종 10년부터 집현전이 혁파된 세조 2년(1456)까지의 편찬사업을 살펴보면, 28년간에 『효행록』 · 『농사직설』 · 『태종실록』 등 모두 35종이나 되는 많은 서적들이 편찬되었음을 알 수 있다.[3] 그리고 그 내용도

2) 신석호, 「학문의 발전과 편찬사업」, 『한국사』 11, 국사편찬위원회, 1974 참조.
3) 최승희, 「훈민정음 · 사적편찬」, 『한국사연구입문』, 한국사연구회, 1981에는 조선 초기의 편찬물을 다음과 같이 제시하고 있다.

孝行錄	世宗 10년 集賢殿	龍飛御天歌	世宗 27년 鄭麟趾등
農事直說	〃 11년 鄭招 등	龍飛御天歌註解	〃 27년 8:6
太宗實錄	〃 13년 17:2	醫方類聚	〃 27년 10:5
八道地理志	〃 14년 集賢殿	訓民正音(創製)	〃 28년 8:6
無寃錄註解	〃 14년 尹淮 등	東國正韻	〃 29년 9:5
鄕藥集成	〃 15년 崔致雲 등	四書諺譯	〃 30년 集賢殿
資治痛鑑訓義	〃 15년 3:1	高麗史(文宗元年 完成)	〃 31년 28:12
將鑑博義所載諸將事實	〃 19년 集賢殿	大學衍義註釋	文宗 元年 集賢殿
韓柳文註釋	〃 20년 4:3	高麗史節要	〃 2년 1:1
國語補正	〃 22년 集賢殿	歷代兵要	端宗 元年 集賢殿
明皇誡鑑	〃 23년 3:2	地圖(朝鮮全圖 道州郡圖)	〃 원년 1:1
絲綸全集	〃 24년 集賢殿	世宗實錄	〃 2년 57:11
杜詩諸家註釋	〃 25년 集賢殿	世宗實錄地理志	〃 2년 ?
韻會諺譯	〃 26년 9:5	貞觀政要註	世祖 元年 2:2
五禮儀註	〃 26년 7:2	文宗實錄	〃 元年 48:9
七政算內 · 外篇	〃 26년 2:1(?)	世宗朝鮮定儀注	〃 2년 1:1
治平要覽	〃 27년 集賢殿	曆象集	世宗 未詳 李純之

집현전이라 한 것은 전적으로 집현전에서 편찬한 것. 대비 숫자는 편찬에 참여한 전체 인원수 대 이에 참여한 집현전 관원의 수효를 표시한 것임.

(1)역사서, (2)유교경서, (3)유교논리 의례, (4)중국법률, (5)중국문학, (6)중국정치서, (7)병서 관계, (8)훈민정음·음운·언해 관계, (9)지리 관계, (10)천문·역수 관계, (11)의약 관계, (12)농업기술 관계 등으로 매우 다양할 뿐만 아니라 그 수준도 높아 세종조의 문화를 그 이전의 수준보다 한 단계 높이는 데 주도적인 역할을 한 것으로 보인다.[4)]

세조대에서 성종대의 편찬서로는『국조보감』·『동국통감』·『경국대전』·『동국여지승람』·『동문선』·『오례의』·『악학궤범』·『사서구결』·『역학계몽요해』·『역대병요』·『오위진법』등이 보이고 있다.[5)]

더구나 조선초에는 서적의 편찬 이외에 언해사업도 활발히 전개되었다. 조선초에 언해된 것으로는『능엄경언해』·『묘법연화경언해』·『불설아미타경언해』·『반야바라밀다심경언해』·『금강반야바라밀다경언해』·『원각경언해』·『금강경삼가해』등이 있다.[6)] 훈민정음 창제 이후 약 50년간에 출현한 번역서는 전·부전을 합친다면 그 종류로 40여 종, 양으로 약 200여 권의 번역서가 나오는 등 사상 유례없는 성황을 이루었는데[7)] 이는 당시의 문화적 기운이 대단히 왕성하였음을 알려주는 동시에, 또한 그것이 양반층에만 머문 것이 아니라 언해본을 통해 일반서민층에게까지도 파급될 수 있었음을 시사해 준다고 하겠다.

특히 세종대의 서적은 35종의 편찬물 가운데『농사직설』·『팔도지리지』·『무원록주해』·『용비어천가』를 제외한 모든 책은 전적으로 집현전에 의했거나, 아니면 집현전에 의하여 주도되었음을 알 수 있다. 이는 집현전이 당시의 문화적 기풍을 진작시킨 발원지 역할을 했음을 알 수 있다.

---

4) 같은 곳 참조.
5) 같은 곳.
6) 이근수,『조선조의 어문정책연구』, 개문사, 1979, 131쪽 참조.
7) 김민수,『신국어학사』, 일조각, 1964, 49쪽.

결국 조선 초기에는 집현전을 중심으로 활발한 편찬사업이 전개되었음은 물론 언해사업도 활발하였음을 알겠다. 따라서 조선초는 그 전후의 어느 시대보다 활발한 문화활동이 있었으니, 이는 그 시대의 왕성했던 문화적 기운을 잘 나타내는 것이라 하겠다. 특히 조선초의 세종대를 '문화의 황금시대'라고도 하는 것은 이런 이유 때문이라 하겠다. 이러한 문화적인 기운 속에서 국문학계에서도 몇 가지 문학 갈래가 새로이 창출된다.

첫째, 악장의 형성이다. 조정과 종묘에서 쓰이는 궁중 노래인 악장은 〈용비어천가〉를 필두로 하여, 〈신도가〉·〈문덕곡〉·〈봉황음〉 등의 악장이 산출되었다.[8)]

둘째, 가사의 형성이다. 국문학에 처음으로 나타나는 가사는 보통 정극인(1401-1481)의 〈상춘곡〉으로 본다. 정극인에 이어 이 가사문학은 송강 정철에 이르러 대성하게 되었다.[9)]

곧 조선초는 그 문화적 기운으로 말미암아 악장과 가사라는 새로운 갈래를 형성시킨다. 그리고 여말에 형성되었다고는 하나 그 발전 속도가 미미하던 시조도 조선 초기의 훈민정음 반포와 함께 우리의 국민문학으로 발전할 기반을 마련한다.[10)] 이러한 문화적·문학적인 기운을 바탕으로 하여 본격적인 창작소설 『금오신화』도 형성될 수 있었다고 생각한다.

---

8) 조윤제, 『한국문학사』, 탐구당, 1976, 125~129쪽 참조.

9) 가사의 기원에 대해서는 ①고려별곡(조윤제), ②역대가 등의 한시(이병기), ③용비어천가(김동욱), ④시조(김사엽), ⑤교술민요(조동일) 등의 설이 있고, 그 최초작에 대한 의논도 구구하다. 그러나 필자는 고려말부터 형성될 기운이 있었으나, 조선초 「상춘곡」에 와서야 완성된 것으로 보는 통설을 따른다.

10) 조윤제, 앞의 책, 141~147쪽 참조.

(2) 내적 성격

이제 조선 초기 문화의 내적 성격을 알아보도록 하겠다. 이는 근대의 산물인 소설이 중세였던 조선초에 형성될 수 있었던 원인을 규명하는 작업의 일환이 될 수 있을 것이다.

소설은 근대의 산물이다. 이는 양의 동서를 막론하고 동일하다. 그러면 최초의 본격적인 창작소설 『금오신화』가 조선초에 형성되었다고 해서, 조선초를 근대라고 할 수 있을 것인가? 이는 아니라고 생각한다. 『금오신화』는 소설이지만, 근대소설이 아니라 고소설이기 때문이다. 그러나 고소설이나 근대소설이나를 불문하고, 그 공통분모는 소설임에는 틀림없다. 즉 이야기(story)라는 점에서는 서로 같다는 것이다. 그리고 근대소설의 선행형태는, 우리나라에서는 분명히 고소설이라는 점이다.

논의는 여기에서부터 출발해야 한다고 본다. 고소설은 소설이라는 점에서 근대성을 띤 시대의 산물이라고 해야 할 것이다. 그것은 고소설이 근대소설의 바로 전 형태인 점에서도 그러하다. 따라서 고소설이 형성될 수 있는 시기는 적어도 근대성을 감지할 수 있는 여건이 주어져야 한다고 본다. 그러면 우리의 경우, 조선 초기는 일부에서 근세라는 주장도 있지만 대개 중세봉건사회라는 것이 지금까지의 연구결과이다. 그러면 어떻게 근대적 산물인 소설이 중세봉건사회인 조선초에 형성될 수 있었을까가 궁금하다. 이는 두 가지 측면에서 검토되어야 할 것이다.

첫째는 무엇보다 작가 김시습에게서 그 원인을 찾아야 한다. 즉 그는 조선초의 심층 속에서 근대성을 감지하고, 거기에 걸맞는 소설을 창출하였기 때문이다.

둘째는 조선초의 문화적 성격에서 그 원인을 찾아야 한다. 왜냐하면 조선초의 문화는 작가 매월당으로 하여금 근대성을 감지할 수 있도록 한 성격을 심층적으로 내포하고 있었기 때문이다.

위의 두 가지 조건이 합리적으로 설명될 때, 중세 속에서 근대의 산물인 소설의 탄생이 해명될 수 있다고 본다. 그러면 이제 조선초의 문화적 성격이 근대성을 포함하고 있었는지, 그리고 매월당은 어떻게 그것을 감지하여 근대적 산물이라 할 수 있는 소설을 창작하게 되었는지를 알아보기로 하자.

먼저 그가 어떻게 하여 중세암흑기 속에서 근대적 산물인 소설을 창출할 수 있었을까? 이유는 간단하다. 『금오신화』는 김시습 개인의 문화적 예술품이기 때문이다. 여기서 우리는 일반적으로 일컬어지는 정치·경제·사회의 역사와 문화·예술의 역사를 대비하여 보지 않으면 안 된다. 그것은 전자는 무슨 일이 있었느냐에 관한 언급인 데 대하여 후자는 무엇을 생각하고 느꼈느냐에 관한 표현이기 때문이다. 전자를 행위 또는 사건의 진술이라고 한다면 후자는 사상 내지는 정신의 묘사라고 할 수 있으므로 한 개인이나 민족에게 있어서 더 사실적이고 진실한 것은 전자가 아니고 후자이다. 이 사상사내지 정신사를 형성하는 것은 바로 그 개인이나 민족의 의식구조이며, 이 의식구조에 의하여 가시적인 형태로 나타나는 것이 곧 그 시대의 문화와 예술이다.[11] 곧 예술작품은 작가가 그 시대의 심층적 의식을 투시하고 그것을 가시적으로 나타낸 것이다. 왜냐하면 문학가는 그 시대의 사실을 기록하는 것이 아니라 있어야 할 진실을 기록하기 때문이다. 따라서 중세 속에서도 김시습 같은 뛰어난 작가가 근대성을 의식하고 그 진실을 가시적

---

11) 나채운, 「우리 민족의 심층적 의식구조에 관한 고찰」, 『춘계 이종성박사 화갑기념 논문집』, 장로회신학대학 출판부, 1982.

으로 표현할 수 있다면, 근대적 예술 장르인 소설이 형성될 수 있는 것이다.

다음으로 우리는 매월당이 당시의 어떠한 문화적 성격 속에서 그러한 근대적 여명을 선구적으로 깨칠 수 있었는지를 찾아보아야 할 것이다. 조선초의 문화를 집약시킨 결정체는 무엇보다 훈민정음이라 하겠다. 이에 우리는 훈민정음의 창제과정과 그 정신을 살펴 조선초의 문화적 성격이 어떠하였는가를 알아보기로 한다.

훈민정음은 우리나라 최초의 문자이다. 문자는 문화 창조의 전제이며 동시에 수단임으로, 훈민정음의 창제의 문화적·역사적 가치는 그 어느 것보다 크다 하겠다. 그러나 '훈민정음 창제 = 세종대왕'이라는 통념은 너무 역사적인 기록에만 집착한 결과임은 몇몇 학자들에 의하여 이미 지적되고 있다.[12] 즉 "훈민정음도 그 시대와 환경의 산물이며 기적연奇蹟然한 것이 아니다."[13]라는 말과 같이, 이제까지의 일반화된 것처럼 세종대왕이 훈민정음을 직접 창제했다는 기존의 설들은 세종의 주도하에 집현전학사들에 의해서 창제되었다고 바로잡아야 할 것이다.[14] 따라서 훈민정음의 제정은 개인의 업적이 아니라 세종대왕 당시대에 이룩된 문화적 업적 중의 하나라는 점에서 그 시대의 문화적 기운이나 성격과 밀접한 관계를 갖고 있는 것이다. 주지하는 바와 같이 훈민정음 창제의 필연성과 동기는 그 서문에 잘 나타나 있다.

첫째는 세종을 비롯하여 세종을 도와 그 언어정책을 수행한, 이른바 정음음운학파라 일컫는 집현전 소장학사들이 확고한 언어·문자관을 가지고 있었다는 사실이다.

---

12) 이근수, 앞의 책, p.97.
13) 이숭녕, 『국어구조론고』, 을유문화사, 1961, 384-401쪽 참조.
14) 이근수, 앞의 책, 98쪽.

둘째는 일반 백성들로 하여금 정상적인 문자생활을 하도록 도모하는 데 있었다.

셋째는 제자에 있어서 대중성 · 실용성에 입각한 문자의 보편화를 꾀하였다.[15)]

말하자면 훈민정음은 중국에 대해 조선이라는 자주적 국가관 아래, 국민들로 하여금 문자생활의 혜택을 균등하게 하고, 국민의 문자생활을 향상시키고, 나아가 일상생활의 불편을 제거하게 하는 민본주의를 바탕으로 하여 창제되었다고 하겠다. 이러한 정신은 근대적 정신과 일면 맥이 통한다고 할 수 있겠다. 특히 이러한 시대정신은 전적으로 양반귀족층에 의하여 주도되었지만, 이를 서민대중에게도 보급시켜 문화를 보편화하려던 점도 간과하여서는 안 된다. 이는 물론 국민교화를 목적으로 한 것이지만, 그 기저에는 민본주의 정신이 바탕이 되어 있었던 것으로 보인다. 또한 이는 결과론적으로 근대를 앞당기는 촉매제가 되었다고 하겠다. 이러한 정신은 훈민정음을 정음청 · 언해청을 통하여 널리 보급함과 동시에 이미 살펴본 대로 언해사업이 활발했던 데서 확연히 드러난다.

이제 훈민정음의 창제정신 중에서 특히 근대의 가장 기본이 되는 요소라 할 수 있는 민본주의적인 요소와, 자주적이며 과학기술적인 요소를 조선초의 문화 속에서 중점적으로 살펴보고자 한다.[16)] 왜냐하면 매월당은 이런 정신을 당시 시대 심층에서 느꼈기에, 중세에 살면서도 근대적 산물인 소설을 창출할 수 있었다고 보여지기 때문이다.

---

15) 박병채, 『주해 훈민정음』, 박영사, 1976, 13-15쪽 참조.

16) 천관우, 『한국사의 재발견』, 일조각, 1974, 259쪽 참조. 천관우는 여기에서 근대의 특징으로 "인간중심문화, 과학적 기술적인 문화, 시민사회, 자본주의 국민국가……"등을 말하고 있다.

첫째로 매월당이 조선초에 민본적인 성격을 감지할 수 있었던 요인을 알아보기로 한다. 이 민본주의는 국민국가·인간중심의 근대적 정신과 근본적으로는 궤를 같이 한다.

앞에서 언급한 대로 조선초에 있었던 왕중심에서 민중심에로의 정책방향 전환에서 그 원인의 일부를 찾을 수 있다고 본다. 이러한 정책은 조선이 혁명에 의해 세워진 나라이지만, 그 명분은 천명에 의한 것이라고 내세운 데서 비롯된다. 이는『용비어천가』제 1장에 잘 나타나고 있다.

> 해동 6용이 ᄂᆞᄅᆞ샤 일마다 천복이시니
> 고성이 동부ᄒᆞ시니

여기서 '고성古聖'이란 주로 중국의 역대제왕을 가리킨 것이다. 제왕은 반드시 하늘의 명을 받아야 천자위에 오를 수 있는 것인데, 이씨의 창업도 역시 천명을 받은 일이기 때문에, 양자의 역사적 사실이 서로 일치한다는 것이다. 곧 천명의 소재로써 그 득국得國의 사실을 합리화하려 한 것이니, 이는 이를 증명하려 한 것이라 생각할 수도 있다.[17] 이렇게 조선은 천명에 의해 출발했다고 공포하였다. 천명에 의한 군주는 천민을 다스리기 때문에 항상 외경의 염을 가지고 자애무민慈愛撫民하는 인정덕치仁政德治를 펴야 한다. 이것은 바로 신왕조의 유학적 민본주의에 입각한 군주상이었으니 자연 민본주의가 강조되었다. 이러한 민본주의에 입각한 인간중심의 근대적 요소는 고소설이 출현할 수 있는 필수적인 요건이다. 왜냐하면 소설은 근대적인 산물이기 때문이다.

---

17) 허웅,『용비어천가』, 정음사, 1970, 8쪽.

둘째로 매월당이 조선초에 자주적 정신과 아울러 과학·기술적인 문화의 요소를 감지할 수 있었던 시대적 요인을 알아보기로 한다. 이 역시 근대과학적 요소 중의 하나라고 하겠다.

조선왕조의 통치원리가 유교적 민본주의에 근거하고 있었으므로, 민생을 향상시키기 위한 실질적인 방법으로써 과학과 기술의 개발이 절실하게 요청되었다. 특히 당시의 가장 중요하였던 농업은 기후에 의존하는 것이었으므로 역법과 천문에 대한 연구가 필요하게 되었다. 물론 신라 때부터 중국에서 역법을 도입하여 사용하였으나, 이는 우리의 실정에는 맞지 않았다. 이에 세종대왕은 문자와 마찬가지로 우리나라에 맞는 자주적인 것을 만들고자 하였다. 따라서 천문·역법의 연구와 더불어 간의簡儀·혼천의渾天儀·앙부일구仰釜日구·일성정시의日星定時儀·측우기測雨器 등 각종 관측기구를 발명 제작하였다.[18] 이렇게 세종대에는 자주정신에 입각하여 과학이 발전하게 되었으니, 이 둘의 관계는 상보적이라고 하겠다.

이에 중국이 아니라 우리나라 농사에 맞는 자주적 영농방법을 개발하여 『농사직설』을 편찬하고, 『향약집성』에 이어 『의방유취』의 편찬으로 우리나라 사람에게 맞는 의약 지식을 집대성한 것도 민생을 위한 관심과 자주적인 과학기술의 결합이라 하겠다. 또한 훈민정음도 음성학의 과학적 원리에서 발명된 것이고, 활자의 제작과 인쇄술의 개량도 과학기술을 통한 문화의 대중화를 가능하게 하는 과학적이며 민본적인 시대정신의 구현이라 할 수 있을 것이다.[19]

그러나 당시의 과학은 근본적으로는 임금이 덕을 닦는 하나의 방편으로 생긴 것이니, 오늘날의 과학과는 일정한 거리가 있다. 예를 들면

18) 금장태, 「세종시대의 철학사상」, 같은 책 참조.
19) 금장태, 같은 논문, 같은 책.

천문을 연구한 것은, 고대인들인 천문현상이 국운과도 밀접한 연관이 있는 것으로 생각했던 때문에 스스로의 덕을 닦는 방법으로 이용하였다. 이는 매월당의 아래 시를 보더라도 알 수 있다.

高臺卓犖接穹蒼　높이 쌓아 올린 대가 하늘에 닿은 듯하니
歷歷乾文一望詳　천문을 한 눈에 역력히 살피겠네.
此是仰觀修德器　이것은 우러러보고 덕을 닦자는 그릇인데
如何屓贔故城傍　어찌하여 힘쓰기를 고성 곁에 있게 했나.[20]

이와 같이 천문을 살피는 것도 덕을 닦는 하나의 방법이었다. 결국 당시의 과학기술은 왕권을 정비하기 위한 하나의 수단이었으므로 근대적 의미에서의 과학기술과는 어느 정도 거리가 있는 것이다. 이것은 당시의 시대적 한계이기도 하다.

살펴본 대로 조선초는 중세암흑기라는 제약 안에서도 민본적이고 자주적인, 그리고 과학적인 근대국가로서의 면모를 심층적으로 지니고 있었음을 알 수 있다. 이는 "중세적 질서가 재편되는 한편, 그것을 거부하려는 움직임이 다각도로 일어나 양자가 심각한 대결을 벌인 분열된 시대의 총체성을 반영"[21]하는데서 비롯되었다고 하겠다. 이러므로 조선초는 표면적으로는 중세였지만 심층적으로는 일각에서 불완전하게나마 근대적인 기운을 느낄 수 있는 그런 시대성격을 가졌다고 하겠다.

사학계의 일각에서도 조선초는, 특히 세종대는 자주적이고 민본적인 특성으로 하여 근세국가로서의 면모를 지녔다는 주장이 있으니, 다음이 그것이다.

20) 『매월당집』시집 12, 「문첨성대」.
21) 김일렬, 「설화의 소설화」, 『한국문학연구입문』, 지식산업사, 1982 참조.

> 세종대에는 정치·경제·사회·문화 각 방면에 걸쳐 고려적인 질서체제를 탈피하여 조선적인 질서체제를 확립하게 되었으며, 유교이념에 입각하여 수립된 새로운 질서체제는 고려의 그것보다 한층 세련되고 자주적이며, 민본적인 특성을 지녔다는 점에서 근세국가로서의 면모를 다분히 가지고 있었다.[22)]

여기서 근세국가라는 개념은, 일본에서 만든 용어로, 중세에서 근대로 넘어가는 과도기인 중간 단계로서의 정치체제를 의미한다. 따라서 매월당이 처했던 조선초에는 신·구의 혼류 속에서도 무엇인가 새로운 체제를 찾으려는 기운이 팽배해 있었는데, 그것이 바로 근대의 전단계인 근세적인 요소라고 생각된다. 이렇게 중세이면서 근대적 요인을 심층적으로 내포한 근세시대에 고소설이 발생한다. 즉 완전한 근대도 아니고, 완전한 중세도 아닌 그 과도기인 근세시대에 고소설이 발생하는 것이다. 곧 로망스나 고소설이 출현한 시기는 온전한 신 중심의 시대, 온전한 왕 중심의 시대가 아니고, 그 기반이 흔들리기 시작하는 불완전한 시기였다. 즉 서구는 종교개혁이나 르네상스 등으로 신 중심에서 인 중심으로 넘어가는 과도기였고, 우리나라는 전술했다시피 불교와 유교, 그리고 왕권과 신권이 서로 대립하면서 훗날 끝내는 근대적 민본으로 넘어가는 그런 과도기였음이 공통적이다.

만일 온전한 신 중심 내지 왕 중심의 사회였다면 소설(고소설)이 발생하지 않았을 것이다. 왜냐하면 그런 사회에서나 그런 민족에게 일어난 사건은 역사적으로 또는 전설적으로 노래하는 서사시의 설명만으로도 충분하기 때문이다. 즉 각 개인이 사회의 규약이나 신조인 일종의 도그마(신이나 왕)에 절대 복종하는 까닭에 양자간의 마찰이나 갈

22) 한영우, 「조선왕조의 정치·경제 기반」, 『한국사』 9, 국사편찬위원회, 96쪽.

등이 없기 때문이다. 그러나 근대시민사회의 출현과 더불어 서사시의 기능을 가지고는 생활의 제반 현상이 설명되지 않았다. 그러므로 개인의 독립과 자유를 자각한 근대시민은 개인과 사회의 평형이 상실되었음을 인식한 나머지 자유를 갈구하는 개인이 사회와 투쟁하는 것은 불가피하게 되었다. 이 자유 -개인의 자기실현- 를 구하자는 염원에서 붓을 들고 나선 자가 바로 근대시민사회의 특산물인 소설가인 것이다.[23] 그러나 근대소설의 전신인 로망스나 고소설은 근대에 있어서와 같이 개인과 사회의 완전한 균형의 상실이 아니라, 불완전한 균형의 상실에서 출현한다. 서양의 중세가 그렇고, 살펴본 대로 우리의 근세적 기운을 띈 조선초가 그렇다.

이제까지 살펴본 바에 의하면 조선초는 우선 문화적 기운이 왕성하였다. 이는 당시의 서적 편찬과 언해사업에서 엿볼 수 있다. 또한 이러한 문화적인 기운은 특히 자주적이고 민본적이며 과학적인 성격을 불완전하나마 심층적으로 내포하고 있었던 것이 그 특징이다. 이러한 문화적인 기운과 성격 속에서 매월당은 최초로 근대적 정신을 자각하고, 처음으로 근세적인 문학 양식인 고소설 『금오신화』를 창작한 것이다. 그것은 그가 그런 시대에서 성장하고 늘 그런 시대를 동경하였기 때문일 것이다. 따라서 그는 고대적 왕본정치의식을 발전시켜 '나라는 인민의 것'이라는 자못 민본적인 정치이상에 도달하게 되고,[24] 나아가 유학의 민본주의를 자기나름의 기일원론적인 사상으로 해석하여 민생- 인간의 삶을 무엇보다 중요시하였다.[25] 이는 민본주의에 의거한 인간의 존엄성을 각성한 데서 얻어진 사고체계라고 하겠다. 또한

---

23) 고석구, 「현대소설의 기교」, 『영미소설론』, 신구문화사, 1980 참조.
24) 임형택, 앞의 논문, 27쪽.
25) 같은 곳, 14쪽.

당시의 자주적이고 과학기술적인 환경 속에서 그는 오늘날의 근대적인 과학적 정신을 자각하여 비합리적인 미신을 타파하였다. 이는 "그가 도교 불교의 신비론적 우주관 및 신학적 우주관과 천원지방적 관념을 탈피하여 보다 객관적으로 우주를 인식하려 했음"[26]에서 기인하는 것이다. 그러나 그의 민본주의도, 인간에 대한 존엄성의 자각도, 그의 과학적인 정신도 오늘날의 근대적 시각에서 보면 불완전하고 관념적이라는 평을 면할 수 없다고 하겠다. 그러나 당시로서는 선각자적인 것이었다고 볼 수 있다.

아무튼 매월당은 그가 몸담고 있던 중세적 질서를 거부하고 새로운 질서-근대적 질서를 구축하려고 의식했던 최초의 자유인이라고 해야 할 것이다. 이는 철학적인 측면에서 접근하여 내린 다음의 결론과도 일치한다.

> 김시습은 '신세모순身世矛盾'이나 '불여세합不與世合'이 심해져서 조용히 물러나 자연을 완상하며 성현의 가르침에 따라 심성을 닦는 것이 도리라고 생각하고 〈상춘곡〉이나 〈도산십이곡〉 같은 작품에 머물렀던 당시의 일원론적 주리론을 배격하고 일원론적 주기론의 처지에서 처음으로 소설을 형성시켰던 것이다.[27]

이렇듯 그는 당시의 모두가 일원론적 주리론에 머무르고 있을 때, 그만이 그 사상적 배경을 일원론적 주기론에서 찾으려고 했던 고독한 천재라고 해야 할 것이다. 따라서 그는 중세를 벗어나는 '소설'이라는 갈래를 창출했지만 그것은 현대의 시각에서 보면 불완전하다. 왜냐하면 당시는 그 이면에는 불완전하나마 근대적인 요소를 내포하고 있었

26) 같은 곳, 10쪽.
27) 조동일, 앞의 논문, 앞의 책 참조.

지만, 표면적으로는 어디까지나 중세였기 때문이다. 따라서 『금오신화』는 근대소설이 아니라 고소설이란 명칭을 얻게 된다. 즉 '고古'라는 관형사의 제약을 받는 소설인 것이다. 그렇다고 그의 작품을 과소평가할 수 있는가? 그렇지 않다. 『금오신화』는 당시의 시대적 상황에서는 가장 뛰어난, 가장 앞선 문학 양식이기 때문이다. 즉 지금의 문학적 기준으로 볼 때는 초기소설이기 때문에 소설로서의 갈래적 개념이 불충분하지만 당시의 서사문학 갈래들 중에서는 가장 뛰어난 문학 양식이었다. 또한 다음에 올 본격적인 소설시대를 선포하는 중요한 의의도 지니고 있다. 따라서 매월당의 문학사적 위치는 우리 국문학사에 우뚝 서 있는 것이다.

2. 전대문학과의 관계

문학작품은 무엇보다 이전 시대의 언어상 및 문학상의 전통에 힘입은 바가 크다. 이에 대해서는 르네 · 웰렉이 잘 지적해 주고 있다.

> 어떤 문학 작품의 가장 직접적인 환경은, 우리들은 그렇다고 인식하는 바이지만 언어상 및 문학상의 전통이다. 그리고 이 전통은 다음으로는 일반적인 문화적 풍토로 해서 포위되고 마는 것이다. 문학은 구체적인 정치적, 경제적 및 사회적 환경과는 매우 간접적인 관계 밖에는 가지고 있지 않는 것이다.[28)]

이의 말대로, 『금오신화』도 전시대의 문학적 전통에서 크게 영향 받

---

28) 르네 · 웰렉, 백철 · 김병철공역, 『문학의 이론』, 신구문화사, 1975, 138쪽.

았다고 본다. 왜냐하면 문학은 살아있는 인간생활의 표현이므로, 어떤 문학작품이라도 전대와 당대의 상호관계 속에서만 이루어질 수 있는 유기적 생명체이기 때문이다.

(1) 국문학적 여건의 성숙

『금오신화』는 어떤 작품에게서 직접 혹은 간접적 영향을 받았을까? 이에 대한 기존의 연구는 주로 그 근원설화를 중심으로 하여 이루어져 온 것이 사실이다. 그러나 본고에서는, 이미 선학들에 의해 연구된 근원설화의 학설은 그대로 따르되, 다만 아직 별로 언급되지 않은 형식적인 특성이나 그 구성법에 초점을 맞추어 이들이 어디에서 어떻게 연유하여 왔는지를 중점적으로 고찰하고자 한다.

이를 위해서는 이와 관계되는 종적·횡적인 영향 관계를 다각도로 검토해야 할 것이다. 왜냐하면 본 작품은 우리 문학사의 불멸의 고전으로 우뚝 서 있기 때문이다. 이러한 고전은 고립하여 있는 것이 아니라 당대의 문학전통과 횡적·종적인 유기적 관계를 유지하고 있다. 이런 점은 다음 말에서 잘 알 수 있다.

> 전통은 잡다한 고전들의 다만 축적은 아니다. 고전들은 한 전통 안에서 종적으로 혈연관계를 맺고, 횡적으로 가치체계를 형성한다. 만일 고립한 고전이 있다고 가정한다면 그것은 전통을 형성하지 못하며, 따라서 진정한 의미에 있어 고전은 아니다.
>
> 고전은 죽은 책을 의미하지는 않는다. 전통을 구성하는 한 단원으로 횡적 종적으로 다른 단원들과 결합해서 한 전일체를 형성할 때에만 고전의 생명이 있고 의미가 있다. 그러니까 전통은 고전들로써 형성되는 질서의 세계라 말할 수 있다.[29)]

이 말처럼 우리는 『금오신화』를 그 시대 전체 속에서 유기적으로 파악하기 위하여 당시에 이와 동류로 보았던 작품군들을 우선 알아보기로 한다. 어숙권(1535)은 『패관잡기』에서 이렇게 적고 있다.

> 우리나라에는 소설이 적다. 오직 고려의 대간 이인로의 『파한집』, 졸옹 최자의 『보한집』, 익재 이제현의 『역용패설』, 이조의 인제 강희안의 『양화소록』, 사가 서거정의 『태평한화』, 『필원잡기』, 『동인시화』, 진산 강희맹의 『촌담해이』, 매월당 김시습의 『금오신화』, 이육의 『청파극담』, 허백당 성현의 『용제총화』, 추강 남효온의 『육신전』, 『추강냉화』 등이 세상에 행한다.[30]

이수광(1563-1628)도 『지봉유설』에서 이와 유사한 견해를 보이고 있다.

> 우리 조선에는 200년 동안에 전하는 저서가 매우 적어서 역시 소설도 볼 만한 것이 몇 개 없다. 서거정의 『필원잡기』, 『동인시화』, 이육의 『청파극담』, 김시습의 『금오신화』, 남효온의 『추강냉화』 같은 것들로 간행되지 않은 것도 역시 많다. 영구히 묻혀 버림을 두려워하여 이에 적어 둠으로써 참고에 대비한다.[31]

---

29) 최재서, 『증보 문학원론』, 춘조사, 1963, 96쪽.

30) 어숙권, 『대동야승』 패관잡기 권4, 147쪽.
東國少小說 唯高麗李大諫仁老破閑集 崔拙翁滋補閑集 李益齋齊賢櫟翁稗說 本朝姜仁齋希顔養花小錄 徐四佳居正太平閑話 筆苑雜記 東人詩話 姜晋山希孟村談解頤 金東峰時習金鰲新話 李陸靑坡劇談 成虛白堂俔慵齋叢話 南秋江孝溫六臣傳 秋江冷話……行于世.

31) 이수광, 『지봉유설』 권7, 경인문화사 영인, 1970, 125~126쪽.
我朝二百年間 著書傳世者甚罕 而小說之可觀者亦無幾 如徐居正筆苑雜記 東人詩話 李陸靑坡劇談 金時習金鰲新話 南孝溫秋江冷話……其未刊行者亦多 恐久而泯沒也 今錄于此 以備考云.

위의 어숙권과 이수광은 모두 조선전기의 문인·학자들임에 비추어 오늘날 우리가 어떻게 생각하든 당시대인들은 설화와 시화와 고소설을 구별하지 않고 모두 '소설'이라고 불렀음에 주목하게 된다. 따라서 여말 선초에는 설화와 시화와 고소설 등이 확연히 구별됨이 없이 다수 저작되었음을 알 수 있다. 조선초의 이러한 기운은 성임으로 하여금 『태평광기상절』을 간행하게 하였고, 『태평통재』라는 방대한 책도 편찬하게 하였다. 그러므로 『금오신화』도 이런 시대 기운에 동승한 당시 문인들의 작품의 하나로, 다만 당시의 다른 작품들에 비해 가장 소설적인 양식으로 완성된 작품이라 하겠다.[32] 이에서 우리는 이들 사이에 무언가 동질적인 것이 있을 것임을 감지하게 된다.[33]

이에 우리는 『금오신화』와 같은 유형으로 취급받았던 여말의 『파한집』·『보한집』·『역옹패설』등에서 『금오신화』 발생의 외형적·내면적 요인을 밝히는 것이 무익하지 않다고 본다. 왜냐하면 이들 작품은 같은 시대 기운 속에서 저작되었으며 같은 유형으로 취급받았고, 나아가 본 작품보다 한발 앞서 저작되었기 때문이다. 따라서 이들 작품과 『금오신화』와의 동질성과 이질성을 밝힘으로써 본 작품의 발생경로를 한층 명확히 밝힐 수 있을 것이다. 물론 간접적으로 이들 작품 이전의 가전이나 설화류에서도 영향을 받았을 것이므로 이 점 역시 고려의 대상이 된다. 이것이 정리될 때, 우리 소설사에서 문제되고 있는 설화, 가전, 시화, 고소설 등의 관계가 외형적으로나마 서로간의 맥락상이 밝혀질 수 있게 될 것이다.

『금오신화』와 같은 초기소설은 전대의 패관문학에서 발전한 형태라

---

32) 임형택, 앞의 논문, 55~56쪽 참조.

33) 최웅, 「'소설'이란 용어의 개념에 대하여」, 『관악어문연구』 제4집, 서울대 국어국문학과, 1979 참조.

는 것은 이미 일반화된 이야기이다. 즉 고려 이전의 삼국의 설화와 민간의 구비전승, 그리고 고려의 시화, 잡록 등의 패관문학이 고소설의 전대형태라는 주장이 그것이다. 그러나 기실 이들 사이의 구체적인 관계는 아직 체계화되어 있지 못한 실정이다.

논의에 들어가기 전에, 우리는 『금오신화』를 선입관 없이 객관적으로 한번 읽어 볼 필요가 있다. 그렇게 할 때, 우리는 다음과 같은 몇 가지 특징을 발견할 수 있다.

> 첫째, 전편이 모두 삽입시와 진화한 찬讚의 형식을 취하고 있다. 다만 〈남염부주기〉에만 삽입시가 보이지 않는다.
> 둘째, 전편이 〈현실-이상-현실-이상〉의 양면구조를 지니고 있다.
> 셋째, 전편이 근원설화를 가지고 있다.

이처럼 『금오신화』는 그 형식면에 있어서는 삽입시와 진화한 찬의 형태를 지니고 있으며, 그 구조에 있어서는 〈현실-이상〉이 교차되고 있으며, 그리고 그 제재에 있어서는 각기 근원설화를 취하고 있다. 결론적으로 말해서 전대의 설화를 근간으로 하되, 시화류의 삽입시, 그리고 가전의 평설과 『삼국유사』의 찬의 형식을 두루 빌어 작품의 형식이 이루어졌다고 본다. 이에 필자는 위의 특성 하나하나를 전대의 우리 문학양식과 대비하여, 그 받은 바 영향 관계를 구체적으로 고찰하여 보기로 하겠다.

1) 삽입시와 진화한 찬讚의 형식

『금오신화』의 삽입시에 대한 관심은 일찍부터 있어 왔다. 먼저 정규복의 말을 들어보자.

> 한국에도『삼국유사』나『균여전』이 향가를 지니고 있는 것이라든지, 이조시대에 들어와『금오신화』가 소설이면서도 시문이 사용되었고, 그후 이조 전대를 휩쓰는 한문체 혹은 한글본 소설에 운문과 시문이 병합된 것은 모두가 육조시대에 출현한 불전과 밀접한 관계를 가지고 있다고 본다.[34)]

여기서는 시·문이 병합된 것은 육조시대에 출현한 불전의 영향이며, 이는『금오신화』뿐만 아니라 우리 고래의 설화나 소설에 모두 영향을 주고 있다는 것이다.

다음으로 김동욱도『금오신화』의 삽입시에 관하여 언급하고 있다.

> 특히『금오신화』의 경우, 모든 작품들이 삽입시를 가지고 있어, 초기 단편소설 발달의 과정상 흥미 있는 단서를 제시해 주고 있다.[35)]

여기서는 삽입시가 초기 소설 발달 과정에 있어 중요한 단서를 준다고 언급하면서도 그 구체적인 검증은 없다. 조동일 역시 이에 대한 관심을 보이면서, 자아와 세계의 상호우위에 입각한 대결이 아직 불철저하였기 때문이라는 해석을 붙이고 있다.

> 김시습의 소설에는 어느 것이나 시가 많이 들어 있고 시가 중요한 구실을 한다. 그렇다고 해서 작품이 전체적으로 세계의 자아화로 기울어진 것은 아니지만,「서정적」수법이 빈번하게 사용된다고는 할 수 있다. 이와 같은 전설적 교술적 서정적 성격은 김시습의 소설은 전설 교술 서정 등이 중요한 역할을 하고 있던 시기에 이루어진 탓에 불가피하게 지닌 것이라고도 하겠으나, 김시습에 의해 문제화된 자아와 세계의 상호우의에 입각

34) 정규복,「한중비교문학의 문제점」,『어문학』12, 한국어문학회, 1965.
35) 김동욱·김태준,『고소설론』, 개문사, 1978, 145쪽.

한 대결이 아직 불철저한 것이었으므로 김시습의 소설이 탈피할 수 없었던 한계라 해야 할 것이다.[36)]

이는 김시습의 소설이 당시의 문학적 환경과 시대적 한계 때문에 불철저한 시소설이 되었다는 것이다. 실제 문학사적으로 시가 먼저 발생하고 소설이 근세에 발생한 점으로 미루어 그 과도기에 시와 소설이 결합된 시소설이 나올 수 있었음을 감안하면 이는 타당성 있는 주장이라 하겠다. 그것은 다른 나라인 영국이나 중국도 최초의 소설은 삽입시의 형태를 취하고 있기 때문이다.

먼저 서구 문학의 중심지였던 영국의 경우를 보자.

영국에 있어서의 romance의 시조는 산문이 아니라 운문으로 씌어진 Morted'Arthur(1485)인데, Sir Thomas Malory의 작이다. 이 작품의 테마는 창작이라 하기보다는 옛날부터 전해 내려온 King Arthur를 중심한 여러 가지 전설을 모아 놓은 전집이다.[37)]

영국 최초의 romance도 형식은 운문이요, 그 제재는 고대설화임을 알 수 있다. 이는 우리의 『금오신화』와 형식과 제재에서 서로 맥이 통한다고 하겠다.

다음 우리와 가장 많은 영향을 주고받은 중국은 어떤가?

당·송대에 이르게 되면 중국역사상 정치의 주역이 시민들을 중심한 지주들로 바뀌어 사회구조의 변혁이 일어난 시기이며, 또 문학사상으로는 시문의 두 기본 체제가 극도로 발전되어 시·문에서 고도의 분합을 보

36) 조동일, 앞의 논문, 238쪽.
37) 주요섭, 「소설론」, 「영미소설론」, 19쪽.

> 인 시기이다.
>
> 이렇게 당대에 시·문이 고도로 결합되어 발전하던 중 한 특수 문류로 전기소설의 출현을 보였다. (중략) 전기소설도 시·문의 분합 중 시의 요소를 갖추며 문의 성향을 위주로 하여 발생된 새로운 문체라 하겠다.[38)]

위에서 볼 때, 중국에서도 우리와 같이 사회의 구조변혁이 일어난 시기에 시·문이 분합되어 최초의 전기소설이 발생하였다. 이렇게 볼 때 동서양을 막론하고 소설은 초기 단계에 있어 그 외형적 특성은 시와 문이 결합된 형식이었음을 알 수 있겠다. 이는 중세의 시의 문학에서 근대의 소설의 문학으로 나아가는 과도기적 현상이라 할 것이다. 따라서 『금오신화』의 삽입시는 오히려 최초의 고소설이라는 증거에 보탬이 될 수도 있다.

이제 우리 문학에서 이런 삽입시의 전통을 알아보기로 한다. 우리 고대가요는 문헌상으로 가장 오래된 〈영신가〉를 비롯하여, 〈도솔가〉, 〈공후인〉 등 가사의 전·부전을 막론하고 모두 그 배경설화를 갖고 있다. 그러므로 고대가요는 거꾸로 말하면 설화 속의 삽입시라 할 만하다. 이와 같이 고대가요는 배경설화가 없이는 이해가 안 될 정도로 '이야기'에 의존하고 있다.[39)] 즉 고대가요는 모두 설화 속에 서식하고 있으니, 설화 속의 삽입시라 하겠다.

또한 고구려의 시가 중에서 가사가 전하는 유일한 시가인 〈황조가〉를 비롯하여 가사불전의 노래에 있어서도 모두 그 배경설화를 가지고 있음은 이미 알고 있는 바이다.

---

38) 이종진, 「시와 문의 분합관계로 본 중국문학의 연진」, 『중국어문학』 창간호, 영남중국어문학회, 1980, 31~32쪽.

39) 장덕순, 『한국문학사』, 동화문화사, 1976, 63쪽.

백제 역시 가사가 전하는 〈정읍사〉는 행상인의 아내가 남편을 기다리는 배경설화를 가지고 있으며, 가사불전의 〈지리산가〉, 〈무등산가〉, 〈선운산가〉 등도 모두 배경설화가 전하고 있다.

더불어 신라향가도 각기 그 배경설화를 갖고 있음을 알고 있다. 곧 〈헌화가〉에는 수로부인의 설화가, 〈서동요〉에는 무왕의 설화가, 그리고 〈처용가〉에는 처용랑의 설화가 그 노래와 결합되어 있다. 다른 향가도 이와 같은 형태를 취하고 있음은 말할 여지가 없다.

살펴본 대로 고대가요나 삼국시대의 가요는 모두 『금오신화』에서와 같이 시문이 한 덩어리로 합해 있는 것을 볼 수 있다. 즉 삽입시를 가지고 있다는 말이다.

다음으로 『금오신화』가 형태적인 면에서 직접적인 영향을 받았다고 생각되는 소위 여말의 시화집인 『파한집』·『보한집』·『역옹패설』 등의 형태를 살펴보기로 한다. 이러한 시화는 그 연원이 신라향가의 배경설화에 있음은 이미 조윤제에 의해 지적된 바가 있다.

> 이 시화는 그 연원을 따지면 과거 신라의 향가에 대한 가화에 있다 할 것이나, 가화에는 여러 가지 아름다운 이야기가 있었던 것인데 그것은 다들 설화의 일종으로서 사기와 유사 기타의 문헌에 이미 많이 수록되어 있었던 것이다. 그러던 것이 고려 후기에 들어와서는 완전한 하나의 문학체제로서 여기 나타났다는 것은 역시 하나의 전통적인 발전으로 보아서 재미있는 현상이라 하겠다. 그리고 그 외의 회해 외담 류의 설화도 이것은 다들 『수이전』, 사기, 유사의 채록정신에 의하여 채록된 것으로 여말까지도 아직 이러한 사업이 계속되고 있었던 것을 주목할 것이다.[40]

40) 조윤제, 앞의 책, 106쪽.

이에서 보면 여말 선초의 시화류는 신라의 가화(향가의 배경설화)에서 전통적인 발전을 한 형태라는 것이다. 또한 회해詼諧 외담猥談류의 설화도 역시 같은 발전경로를 밟고 있다는 것이다. 필자도 이에 공감한다. 실제 가화가 객관적이고 공동적인 사실의 이야기를 기록한 것이라면, 시화는 주관적이고 개인적인 진실의 기록인 것이다. 즉 가화가 있었던 이야기의 객관적인 기록이라면, 시화는 있었으면 하는, 시에 얽힌 설화를 거의 주관적으로 기록한 것이다. 곧 사실적인 공동체의 설화에서 허구적인 개인의 시화로 발전했다 하겠다. 이는 물론 전술한 여말·선초의 시대적 기운에 그 원인을 돌려야 한다. 아무튼 시화는 외면상 설화에서 발전한 형태로 초기소설에로의 교량적인 역할을 했다고 할 수 있으니, 삽입시의 형태가 바로 그것을 증명한다고 하겠다.

이제 『파한집』을 임의로 펼쳐서 한 편의 시화를 살펴보기로 한다.

> 내가 팔구 세 때 한 늙은 선비를 따라 글을 배웠다. 한번은 고인의 경구를 가르쳐 주었는데
>
> 花笑檻前聲美聽　꽃은 난간 앞에서 웃지만 소리는 들리지 않고,
> 鳥啼林下淚難看　새는 수풀 아래서 우나 눈물은 보기 어렵도다.
>
> 라 한 것이 있다. 내가 말하기를 이것은 결국
>
> 柳嚬門外意難知　버들이 문 밖에서 찡그리나 뜻은 알 수 없다.
>
> 한 것처럼 시가 대단히 적절하고 말의 뜻도 교묘하다 하니, 노유가 깜짝 놀랐다.[41]

41) 이인로, 『파한집』 권하.
僕 八九歲 隧一老儒 習讀書 嘗敎讀古人驚句云 花笑欖前聲未廳 鳥啼林下淚難看 僕日終不若 柳嚬門外意難知 詞甚的 語意俱妙 老媼愕然.

이의 형식을 보면, 삽입시가 포함되어 있음을 알 수 있다. 『파한집』의 경우 모두 83편의 글 가운데 이렇게 삽입시가 포함되지 않은 문은 중권 12, 19, 21장 등 몇 편밖에 되지 않는다.[42] 그 외에는 모두 삽입시를 가진 형태이다. 물론 여기의 시들은 시에 얽힌 이야기를 하기 위해서, 혹은 그것을 평하기 위해서 사용된 것이지만, 외형상으로는 삽입시임에 틀림없다. 『보한집』과 『역옹패설』도 형태적으로는 이와 유사함은 말할 필요도 없을 것이다.

결국 『금오신화』의 삽입시 형태는 멀리는 고대설화와 신라 가화에서, 그리고 가깝게는 고려말의 시화집에 그 연원을 두고 있다고 해야 할 것이다.

또한 『금오신화』와 동시대에 산출되어 당시에 똑같이 소설로 취급받았던 『태평한화』·『동인시화』·『육신전』·『추강냉화』·『용제총화』 등[43]에도 시와 문이 결합되어 나타남을 우리는 알고 있다. 따라서 이러한 삽입시 형태의 기운은 매월당이 처했던 조선초에는 널리 보편화되어 있었음을 동시에 알 수 있다. 물론 매월당은 이 삽입시를 통해서 자신의 문학적 역량에 대한 자부와 과시를 보였지만,[44] 이는 시의 시대에서 소설의 시대로 넘어가는 과도기적 방식을 뛰어넘는 것은 아니라고 본다.

다음으로 『금오신화』는 각 작품 말미에 진화한 찬讚의 형태를 취하고 있음을 유의해 볼 필요가 있다. 여기서 진화한 찬이란 용어는, 찬의 본래 기능이 변모하여 소설의 형성에 발전적으로 수용되었다는 뜻

---

42) 설중환, 「파한집의 수필문학적 성격」, 『어문논집』 제21집, 고려대 국어국문학과, 1980 참조.

43) 어숙권, 앞의 책, 147쪽.

44) 전성운, 「금오신화의 창작 방식과 의도」, 『고소설연구』 제24집, 한국고소설학회, 2007 참조.

으로 사용하고자 한다. 이를 각 작품에서 추출하면 다음과 같다.

〈만복사저포기〉 : 그가 어디에서 세상을 마쳤는지 아는 이가 없다.[45)]

〈이생규장전〉 : 이 사실을 들은 이들은 모두 애처로워하고 슬퍼하여 그들의 절의를 사모하지 않는 이가 없었다.[46)]

〈취유부벽정기〉 : 그의 시체를 빈소에 안치한 지 수일이 지나도 얼굴빛이 조금도 변하지 않았다. 사람들은

"홍생이 신선을 만나서 죽음을 이기고 신선이 되었기 때문이다."

라고 하였다.[47)]

〈남염부주지〉 : 그가 막 세상을 떠나려 하던 말 저녁에 이웃집 사람의 꿈에 어떤 신인이 나타나서 말하기를,

"너희 이웃집 박○○는 장차 염라왕이 될 것이다."

라고 하였다 한다.[48)]

〈용궁부연록〉 : 그가 어느 곳에서 세상을 마쳤는지 알 수 없다.[49)]

그러면 작품에 나타나는 이런 진화한 찬의 형식은 어디에서 영향 받은 것일까? 이에 대해서는 정규복이 육조시대에 번역된 불경, 특히『법화경』이 산문으로 서술한 후 왕왕 출현하는 게偈라는 불어佛語로서 산문과 율문을 협잡케 한 문체는 후래의 변문變文, 소설에 많은 영향을 주었다고 지적한 바 있다.[50)] 따라서 이는 멀리는 중국의『사기』나 불교의 게에서 유래했겠지만, 가깝게는『삼국유사』와 가전에서 영향 받았다고 본다.

---

45) 不知所從.
46) 聞者 莫不傷歎 而慕其義焉.
47) 殯之數日 顔色不變 人以爲遇仙屍解矣.
48) 其將化之夕 夢神人 告於四隣日 汝隣家某公 將爲眉羅王者云.
49) 不知所從.
50) 정규복, 앞의 논문.

신화, 전설, 민담의 집대성이라 할 수 있는 『삼국유사』에는 이야기 끝에 찬이 붙어 있는 경우가 많이 눈에 뛴다. 예하면 우리가 잘 아는 〈조신설화〉의 말미에도 찬이 붙어 있으니 다음과 같다.

> 이에 시를 지어 경계하노니
> 잠간 마음이 맞아 뜻이 한가롭더니,
> 공연히 근심해서 노안이 늙었도다.
> 모름지기 다시 부귀를 기다릴 것이 없으매,
> 바야흐로 괴로운 인생이 한 꿈 사이인 것을 깨달았도다.
> 몸이 잘 되고 못 됨은 먼저 성의에 달렸거늘
> 홀아비가 아미를 꿈꾸고 도적이 재물을 꿈꾸었도다.
> 어찌 가을이 왔다고 해서 청야에 꿈을 꾸어
> 때때로 눈을 감아 청양에 이를 수 있으랴.[51)]

『삼국유사』에는 이러한 찬이 셀 수 없을 정도로 많이 널려 있다. 이러한 찬은 본래 운문으로 어떤 산문의 끝에 와서 본문의 내용을 객관적으로 요약하는 것이다. 그리고 '남의 아름다움을 칭송하는 것을 찬이라 한다(稱人之美謂之讚)'[52)]라는 말에서 보듯이 사물의 시시비비를 가리는 것이 아니라, 도리어 그것을 찬미하고 칭찬하는 문체의 하나라고 하겠다.

이와 유사한 기능을 하는 것으로 전의 한 형태인 가전假傳에서의 평설을 들 수 있다. 가전은 서·본·평설로 구성되어 있는데, 이 평설은 본문의 내용을 주관적으로 요약한 글이다. '평은 사물의 시비를 정하

---

51) 『삼국유사』 권3.
乃作詞成之曰 快適須臾意已閑 暗從愁裏老蒼顔 不須更待黃粱熟 方悟勢生一夢間 治身藏否先誠意 鰥夢蛾眉賊夢藏 何以秋來淸夢夢 合時時眼到淸凉.

52) 『증보 사원』, 대만 상무인서관.

는 것(平定事物之是非)'[53]이므로, 이는 찬과 달리 시시비비를 가리는 비평적인 문체라고 하겠다. 여말 가전에서 이런 평설의 형태를 볼 수 있으니, 대표적으로 〈죽부인전〉에서 이에 해당하는 부분을 뽑으면 다음과 같다.

> 사씨는 말한다.
>
> 죽씨의 조상은 상고시대에 크게 공이 있었고, 또 그 자손들은 모두 재주가 있고, 절개가 굳어서 세상의 칭찬을 받아왔다. 그러니 죽부인이야말로 어질다고 하겠다. 아아! 부인은 이미 군자와 짝지어 살아서, 남에게 의지함이 되었건만 아들이 없었으니, 천도는 아는 것이 없다는 말이 과연 헛말이 아니로다.[54]

이는 사씨의 말을 빌어 작자가 작품 전체를 주관적으로 요약한 평이다. 그러나 『금오신화』에서처럼 운문이 아니라 산문이다. 이외의 가전 모두 이와 같은 형태의 내용을 취하고 있다. 이러한 결말 논평부는 전형적인 동양 전기의 형식인 바 가전은 '사전史傳·가전家傳·탁전託傳·가전假傳'의 하나로 전의 일종임을 암시한다. 이의 국문학사상 위치는 설화에서 소설로 발전하는 교량적 위치에 놓여지게 된다.[55] 그러므로 가전이 전기소설인 〈이생규장전〉 등으로 넘어오면, 전기의 체재에서 서술부가 확대 허구되면서 결말 논평부가 퇴화된다.[56] 따라서 『금오신화』각 편 결말에는 사신 왈, 사씨 왈, 태사공 왈 등의 어구가 사라지게 된 것이다.

---

53) 같은 책.

54) 史氏曰 竹氏之先 有大功于上世 其苗裔 皆有材杭節 見稱於世 夫人之賢 宜矣 噫既 配君子 爲人所依 而卒無知 豈虛語哉.

55) 조수학, 앞의 논문 참조.

56) 같은 곳.

결국 작품의 결말부분에 있는 진화한 찬의 형식은 가깝게는 『삼국유사』의 찬과 가전의 결말 논평부에서 영향 받아 발전한 것이라 보여진다.

끝으로 하나 특기할 것은 조선 초기의 문화적 결정체라 할 수 있는 『훈민정음 해례』에도 산문과 운문이 합쳐 있으니, 즉 제자해의 산문적인 설명이 끝나면 이어 '결왈訣曰'[57] 이라 하여 아래와 같은 장문의 운문이 따른다.

天地之化本一氣　천지의 조화는 본디 한 기운이며
陰陽五行相始終　음양과 오행이 서로서로 뒤바뀌니
物於兩間有形聲　사물 사이에는 꼴과 소리가 있으니
元本無二理數通　본디 근본은 두 이치가 없으니 수리가 통한다.
……

더불어 초성해 · 중성해 · 종성해 · 합자해에서도 이와 똑같은 구성법을 취하고 있다. 그러므로 『훈민정음 해례』도 운문과 산문이 결합하여 존재하는 것이다. 이 운문은 삽입시라 해도 좋을 것이며, 동시에 여기에 나오는 운문은 각 편의 근본원리를 구체적으로 운문화한 것이므로 찬이나 평설과 거의 같은 기능을 하는 것으로 볼 수 있다. 이러므로 『훈민정음 해례』가 『문헌비고』에서 〈악고〉에 실리게 된 것이라 보인다.[58] 따라서 운산문혼용이나 찬의 형식은 조선 초기의 문체적 경향의 하나임을 더욱 확인할 수 있다.

이제 우리는 이렇게 말할 수 있게 되었다. 즉 『금오신화』가 삽입시

57) 박병채는 앞의 책에서 이를 칠언율문체로 된 결문訣文이라 하고, 이 결訣을 요결要訣의 뜻으로 보아 본문을 알기 쉽고 간결하게 표현한 문체라 하였다.
58) 이는 최정여 교수가 구두로 말씀해 주신 데서 hint를 얻었다.

를 가지는 형식은 『삼국유사』속에 나오는 설화와 『파한집』·『보한집』·『역옹패설』 같은 시화집의 영향이라고 하겠다. 또한 끝부분에 붙은 진화한 찬의 형태는 『삼국유사』의 찬과 가전의 평설에서 영향 받았다고 하겠다. 따라서 『금오신화』의 이런 외형적 형식은 전대의 설화·시화·가전 등에서 골고루 그 장점을 두루 섭취하여 형성되었음을 알 수 있다. 따라서 작품은 그 형식면에 있어서 우리 선대의 문학적 전통을 올바르게 계승·발전시켰다고 결론지을 수 있겠다.

2) 양면구조

『금오신화』는 전편의 구조가 〈현실-이상-현실-이상〉의 양면구성법을 취하고 있다. 여기서 현실은 '있는 세계'이고, 이상은 '있어야 할 세계'이다. 물론 본 작품에서 '있어야 할 세계'는 외면상 비현실적인 무의식의 세계이다. 이런 이중구조는 작품에서 현실성과 비현실성이 서로 엇갈려 반영된 것으로 보인다.[59] 즉 '있는 세계'와 '있어야 할 세계', 그러나 현실적으로 '있을 수 없는 세계'가 서로 교차되어 나타난다는 말이다. 작품은 다만 현실적으로 '있을 수 없는 세계' 속에서 매월당이 바라는 바 있어야 할 세계, 즉'이상의 세계'를 구현한 것이 이와 다른 특징이라고 하겠다. 따라서 이런 이중구조를 양면구조라 해도 외면적으로는 차이가 없다. 또한 여기서 구조라는 용어는 plot적인 의미로 사용하고자 한다.

이제 이러한 양면구조가 우리 문학에서는 어디에서 어떻게 유래하였는지를 알아본다. 먼저 이러한 구조를 우리는 전대의 설화에서 찾아보아야 할 것이다. 왜냐하면 설화에서 소설로의 이행은 구비문학에서

59) 정규복, 『구운몽연구』, 고대출판부, 1974, 282쪽.

기록문학, 공동체문학에서 개인문학으로의 이행이며 이러한 이행은 설화가 소설화되면서 이루어진 변화 가운데 가장 기본적인 것이기 때문이다.[60]

이러한 양면구조는 고대설화 중 괴기설화怪奇說話에서 유래하였다고 볼 수 있다. 이는 무속이 귀신계까지도 통할 수 있다고 생각했던 원시시대의 산물이다. 그러므로 그들은 인간이 경험할 수 없는 신비의 세계를 이야기했다. 이 초인간적인 신비의 세계는 귀신의 세계를 비롯하여 명부의 세계, 수궁의 세계, 천상의 세계, 신선의 세계, 꿈의 세계 등으로 나타난다.[61] 즉 인간의 현실과 초인간적인 비현실의 세계가 서로 결합되어 나타난다는 말이다.

여기서는『금오신화』의 양면구조를 논의의 편의상 두 가지로 구분하고자 한다. 즉 〈현실-이상〉의 구조만 갖춘 것을 일반적一般的 양면구조라 하고, 〈현실-이상〉의 구조를 갖추되 그 속에 입몽入夢·각몽覺夢의 과정이 있는 것을 몽유적夢遊的 양면구조라 하겠다.[62] 조동일은『금오신화』를 명혼소설과 몽유소설로 나누어 그 유형과 구조를 분석한 일이 있는데,[63] 필자가 보는 일반적 양면구조는 명혼소설에 해당하고, 몽유적 양면구조는 몽유소설에 해당한다고 하겠다. 그리고 김창진은 〈현실계-비일상계 또는 비현실계-현실계-비일상계 또는 비현실계의 순환체계〉로 작품이 이루어졌다고 한다.[64] 여기서 비일상계 또는 비현실계는 필자가 보기에 작가 김시습을 기준으로 할 때 '이상'세계로 보는 것이 좋을 듯하다.

---

60) 김일렬, 앞의 논문 참조.
61) 김기동,『국문학개론』, 진명문화사, 1978, 191쪽.
62) 차용주,「몽유록계소설연구」, 고려대 대학원, 1978 참조.
63) 조동일, 앞의 논문, 앞의 책 참조.
64) 김창진,「금오신화의 순환체계 연구 1」,『국제어문』4, 국제대학교, 1983 참조.

먼저 일반적 양면구조를 살펴보자. 이러한 일반적 양면구조의 대표적인 설화로는 〈쌍녀분〉 설화를 들 수 있겠다. 『수이전』의 〈쌍녀분〉조와 〈선녀홍대〉조에 최치원이 당나라에 유학하였을 때 옛 무덤에서 나온 두 여자와 즐거움을 나눈 설화가 있다. 원문이 너무 길므로 이의 개략만 소개하면 다음과 같다.

> 고운이 12살 때 당나라에 유학하여 학사배찬장시에 괴과로 합격하여 율수현위가 되었다. 어느날 치원은 율수현 남쪽에 있는 초현관에 놀러갔다가 그 앞에 있는 쌍녀분이라는 옛무덤을 발견한다. 이에 치원은 〈석문〉이란 제목의 시를 지었더니, 갑자기 취금이라는 여인이 나타나 홍률을 주며 그 묘에 살고 있는 〈팔낭〉·〈구낭〉이라는 여자가 고운의 시에 보답하는 선물이라고 하였다. 이에 치원은 취금을 중개로 해서 서로 시로 화답하다가, 뒤에 두 낭자가 두 떨기의 연꽃을 들고 치원에게 나타난다. 치원은 두 낭자의 내력을 물었더니, 그들은 율수현 초성의 향호인 장씨의 딸들인데 언니는 18세, 아우는 16세였을 때, 아버지가 상인들에게 각각 정혼하였다고 한다. 그러나 두 낭자는 이에 만족하지 않아 우울하게 지내다가 마침내 실사하였음을 말하고, 오늘 치원 같은 수재를 만나 맺힌 한을 풀 수 있게 되어 다행이라고 했다. 그리하여 두 낭자는 치원을 같은 이불 속에서 모시고 견권의 한을 풀었다. 하룻밤의 환락이 끝나고, 이튿날 날이 밝기 전에 두 낭자는 이후에라도 오게 되면 거친 경묘를 손질해 달라고 부탁하며 홀연히 사라졌다.[65)]

보다시피 이 설화는 최치원이 꿈에 의탁하지 않고 바로 현실세계를 뛰어넘어 귀신계와 교유한다는 일반적 양면구조로 되어 있음을 알 수 있다.

---

65) 성임, 『태평통재』 권21, 「최치원전」 (원문생략)

이제 『금오신화』 중에서 현실과 비현실이, 꿈에 의탁하지 아니하고 서로 교차하여 나타나는 일반적 양면구조를 살펴보기로 한다. 우선 〈만복사저포기〉를 보기로 한다. 양생이 배나무 밑에서

> 시를 읊고 나자 별안간 공중에서 이상한 소리가 들렸다. "그대 좋은 배필을 얻고자 한다면 그 무엇 걱정할 것 있느뇨!"
>
> 양생은 이 소리를 듣고서 마음속으로 기뻤다.[66)]

에서, 양생이 꿈에 의탁하지 않고 바로 비현실의 귀신계에 들어가는 모습이다. 그리고

> 이튿날 양생은 여인의 말대로 은주발 하나를 들고 보련사로 가는 길가에서 기다리고 있었다.[67)]

에서 다시 현실세계가 시작된다. 이는 현실・비현실이 교차하는 일반적 양면구조라 하겠다. 마찬가지로 〈이생규장전〉이나 〈취유부벽정기〉 역시 꿈에 의탁하지 아니하고 현실계와 귀신계, 혹은 현실계와 신선계가 서로 교차하며 나타나는 일반적 양면구조로 되어 있다. 이러한 구조는 전술했다시피 우리의 고대설화에서 유래한 것이라 하겠다.

다음으로 양면구조 중에 특히 입몽・각몽의 과정이 있는 몽유적 양면구조에 대해서 알아보기로 한다.

몽유적 양면구조를 흔히 몽유구조 혹은 몽유록이라 부르기도 한다. 몽유록은 조선시대 지식층의 문학작품으로 역사적 사실에 대한 기존 지식의 토대 위에서 작품 세계가 구축된다. 작품의 저작 동기는 국가

---

66) 吟罷 忽空中有聲曰 君欲得好逑 何憂不遂 生心喜之.

67) 生如其言 執椀待于路上.

의 수난기의 민족적 울분이나, 사회혼란기의 지식층의 불만을 토로하기 위한 것이었다.[68] 여기에는 불만스럽고 번뇌스러운 현실에 대하여, 만족스럽고 정화의 기회가 되는 비현실의 세계가 언제나 대치한다.[69] 이같이 몽유구조는 〈현실-꿈-현실〉의 일관된 전개 방식을 취하고 있으며, 이의 특징은 대개 세 가지로 지적되고 있다.

> 첫째, 「현실 이외의 세계」가 상정되어 있다는 점이다.
> 둘째, 현세와 「현세 아닌 세계」 간의 교통이 가능한 것으로 나와 있다는 점이다.
> 셋째, 꿈속에서의 욕구충족 뒤에 꿈을 깨고는 인간의 욕망과 부귀영화의 허무함을 깨닫는다는 것이다.[70]

작품에서 〈남염부주지〉와 〈취유부벽정기〉는 역시 현실 이외의 세계가 상정되어 있고, 〈현실〉과 〈비현실〉과의 교통이 가능하며, 나아가 꿈속에서 욕구를 충족시킨 뒤에 꿈을 깨고는 그 모든 것이 허무함을 깨닫는다는 점에서 몽유 계통임이 분명하다. 이러한 몽유구조는 삼국시대의 설화 중에서 그 맹아를 찾아볼 수 있으니, 대표적인 것으로는 〈조신설화〉[71]임은 널리 알려진 사실이다. 이런 몽유구조의 설화에 이어, 여말 이규보의 『백운소설』에도 몽유구조가 나타난다.

> 내가 꿈에 깊은 산에서 놀다 길을 잃었는데, 한 고을에 이르니 누각과 대가 명려하고 자못 기이해서 곁에 있는 사람에게 여기가 어딘가 물으니,

68) 서대석, 「몽유록의 장르적 성격과 문학적 의미」, 『한구학논집』 제3집, 한국학연구소, 1975.

69) 황패강, 『조선왕조소설연구』, 한국연구원, 1978.

70) 정규복, 앞의 책, 250~251쪽 참조.

71) 일연, 『삼국유사』 권4, 「낙산이성」(원문생략).

선녀대라고 하더라. (후략)[72]

이와 같이 전대의 설화와 고려말 시화집의 몽유구조의 전통을 이어 소설로 개화한 것이 김시습의 『금오신화』이다.[73] 이제 작품에서 몽유적인 부분을 찾아보면 다음과 같다. 이 몽유적인 부분은 입몽・각몽에서 가장 특징적으로 나타나므로, 그 부분을 알아본다. 〈남염부주지〉에서

> 어느 날 박생은 자기의 거실에서 밤에 등불을 돋우고 『주역』을 읽다가 베개를 괴고 옷을 입은 채 잠들었는데, 홀연히 한 나라에 이르니 곧 바다 속의 한 섬이었다.[74]

몽유가 시작된다. 그리고

> 놀라서 일어나니 곧 한바탕의 꿈이었다.[75]

에서 다시 현실세계로 나온다. 〈용궁부연록〉 역시 이와 같은 몽유적 양면구조을 취하고 있다. 이렇게 볼 때, 〈남염부주지〉와 〈용궁부연록〉은 입몽・각몽의 과정을 통하여, 현실과 저승, 그리고 현실과 용궁세계가 서로 교류하는 몽유적 양면구조의 형식을 취하고 있음을 알 수 있다.

이제까지 살펴본 바에 의하며, 『금오신화』 5편은 모두 양면구조를 취하고 있음을 알았다. 이는 이미 언급되었듯이 전대의 우리 고대설화나 시화집의 영향이라고 볼 수 있다. 이는 매월당이 지은 〈제금오신화

---

72) 이규보, 『백운소설』, 『고려명현집』Ⅰ, 577쪽.
73) 황패강, 앞의 책, 158쪽 참조.
74) 一日 於所居室 中夜挑燈 讀易 支枕假寐 忽到一國 乃洋海中一島嶼也.
75) 生仆地驚起而覺.

題金鰲新話〉라는 시 속에서도 알 수 있다.

香挿銅鑪烏几淨　향로에다 향 꽂으니 오궤가 깨끗한데
風流奇話細搜尋　풍류스런 기이한 말 자세하게 찾아내오.[76]

여기서 '풍류기화'는 바로 전래의 기이한 설화라 생각할 때, 그가 양면적 구조인 설화의 형식적 특성을 스스로의 작품에 수용했다고 볼 수 있다. 그리고 이를 더욱 발전시켜 최초의 고소설로까지 완성해 갔던 것이다.

3) 근원설화

『금오신화』 5편은 모두 근원설화를 가지고 있다. 이에 본 작품의 형성에 영향을 주었다고 생각되는 시화집들이 근원설화를 수용하고 있는지의 여부에 관심을 모을 필요가 있다. 이에 대해서는 이미 이상익이 고려조의 『백운소설』·『파한집』·『보한집』 등의 문헌에서 설화적 자료를 검출한 바가 있다. 그는 이들 시화집 속에서 전래의 음귀陰鬼·참마斬馬·낙성落星·용의 출현·오수獒樹·환생還生 등의 설화적 요소가 삽입되어 있음을 검증하였다.[77] 이로 미루어, 우리는 『금오신화』가 설화적 요소를 제재로 취한 것은 여말의 시화집들이 설화적 요소를 제재로 취한 것과 동일한 방식임을 알 수 있다. 이는 형성기 소설에 있어 일반적인 현상이라 하겠다.

그리고 최남선은 〈금오신화 해제〉에서 작품의 근원설화는 우리 민간전승에도 흔히 있는 것이라고 하여, 그 최초의 발설자가 되었다.

---

76) 『매월당집』 시집 6.
77) 이상익, 「시화집에 정착된 설화들」, 『국어교육』 31, 한국국어교육연구회, 1977.

> 자세히 삷혀보면 〈만복사저포기〉의 노총각이 불전에 소하야 가우를 해후하고, 〈이생규장전〉의 태학생이 노상유면으로 이연을 체합하는 「모티프」는, 우리 민간전승에도 흔히 있는 화류ㅣ니, 등화의 피막을 뒤집어쓴 밋헤는 그대로 국설의 근골이 들어잇어, 본대 가착과 다만 모습이 아님을 알 것이며, …… 가장 명백한 향토색을 파지하기에 힘썻슴과, ……[78]

이에서 보듯 그는 『금오신화』의 근골은 우리 민간전승에도 흔히 있는 이야기의 종류라고 보았다. 이로부터 작품의 근원설화에 대해서는 이미 선행의 많은 업적[79]이 있으므로 여기서는 그것들을 간단히 요약하는 것으로 그친다.

첫째, 〈만복사저포기〉, 〈이생규장전〉 등에 공통적으로 나오는 인귀교환설화人鬼交驩說話 혹은 시애설화屍愛說話로는 〈최치원전〉, 『수이전』의 〈수삽석남〉과 『삼국유사』에 나오는 〈도화녀 비형랑〉이 있다.[80] 특히 최자의 『보한집』 중에서 이인보가 부석사에서 자색이 뛰어난 여자 귀신을 만나 즐거움을 나누는 이야기가 있다. 이 설화에서 장소가 절이요, 또 여자가 남자를 유혹한다든지, 삼일 있다가 헤어진다든지, 남자가 먼저 사람이 아님을 알면서도 미색에 도취된다든지 하는 것 등은 다 〈만복사저포기〉와 비슷한 것이다.[81] 이는 『금오신화』가 전대의 시화집에서 직접적으로 영향 받았다는 한 증거가 될 수도 있다.

둘째, 〈취유부벽정기〉에 나오는 신선설화로는 『삼국유사』권4의

---

78) 최남선, 「금오신화 해제」, 『계명』, 1927.
79) 이에 대한 연구는 다음과 같다.
정주동, 『매월당 김시습연구』, 신아사, 1965.
장덕순, 『한국설화문학연구』, 서울대 출판부, 1978.
이석래, 「금오신화의 전개적 고찰」, 1973.
80) 정주동, 앞의 책, 582쪽 참조.
81) 같은 책, 586쪽.

〈이혜동진〉과 권7의 〈선도성모수희불사〉, 그리고 〈표훈대덕〉의 이야기 등이 있다. 특히 이제까지는 본 작품의 주인공과 선녀의 관계를 인귀교환설화로 다룬 경향도 있었으나,[82] 여기서는 신선설화로 다루고자 한다.[83] 또한 이 신선설화를 종교적인 측면으로 해석할 때 매월당이나 본 작품을 오해하는 경우가 생기는데, 이는 분명히 하나의 근원설화일 뿐이다. 이에 대해서는 작품론에서 상술될 것이다.

셋째, 〈남염부주지〉에 나오는 지옥설화는 불교의 인과응보사상에서 나온 것으로, 우리나라에는 『왕랑반혼전』·『당태자전』·『제마무전』등이 있다.[84]

끝으로 〈용궁부연록〉에 나오는 용궁설화 역시 동양에 널리 분포되어 있는 설화로, 대개 수신水神인 용이 사는 물의 세계에 관한 이야기이다. 우리나라에는 고래로 널리 퍼져 있었고, 특히 『삼국유사』에서 대량으로 발견된다. 예를 들면 권1 혁거세왕의 왕후 알영부인의 탄생설화, 권2 수로부인조의 용, 또는 문무왕이 죽어 호국용이 되었다는 등이 그것이다. 또한 조선초의 『용비어천가』 제 22장에는 도조가 용을 도와준다는 설화도 있고, 『월인천강지곡』에는 용이 불교를 지키는 자가 되는 등의 이야기가 다량으로 등장한다.[85]

이렇게 볼 때, 『금오신화』는 작품 속에 전래의 설화를 제재로 취하여 소설로 발전시켜 나갔음을 알 수 있다.

---

82) 장덕순은 앞의 책에서 「취유부벽정기」는 최치원의 「쌍녀분」과 비슷한 설화이며 또 시애설화와 동계의 작품으로 보았다. 한편 정주동은 앞의 책에서 이 작품은 중국 「목천자전」또는 「낙신전」등에서 신선류의 구성을 빌어온 것이라 보았다. 필자는 이 견해를 따르고자 한다.

83) 정주동, 앞의 책, 661-663쪽 참조.

84) 같은 책, 715-716쪽.

85) 장덕순, 앞의 책, 107-120쪽 참조.

이제까지 우리는 형식면, 구조면, 그리고 제재면에 있어서 『금오신화』가 각기 전대의 설화 및 가전·시화류에서 직접적으로 혹은 간접적으로 영향받았음을 알았다.

이를 도표로 보이면 다음과 같다.

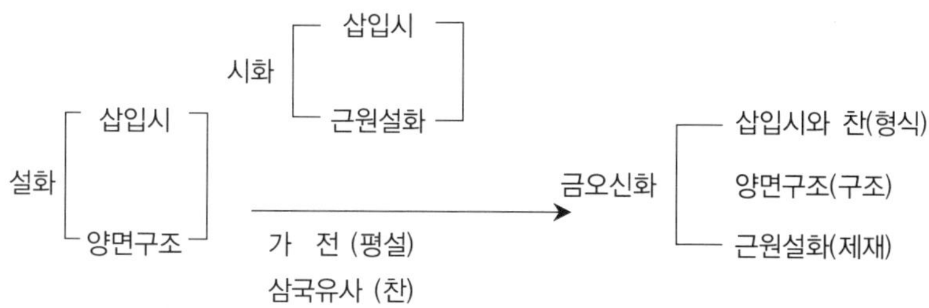

결국 『금오신화』는 전대의 설화 및 가전·시화류 등에서 삽입시 및 찬의 형식과 양면구조를 취하고, 고대설화를 제재로 하여 형성될 수 있었음을 알겠다. 매월당은 이러한 문학적 전통을 계승하되 이를 더욱 발전시켜 최초의 고소설을 탄생시키게 되는 것이다. 그러나 이러한 결론은 결과론적인 이야기에 불과하다. 즉 이러한 여건이 형성되어 있었다고 해서 『금오신화』가 저절로 탄생될 수는 없었던 것이다. 왜냐하면 이러한 성숙한 여건을 작품으로 형성시킬 어떤 구체적인 자극과 충동이 있어야 그것이 가능하기 때문이다. 즉 문학작품이란 구체적인 문화적 산물이기에, 어떤 구체적인 다른 문학 형태에서 직접적으로 영향받았다고 보는 것이 상식에 어긋나지 않는 추리일 것이다. 필자는 우리의 『금오신화』가 형성되는 데는 무엇보다 『전등신화』의 직접적이고 구체적인 영향을 무시할 수 없다고 본다. 이에 대해서 구체적으로 알아보기로 하겠다.

(2) 중국문학의 영향

이제까지 『금오신화』의 영향 관계는 자국보다는 타국, 즉 『전등신화』와의 영향 관계를 연구한 것이 많았다.[86] 이는 최남선이 1927년 『계명』 19호에 『금오신화』 전문을 수록하고, 그 해제에서 이는 『전등신화』에서 모방한 것이라고 언급한 데서부터 시작된 것이라고 생각된다.

> 『금오신화』는 결코 탁월한 대작이랄 것이 아니며, 선유의 설과 같이 명초 구우의 『전등신화』를 모방한 일전기ㅣ니, 그 체제와 조사상에서 쑨아니라, 입제명의와 취재언설에 까지 전등신화를 남본으로 하얏다 할 것[87]

이어 최남선은 『금오신화』와 『전등신화』에서 서로 유사한 작품들을 열거하기까지 하였다. 이후 두 작품의 비교연구는 양적으로는 많으나 그것은 주로 근원설화적인 측면에서 다루어졌다는 논평을 면하기 어렵다 할 것이다. 그렇지만 이런 부분적인, 혹은 한쪽으로 치우친 연구는 자칫하면 나무를 보고 숲을 보지 못하듯이, 작품 전체의 영향관계를 소홀히 하기 쉽다. 따라서 우리는 두 작품의 관계를 논할 때, 일단 안목을 거시적으로 가질 필요가 있다고 본다. 그렇게 할 때, 두 작품의 영향관계가 한층 정당하게 밝혀질 것이다.

먼저 『금오신화』를 『전등신화』와 비교하는 까닭은 무엇보다 매월당이 이를 탐독했기 때문이다. 그것은 그가 지은 〈제전등신화후〉에 잘

---

86) 이에 해당되는 논문으로는 다음과 같다.
박성의, 「비교문학적 견지에서 본 금오신화와 전등신화」, 『문리논집』 제3집, 고려대 문리대, 1958.
정주동, 앞의 책, 1956.
이재수, 「금오신화고」, 『한국소설연구』, 형설출판사, 1969.

87) 최남선, 앞의 논문.

나타난다.

山陽君子弄機杼　산 남쪽의 군자가 베틀과 북을 놀려
手剪燈火錄奇語　손수 등불을 돋우어 기이한 말 썼는데,
有文有騷有記事　산문이 있고, 가요가 있고, 기사도 있어
遊戲滑稽有倫序　유희와 익살 소리 차례와 순서 있네.
……
語關世教怪不妨　말이 세상 교화에 관계되면 괴이해도 무방하고,
事涉感人誕可喜　일이 사람을 감동시키면 허탄해도 기쁘니라.
……
上篤屈莊軼韓柳　위로는 굴원과 장주 타고, 한퇴지와 유자후를 넘어서
六六巫山走雲雨　육육 봉우리 무산에는 비구름 달려가네.
……
使人對此心緬邈　사람으로 이걸 보게 되면 마음 아득해지니
幻泡奇踪如在目　허깨비와 거품 기이한 형적이 눈에 있는 듯하리라.
……
眼閱一篇足啓齒　한 편만 읽어도 입을 열어 웃을만하니
蕩我平生磊塊臆　나의 평생 뭉친 가슴을 쓸어 없애 주리라.[88)]

이로 미루어 보아, 매월당은『전등신화』를 흥미있게 탐독했을 뿐만 아니라 상당히 감명도 받았음을 알 수 있다. 첫째는 문체의 다양성으로 산문과 가요, 기사체가 희화·골계와 어우러지는 묘미에 감탄하고 있다. 둘째는 효용론적 측면으로 '세교世教', '감인感人'을 들고 있다. 요즈음의 이론으로 말하자면 공리설과 쾌락설의 두 가지 측면을 모두 갖추고 있다고 칭찬한다. 셋째 이 작품은 옛날의 전통적 수법을 이어

88)『매월당집』 시집 4.

받고 있음을 지적하고 있다. 곧 위로는 굴원, 장주, 한퇴지, 유자후의 문체를 이어받고 있음을 놀라워하고 있다. 넷째는 환상과 기적의 유토피아의 세계를 펼치어 상상력의 공간을 넓힌 점을 높이 사고 있다. 그리고 종합하여 마지막 구절에서 흥미를 유발하여 평생에 쌓였던 불평의 덩어리가 말끔히 씻겨졌다고 찬탄하고 있다.[89] 따라서 그는 이 작품에서 『금오신화』를 저작하는 데 직접적으로 많은 자극과 충동을 받았을 것이라는 것을 짐작할 수 있다. 왜냐하면 어떤 구체적인 문화산물은 그와 유사한 문화산물에서 구체적인 충격과 영향을 받기 때문이다. 따라서 『금오신화』는 『전등신화』에서 소설적 기교와 기술적인 측면을 직접적으로 영향 받았음을 숨길 수 없다. 그러나 그것을 받아들이기 위해서는, 그것을 받아들일 대내외적인 문학적 여건이 아울러 성숙되어 있어야 한다. 문화는 사상에다 일정한 기교와 기술이 인위적으로 부여된 것이기 때문이다. 결국 『금오신화』가 탄생할 수 있었던 것은 이런 외적 영향을 수용할 수 있는 내외적인 조건이 성숙되어 있었기 때문이다. 그것은 이미 앞에서 언급한 바 있는 국문학적 여건이다. 아울러 그가 의식한 근대적 자각이 밑받침된 것은 물론이다.

여기서는 『전등신화』와의 영향 관계를 논하는 것이 주목적이므로, 이를 『금오신화』의 특성과 연관해서 고찰하고자 한다. 아울러 『전등신화』 이외의 외적 영향 관계도 부수적으로 생각해 보고자 한다. 왜냐하면 매월당은 『전등신화』에서 가장 많은 영향을 받았겠지만, 이것만을 교과서로 삼지는 않았을 것이기 때문이다. 그는 당대의 지식인으로 국내외의 많은 고전을 두루 섭렵하였을 것이기에 더욱 그러하다.

---

89) 박태상, 「금오신화에 나타난 '애정모티프' 연구」, 『조선조애정소설연구』, 태학사, 1996, 170쪽.

1) 문체

금오신화에는 4종의 문체가 나온다. 세분하면 다음과 같다.

전傳 : 〈이생규장전〉 (1편)
기記 : 〈만복사저포기〉·〈취유부벽정기〉 (2편)
지志 : 〈남염부주지〉 (1편)
록錄 : 〈용궁부연록〉(1편)

각 문체에 대한 의미는 창작기법에서 상술하기로 하고, 여기서는 다만 『전등신화』에 나오는 문체와 비교하여 보기로 한다. 이에 나오는 문체를 종류에 따라 분류하면 다음과 같다.

전傳 : 〈애경전〉·〈취취전〉·〈태허사법전〉·〈수문사인전〉·〈녹의인전〉(5편)
기記 : 〈화정봉고인기〉·〈금봉채기〉·〈연방누기〉·〈영호생명몽기〉·〈등목취유취경원기〉·〈모란등기〉·〈위당기우기〉·〈영주야묘기〉·〈신양동기〉·〈감호야범기〉·〈추향정기〉(11편)
지志 : 〈삼산복지지〉·〈부귀발적사지〉(2편)
록錄 : 〈수궁경회록〉·〈천태방은록〉·〈용당영괴록〉(3편)

중국의 『전등신화』 역시 『금오신화』와 같이 똑같은 4종의 문체가 나타나며, 그 수에 있어 〈기〉가 11편으로 제일 많이 사용되었다. 이에 『금오신화』의 문체가 『전등신화』의 문체에 그대로 영향받았음을 알 수 있겠다. 그리고 『금오신화』에서 〈기〉가 2편으로 제일 많은 것이, 『전등신화』에도 그대로 적용되는 것은 결코 우연으로만 흘려버릴 수 없음도 짐작할 수 있겠다.

그러나 『금오신화』의 문체는 『전등신화』뿐만 아니라 당대소설에서부터 쓰이던 양식이니, 『고경기』나 『침중기』 같은 '기', 『임씨전』·『유씨전』 같은 '전', 『몽유록』·『명음록』 같은 '록'의 문체가 그것이다. 따라서 『금오신화』의 문체는 『전등신화』는 물론, 그 전대의 문체에서까지 영향을 받았다고 보겠다.

2) 형식

『금오신화』에는 〈남염부주지〉를 제외하고는 모두 삽입시를 가지고 있으며, 각 작품의 끝에는 진화한 찬의 형태가 남아 있음은 이미 언급한 바이다. 이제 이러한 요소가 『전등신화』에도 있는지 알아본다.

우선 『전등신화』 중에 삽입시를 가지고 있지 않은 작품을 찾아보면 다음과 같다.

> 〈삼산복지지〉·〈금봉채기〉·〈모란등기〉·〈부귀발적사지〉·
> 〈영주야묘기〉·〈신양동기〉·〈태허사법전〉 (7편)

『전등신화』에는 삽입시가 없는 작품이 21편 중에 7편이 있다. 나머지 14편은 모두 삽입시를 취하고 있다. 우리 『금오신화』 역시 5편 중 1편만 삽입시가 없고, 나머지 4편은 삽입시를 가지고 있다. 두 작품에서 삽입시를 가진 것과 안 가진 작품의 비율이 어느 정도 비슷함을 알겠다. 이에 비추어 『금오신화』의 삽입시 형태 역시 『전등신화』에서 영향을 받았다고 할 수 있다.

끝으로 『전등신화』에도 『금오신화』에서와 같이 모든 작품의 말미에 진화한 찬의 형태가 남아 있음을 확인할 수 있다. 이 중 몇 개만 찾아 읽어보기로 한다.

뒤에 선문은 공명엔 뜻을 두지 않고 집을 나와 도를 닦으며 명산을 두루 돌아다녔는데, 그 뒷 소식은 알 수 없다.[90] 〈수궁경회록〉

드디어 집안일을 처리하고 다시 더 치료를 받지 않더니 며칠 지나서 죽었다. 〈수문사인전〉[91]

위의 글들은 모두 진화한 찬의 형태로, 〈수궁경회록〉은 우리의 〈만복사저포기〉와 〈용궁부연록〉을, 〈수문사인전〉은 〈남염부주지〉의 말미를 연상시키는 찬들이라고 하겠다. 따라서 『금오신화』의 진화한 찬의 형태도 『전등신화』에서 영향 받았다고 할 수 있다. 결국 『금오신화』는 『전등신화』의 삽입시와 진화한 찬의 형식을 그대로 영향 받았다고도 할 수 있겠다.

그러나 전술했다시피, 『금오신화』는 우리나라 전대의 설화 혹은 시화에서 삽입시의 형식을 발전시킬 수 있었다고도 하였다. 더불어 여말·조선초에 유입된 중국의 시화집에서도 영향을 받을 수 있었다고 볼 수 있다. 왜냐하면 송대에 홍수를 이루다시피한 시화집들은 이미 여조에 우리나라에 많이 수입되었고,. 이에 자극 받아 여말 우리의 시화집들도 나타났던 것이다. 따라서 『금오신화』의 삽입시는 『전등신화』에서 직접적으로 영향 받았지만, 그 전대의 중국 시화집들에서도 간접적으로 영향받을 수 있었다고 하겠다.

3) 양면구조

『금오신화』는 〈현실-이상-현실-이상〉의 양면구조를 취하고 있다.

---

90) 後亦不以功名爲意 棄家修道 徧遊名山 不知所從.
91) 遂處置家事 不復治療 數日而從.

우리는 이를 세분하여 일반적인 양면구조와 몽유적 양면구조로 나누어 살펴본 바 있다. 이제『전등신화』의 구조도 이와 같은지를 확인하여 보자.

우선 〈만복사저포기〉와 영향 관계가 있다고 생각되는 〈등목취유취경원기〉, 〈부귀발적사지〉, 〈모란등기〉, 〈녹의인전〉, 〈애경전〉 중에서 〈등목취유취경원기〉만 대표적으로 살펴보자.[92]

여기에서는

> 등목이 추녀 아래 난간에 기대 잠시 쉬고 있자니까, 갑자기 한 아름다운 여자가 시녀를 뒤딸리고 들어오는데……[93]

에서 비현실이 시작되고

> 그러나 가면서도 차마 발길을 떼기가 어려웠던지 돌아보고 돌아보고 하다가 이윽고 자취를 감추었다.[94]

에서 비현실이 끝나고 다시 현실세계로 돌아온다. 이는 〈만복사저포기〉와 마찬가지로 일반적 양면구조라 하겠다. 또한 〈이생규장전〉과

---

92) 박성의는 앞의 논문에서『금오신화』와『전등신화』중에 서로 밀접한 관계가 있는 것을 다음과 같이 도시하였다.
금오신화 / 전등신화
萬福寺樗蒲記 / 滕穆醉遊聚景園記・富貴發跡司志・牧丹燈記・綠衣人傳・愛卿傳
李生窺墻傳 / 渭塘奇遇記・翠翠傳・金鳳釵傳・聯芳樓記・秋香亭記
醉遊浮碧亭記 / 鑑湖夜泛記
南炎浮洲志 / 令狐生冥夢錄・太虛司法傳・永州夜廟記
龍宮赴宴錄 / 水宮慶會錄・龍塘靈會錄

93) 生至軒下 凭欄少憩 俄見一美人先行 一侍女隨之 自外以入.

94) 然猶頻頻回顧 良久始滅.

영향 관계가 있다고 생각되는 〈위당기우기〉, 〈취취전〉, 〈금봉채가〉, 〈연방누기〉, 〈추향정기〉, 그리고 〈취유부벽정기〉에 영향을 주었다고 생각되는 〈감호야범기〉 역시 일반적 양면구조를 취하고 있다.

다음으로 〈남염부주지〉와 영향 관계가 있다고 생각되는 〈영호생명몽유기〉, 〈태허사법전〉, 〈영주야묘기〉 중에서 〈영호생명몽유기〉만을 살펴보자.

여기에서는

> 시를 짓고 나서는 몇 번이고 되풀이하여 읊었다. 그날 밤 촛불을 켜고 혼자 앉았노라니까, 얼굴이 흉악하게 생긴 두 놈의 귀졸이 갑자기 나타났다.[95)]

에서 비현실이 시작되고,

> 한번 크게 기지개를 켜고 눈을 뜨니 그것은 한낱 꿈이었다.[96)]

에서 꿈세계와 현실이 엇갈리게 되는 몽유적 양면구조라 하겠다. 또한 〈용궁부연록〉과 영향 관계가 있다고 생각되는 〈수궁경회록〉, 〈용당영회록〉 역시 몽유적 양면구조를 취하고 있다.

이를 살펴볼 때, 우리는 『금오신화』와 특히 영향 관계가 있다고 생각되는 『전등신화』의 구성법 역시 일반적 양면구조와 몽유적 양면구조을 취하고 있음을 알았다. 이로 미루어 『금오신화』는 그 구조에 있어서도 『전등신화』의 구조에 직접적으로 영향 받았다고 결론 내릴 수

95) 詩成朗吟數過 是夜明燭獨坐 忽有二鬼 使狀貌獰惡 徑至其前.
96) 欠伸而覺 乃一夢也.

있게 되었다. 그러나 이 역시 『전등신화』에만 영향을 국한시킬 수 없음은 마찬가지이다. 그것은 중국의 『침중기』·『앵도청의』」·『남가태자전』, 그리고 멀리는 그 원형인 『잡보장경』 중의 〈사나나비구위악생왕고뇌록〉은 모두 양면구조를 지닌 대표적 작품들이기 때문이다.[97] 따라서 매월당이 이들 중의 어느 것도 읽지 않았다는 보장이 없는 한 두루두루 영향을 받았다고 보는 것이 타당할 것이다.

4) 근원설화

『금오신화』는 각 작품이 전대의 설화를 제재로 하여 소설화시키고 있다. 이의 구체적인 모티프로는 인귀교환설화, 신선설화, 지옥설화, 용궁설화 등이 사용되고 있다. 여기서는 『전등신화』도 『금오신화』에서와 같이 그 제재로서 전대의 설화를 근원설화로 이용하고 있는지, 또 이용하고 있다면 그것이 『금오신화』에서 사용된 것과 서로 관계가 있는지의 여부를 알아보려 한다. 여기서는 이에 관한 선행의 업적들이 많으므로 이들을 요약하여 정리하고자 한다.

우선 〈만복사저포기〉와 가장 유사하다는 평가를 받는 〈등목취유취경원기〉의 근원설화를 살펴보자. 여기에는 주인공 등목이 크게 취하여 죽은 귀신 방화를 만나 삼년을 교환하며 살다가 헤어진다는 것이 주제재라 하겠다. 이런 설화는 〈만복사저포기〉나 〈이생규장전〉 등에서와 마찬가지로 인귀교환설화라 하겠다. 이런 인귀교환설화는 『전등신화』 곳곳에 등장할뿐더러 그 이전에 있었던 불경, 중국의 『삽신기』 계통의 설화, 혹은 당 전기소설에서 얼마든지 찾아볼 수 있다. 즉 당 전기소설인 『신녀전』, 『영귀지』, 육조시대의 『삽신기』등에서 인귀교

97) 정규복, 「환몽설화고」, 『아세아연구』 통권 18호, 아세아문제연구소, 1958.

환설화를 쉽게 찾아볼 수 있다.[98] 이런 설화들이 〈등목취유취경원지〉의 근원설화가 되었음은 쉽게 추정할 수 있다.

다음으로 〈취유부벽정기〉에 나오는 신선설화는 『전등신화』의 〈감호야범기〉에도 나온다. 처사 성령언이 선녀를 만나 교유하다가, 나중에 자신도 신선이 되는 이야기가 그것이다. 중국에서 이런 신선설화는 "전국시대로 넘어오면서 혼탁한 세상을 피하여 은둔하는 사람이 많이 생기면서 하나의 이상향을 그리게 되어 이러한 생각을 하게 된 것"[99]에서 발생한 것이다. 이렇게 일기 시작한 "신선사상은 도가의 장자莊子와 열자列子에 의하여 구체화되었다"[100] 고 하겠다. 따라서 중국에서는 전국시대를 거쳐 제나라와 연나라 이후로 이러한 신선설화는 널리 유포되고 있었고, 이것이 『전등신화』의 근원설화로 자리잡았다고 하겠다.

〈남염부주지〉와 유사하다고 하는 〈영호생명몽록〉에 나오는 지옥설화는 불교의 인과업보사상에서 나온 것이다. 중국에서는 육조 때에 신귀사상과 더불어 많이 유행하였으니, 『명상기』·『두자춘전』·『삽신기』 등의 여러 설화에 지옥설화가 많이 등장한다.[101] 『전등신화』에 나오는 지옥설화는 이들에게서 근원을 취했을 것이다.

끝으로 〈용궁부연록〉과 영향관계가 있다고 하는 〈수궁경회록〉 등에 나오는 용궁설화는 동양에 널리 퍼져 있는 설화이다. 용은 범어로 나가那加(Naga)[102]라고 하며 해중의 신이었던 뱀이 인도 폐타시대에 진화하여 불타설화 중에 독창적 비유를 낳게 하고 불타인격의 위대한

98) 정주동, 앞의 책, 577쪽 참조.
99) 김현룡, 『신선과 국문학』, 평민사, 1979, 22쪽.
100) 같은 책, 23쪽.
101) 정주동, 앞의 책, 715쪽 참조.
102) 같은 책, 751쪽.

화타化陀는 용왕으로 하여금 불교수호신인 사상을 전개하여, 불교삼종의 심心을 지키는 사상을 배태시켜서는 성승聖僧을 수호하고 불전佛典을 수호하는 사상을 이루었다. 이리하여 인도에서의 용궁설화는 주로 불경인 『용수전』·『여의보주금윤주옥경』·『해룡옥경』·『마사마야경』·『연화면경』·『법화경제파품』 등에 보이는 바이다.[103] 이런 생각이 발전하여 중국에 많은 용궁설화를 낳게 하였고, 이것들은 『당일사』와 당시의 전기소설인 이조위찬의 『유의전』, 설영찬의 『용녀전』·『철경록』 등에 수용된다.[104] 따라서 명대의 『전등신화』에 나오는 모든 용궁설화는 이런 연원을 갖고 있는 것이다.

이외에도 김현룡 교수는 특히 『태평광기』와 『금오신화』를 비교하여, "『금오신화』는 제일차적으로 『태평광기』의 〈배항〉설화에서 영향을 입고 있음을 알 수 있으며, 아울러 다른 많은 『태평광기』 소재 설화들에서도 영향을 입고 있다"[105]고 하였다.

이제까지 살펴본 바에 의하면, 첫째 『전등신화』는 『금오신화』와 마찬가지로 전대의 설화를 작품의 제재로 취하고 있다는 사실을 알았다. 따라서 『금오신화』가 근원설화를 취하는 방법을 『전등신화』에서 영향받았다고 속단할 수도 있지만, 〈설화→소설〉의 일반적인 공식을 인정하는 한 전적으로 그렇게만 말할 수는 없다. 둘째, 『전등신화』 속에 있는 근원설화는 모두 『금오신화』에도 있다는 사실이다. 즉 인귀교환설화, 신선설화, 지옥설화 그리고 용궁설화 등이 그것이다.

결국 『전등신화』나 『금오신화』가 그 제재로서 근원설화를 취하는 방법이 동일하고, 또한 이에서 사용된 근원설화의 모티프가 모두 『전

---

103) 같은 책, 752쪽.
104) 같은 책, 758쪽 참조.
105) 김현룡, 『한중소설설화비교연구』, 일지사, 1977, 211쪽.

등신화』에도 있다는 사실이 확인되었다. 그러므로 『금오신화』는 근원설화를 취하는 방식과 그 내용을 『전등신화』에서 직접 영향 받았다고 할 수 있을 것이다.

이제까지 살펴본 바를 종합하자면, 『금오신화』는 『전등신화』에서 직접적으로 영향을 받았다고 하겠다. 첫째는 문체에 있어서, 둘째는 삽입시와 진화한 찬의 형식에서, 셋째는 양면구조에서, 그리고 끝으로는 근원설화를 취하는 방법과 그 제재를 취했다고 할 수 있다. 그러나 이러한 영향은 기법적인 면이기 때문에 외면적이라고 해야 마땅할 것이다. 왜냐하면 그 내면적인 여건은 앞서 언급했듯이 우리의 전대문학 전통 속에서 이미 성숙되어 있었기 때문이다.

3. 작품의 형성

한 작품이 형성되는 데는 여러 가지 조건이 구비되어 있어야 한다. 먼저 스스로의 내적 여건이 성숙되어 있어야 하고, 거기에다 불을 당길 외적 충격도 또한 무시할 수 없다. 아울러 이 모두를 수용할 수 있는 당대의 문화적 기운과 성격 역시 작품형성의 필수불가결한 요건이라 하겠다.

살펴본 대로 조선 초기는 문화적 상승기에 있었다. 특히 매월당이 처했던 세종조와 세조대에는 유례없이 많은 서적이 편찬되고, 또한 번역되었던 것이다. 이러한 문화적 기운 속에서 악장이나 가사 등의 새로운 문학 갈래가 창출되고, 아울러 여말에 형성되어 그 발전 속도가 미미하던 시조도 세종대의 한글 창제와 더불어 우리의 민족문학이라 불릴 만큼 빠른 속도로 발전되어 갔던 것이다. 하나 특기할 것은 여말

·선초에는 이미 『금오신화』의 형성에 외형적 근간이 되었다고 보이는 설화집과 가전, 그리고 시화류가 다수 저작되었다는 사실이다. 그러므로 조선 초기는 고소설이 형성될 수 있는 충분한 문화적 기운이 갖추어져 있었다고 하겠다.

다음으로 당대 문화의 성격이 소설형성을 가능하게 하였다고 하겠다. 즉 조선은 건국과 함께 척불숭유정책을 내세우면서, 민본주의의 기치를 내걸었다. 또한 이러한 민본주의 아래에서 민생의 안정을 도모하자니 자연 과학기술의 발달을 초래하게 되었다. 기실 이전의 과학기술은 모두 중국에 의존해 있었으므로 의약이나 농업기술이 모두 우리 실정에 맞지 않았다. 따라서 우리의 실정에 맞는 농법과 의약을 개발하자니, 자연 자주적인 정신 하에서 작업이 이루어질 수밖에 없었다. 또한 당시의 천문연구나 활자의 발명 등도 모두 민본위정신民本爲精神에 입각한 것이었다. 특히 훈민정음의 창제는 당시의 자주정신과 민본주의를 대변하는 문화적 결정체이었다.

이처럼 조선 초기는 민본주의와 자주정신이 그 문화의 주류적인 성격을 이루고 있었다. 그러나 이것은 어디까지나 왕권을 안정시키려는 국민교화적인 한계를 벗어나지 못하고 있었다. 조선 초기를 중세봉건사회라고 하는 이유도 바로 여기에 있는 것이다. 중세봉건사회에서 근대적 산물인 소설이 형성될 수 있었던 것은 무엇보다 매월당의 공로에 돌리는 것이 마땅하다고 본다. 왜냐하면 그는 당시 내면에 흐르던 중세적인 자주정신과 민본주의에서 근대적인 자기自己와 인간人間을 당시대의 심층에서 발견한 최초의 자유인이었기 때문이다. 따라서 그는 인간의 존엄을 깨닫고, 비합리적인 미신을 타파해야 한다고 주장한 것이다. 시대를 앞서가는 이러한 정신을 체득한 매월당이었기에, 당시로서는 남들이 생각도 못한 최초의 고소설을 탄생시켰다. 이런 점에서 그는 위대한 작가라고 해도 과언이 아니다. 왜냐하면 위대한 작가는 '있는 세계'를 묘사하는 것이 아니라, '있어야 할 세계'를 추구하기 때문이다. 결국 그는 중세봉건 체제하에서 근대적 사회가 와야 한다고 깨달은 최초의 자유인이고, 그의 일생을 그렇게 살았다. 따라서 당시 그는 방외인이라는 낙인이 찍힌 것이다. 그러나 문학은 개인의 의식만으로 새로이 창출되는 것은 아니다. 문학은, 훌륭한 고전은 전대와 당대의 문학적 전통을 올바르게 수렴하여 한발 전진하는 것이기 때문이다. 이러한 점은 문학뿐만 아니라 인간의 문화 전반이 그러하다고 할 것이다. 결국 매월당은 이러한 문화적 기운과 성격 속에서 국내의 문학내적인 여건을 발판으로 하고, 중국의 『전등신화』에서 문학외적인 기교와 기술을 차용하여 『금오신화』를 창작하게 되는 것이다.

이를 좀더 구체적으로 서술하자면, 우선 『금오신화』를 형성할 수 있는 국내적인 문학적 여건이 성숙되어 있었다. 첫째, 삽입시와 진화한 찬의 형식이니, 이는 고대설화와 여말의 시화·가전에서 이미 형식으로 주어져 있었던 것이다. 둘째는 〈현실-이상〉의 양면구조이니, 이 역시 전대의 설화에서 이미 수용된 방식이라 하겠다. 끝으로 『금오신화』의 제재가 될 수 있는 근원설화, 즉 인귀교환설화·신선설화·지옥설화·용궁설화 등은 이미 우리 고대설화에서 흔히 찾아볼 수 있는 모티프들이다. 따라서 매월당은 전대의 설화를 근간으로 하고, 여말의 시화나 가전에서 형식적 특성을 취하여 새로운 고소설을 형성할 만반의 준비를 갖추고 있었다고 하겠다.

이때 그는 『전등신화』를 감명 깊게 읽었다. 여기에서 『금오신화』는 그 움을 터트리게 된다. 왜냐하면 문화란 사상에다가 어떤 인위적인 기술이나 기교를 더한 산물이기에, 실제 당시의 문화적 환경과 외적인 여건의 성숙으로 이미 소설이 발아할 준비가 되어 있었다고 하지만 그것이 소설로서 형성된 것은 바로 『전등신화』의 소설기법에서 구체적으로 자극받아 형성되었다고 보기 때문이다. 아울러 그는 『전등신화』를 읽고, 거기의 기어奇語, 무빙無憑, 괴탄怪誕, 환포기종幻泡奇踪 등의 허구적(창작적) 작품 세계가 기쁨을 주며, 뭉친 가슴을 쓸어 없애 줄 수 있다고 생각한 것이다. 그가 이런 생각을 한 것은 허구적 서사작품이 주는 재미의 가치와 아울러 정서 순환의 효용성이 뚜렷이 지각한, 진취적 인식행위라 하겠다. 이런 의식이 결국 『금오신화』를 창작하는 데 결정적인 역할을 할 수 있었던 것으로 풀이된다.[106)]

이에 두 작품을 그 특성에 따라 대비해 보면, 『전등신화』가 갖추고 있는 점을 『금오신화』가 모두 갖추고 있음을 알 수 있다. 즉 문체가 그렇고, 삽입시와 진화한 찬의 형식이 그렇고, 〈현실-이상〉의 양면구조가 그렇고, 인귀교환설화·신선설화·지옥설화·용궁설화 등의 근원설화가 그렇다. 이렇게 보면 『금오신화』는 『전등신화』의 완전한 모작이라는 성급한 진단도 나올 수 있다. 그러나 새로운 문학적 산물은 그것이 형성될 여건이 성숙된 위에 새로운 창조가 가능한 것이다. 비근한 예로 우리의 기술적 여건이 성숙되어 있지 않기 때문에 미국의 스텔스기나 인공위성을 모방할래야 모방할 수 없는 것이다. 따라서 『금오신화』는 순전히 『전등신화』의 모방작이라고만 할 수는 없는 이유가 여기에 있다. 또한 매월당은 당대의 지식인으로서 『전등신화』뿐만 아니라, 국내외의 전적을 두루 섭렵하였을 것이기에 더욱 그렇게 단정적으로 일축해 버릴 수는 없는 것이다. 그래서 이제 우리는 이렇게 결론 내리고 싶다.

김시습은 당시의 시대와 문화적 기운 속에서 당대와 전대의 내외적

---

106) 이문규, 「매월당의 문학관을 통해 본 금오신화의 기본 의미망」, 『선청어문』 18, 서울대 국어교육과, 1989.

인 문학적 전통을 수렴하여 한층더 발전시켰다. 즉 그는 당대의 충일한 문화적 기운 속에서 근대적인 정신을 심층적으로 느낄 수 있게 되었으니, 이는 바로 자주정신과 민본주의라고 말할 수 있다. 더구나 우리 고대 설화나 시화 같은 전통적 문학 속에는 벌써 소설형성의 형식적·소재적 여건이 마련되어 있었는데, 그때 『전등신화』가 이에 점화하였다고 하겠다. 이렇게 태어난 것이 바로 최초의 고소설 『금오신화』이다.

Ⅳ. 작품의 문학적 특질

이제까지 우리는 작가의 생애와 시대적 배경, 그리고 작품의 형성과정을 더듬어 보았다. 이 모든 작업은 오로지 본 작품을 정당하게 이해하기 위한 하나의 수단에 불과하다고 하겠다.

본 장에서는 위의 연구를 바탕으로 하여 작품의 문학적 특질을 밝히는 것을 그 목적으로 한다. 이를 위하여서는 먼저 작품의 구조와 의미를 캐어내는 심층적 분석연구가 이루어져야 할 것이다. 또한 각 작품의 의미와 작가와의 유기적 관계도 고찰되어야 한다. 나아가 작품의 창작기법과 작가정신을 살펴봄으로 해서, 우리는 작품의 총체적인 이해에 도달할 수 있을 것이다.

1. 작품의 구조적 의미와 작가와의 관계

소설 연구는 먼저 스토리의 고찰에서 시작되어야 한다. 그것은 스토리와 소설이 바늘과 실처럼 떨어질 수 없으며, 또한 스토리는 소설의 주제, 사상, 구조를 나타내고 있기 때문이다. 그러므로 스토리가 소설의 사상이요, 출발점이라 할 수 있다.[1] 여기서는 물론 소설 내면의 동기나 심층의 구조 등 작품의 총체성과 관련된 요소를 잘 살펴야 할 것이다. 이렇게 파악된 플롯(plot)은 단순한 이야기의 구성이 아니라 그것은 주제를 전달하기 위한 행동의 배열로서 주제를 효과적으로 구현해 나가려는 논리적인 의도이다.[2] 이에 우리는 작품의 총체적인 이해에 도달하기 위해서는, 플롯의 독자적인 문맥에서 그 이해의 첫걸음을

1) 헨리 제임스, 윤기한 옮김, 『소설예술론』, 학문사, 1979, 30쪽 참조.
2) 정한숙, 『소설기술론』, 고대출판부, 1973, 116쪽.

시작해야 할 것이다. 작품의 구조에 대해서는 이미 여러 선학들에 의하여 언급된 바가 있다. 여기서는 작품의 개별적인 논의는 생략하고, 전반적인 구조를 논한 것만 간략히 검토하고자 한다.

먼저 이재수는 작품의 사건전개를 기준하여 평면구성과 입체구성으로 나누었다. 그는 〈만복사저포기〉나 〈이생규장전〉은 입체구성으로 성공하였고, 나머지 작품들은 평면구성으로 졸렬하다는 것이다.[3)]

다음 임형택은 김시습에게서는 '세계世界와 자아自我 사이의 대립과 갈등이 연속'되었는데, 이것이 작품의 기본구조라는 것이다.[4)] 이는 기일원론적 철학사상에 입각한, 작가의 현실주의적 인생관에서 추출된 구조라 하였다. 조동일 역시 '새로운 시대에서 새로이 전개된 자아와 세계의 대결을 작품화한 구조'라 보았다.[5)] 이는 『금오신화』가 매월당이 전개한 철학적 투쟁의 문학적 표현이라는 데에 근거를 두고 있는 것으로 보인다.

끝으로 최삼룡은 『금오신화』의 5편이 현실의 인간세계와 초현실의 세계가 어떤 액자에 의해 구분됨이 없이 상호 출입하는 관계 속에서 사건이 전개되어 가는 구조라면서, 다음과 같은 도표를 제시하였다.

현실 → 초현실 → 현실 → 초현실[6)]
(불행) (행복) (불행) (상승)

이는 현실과 초현실의 세계를 하나의 세계로 통일시킨다는 도가적 인식론에 근거하고 있다.

---

3) 이재수, 「금오신화고」, 『한국소설연구』, 형설출판사, 1981.
4) 임형택, 「현실주의적 세계관과 금오신화」, 국문학연구회, 1971.
5) 조동일, 「조선전기 성리학과 국문학의 장르」, 『한국학논총』 제2집 계명대 한국학연구소, 1975.
6) 최삼룡, 『한국초기소설의 도선사상』, 형설출판사, 1982, 105쪽.

이제까지 살펴본 대로, 『금오신화』의 구조는 몇 가지 측면에서 논의되었다. 평면구조와 입체구조, 세계와 자아의 연속적인 대립과 갈등의 구조, 혹은 〈현실-초현실〉의 구조가 그것이다. 이들은 보는 관점에 따라 모두 나름대로의 타당성을 가진다고 하겠다.

이제 필자는 위의 학설들을 참고로 하며, 작품이 가지는 내면적 구조의 법칙을 작가와 당시의 시대상황 속에서 찾아보고자 한다. 결론부터 말하면 『금오신화』는 〈현실-이상-현실-이상〉의 양면구조를 취하고 있다. 그러면 어떻게 하여 이런 구조가 나왔을까? 그리고 이것이 의미하는 바는 무엇일까?

먼저 우리는 〈현실-이상〉의 양면구조가 나올 수 있었던 당시의 시대상황을 살펴보기로 하자. 왜냐하면 어떤 수단을 쓰더라도 작가는 그 시대를 도피할 수 없기 때문이다. 곧 진정한 작가는 그 시대를 소재로 하여, 그 시대를 뛰어넘는 진실의 세계를 그린다. 따라서 시대와 작가는 뗄래야 뗄 수 없는 상관관계를 가지는 것이다. 서종택의 다음 말은 소설의 구조와 시대상의 관계를 잘 설명해 준다.

> 작가는 사회와 밀접한 관계를 맺고 있으므로, 사회변동과 소설의 구조변화는 서로 상관성이 있는 것이다. 따라서 작가는 구조를 창시하는 것이 아니라 그 시대·사회의 감추어진 구조를 드러내 보인다.[7)]

곧 작가와 사회는 밀접한 관계를 맺고 있으므로, 사회상과 소설의 구조 사이에는 서로 상관성이 있다는 것이다. 따라서 작가는 그 시대·사회의 감추어진 구조를 드러내 보인다는 말이다. 그러면 매월당이 섰던 시대·사회는 어떠하였는가?

---

7) 서종택, 『한국근대소설의 구조』, 시문학사, 1982.

이미 살펴본 대로 매월당이 처했던 시대·사회는 양면성을 지닌 시대였다. 곧 여말의 구질서를 지키려는 기존세력과 이를 무너뜨리고 새로운 조선의 신질서를 구축하려던 개혁세력이 서로 양립해 있던 일종의 과도기로서, 곧 왕권과 신권이 서로 권력의 핵을 장악하려던 세계, 현실을 환몽시하는 불교와 현실을 직시하려는 유학이 교체하던 시기, 그리고 현실에 참여한 관인들의 문학과 현실에 참여하지 않은 처사들의 문학이 맞서 있던 세계였다. 따라서 어느 하나가 현실이라면 다른 하나는 이상이 되는 세계이다. 예를 들자면 문치를 주장하는 학자들은 문치가 이상이나 무치가 현실이었던 것이고, 그 반대의 경우라도 마찬가지이다.

결국 매월당이 처했던 조선초는 보수와 개혁, 즉 현실과 이상이 서로 교체하는 양면의 시대사회였다. 이런 양면성이 작품의 구조에 그대로 반영되었으니, 곧 〈현실-이상-현실-이상〉의 양면구조가 그것이다.

다음으로 우리는 작가 김시습이 이러한 시대상황을 그의 작품 구조로 수용할 수 있었던 이유를 살펴보기로 하자. 그것은 당시에 오직 매월당만이 이런 구조를 처음 소설로 발전시켰던 어떤 절박한 이유를 해명하는 길이기도 하다. 『금오신화』가 창작된 시기는 정병욱의 주장대로[8], 매월당이 금오산에 은거한 31세에서 36세 사이라고 생각된다.

이때는 이미 작가의 생애에서 살펴본 대로, 참여적 은둔기이다. 즉 그는 세상을 등졌지만, 아직 세상에 대한 미련을 아주 버린 것은 아니었다. 언제라도 기회만 오면 현실로 복귀할 준비가 되어 있던 은둔기이었다. 그가 은둔하고 있었던 것은 그의 야망과 당시의 시대사회적 배경이 상충하였기 때문이다. 즉 그는 성장시 대의명분을 배웠기에 당

8) 정병욱, 「김시습과 금오신화」, 『한국고전소설』, 계명대 출판부, 1974.

시 세조정권을 용납할 수 없었으나, 그는 역시 유학의 입신양명을 배웠기에 야인으로서 그 스스로 만족할 수 없었던 것이다. 따라서 그는 현실적으로 용납할 수 없는 세계에서 자신의 이상을 달성해야 하는 양면의 기로에 서 있었던 것이다.[9] 절의節義와 공명功名, 그 사이에서 번민하던 매월당은 그래서 정처없이 유랑하고 취하도록 술을 마시며, 이루어질 수 없는 꿈의 세계를 그렸다. 여기서 술은 현실세계와 이상세계를 쉽게 이어 주는 촉매제 역할을 담당했다고 할 것이다.

꿈과 이상은 현실의 어려움을 이겨내고 갈등을 해소할 수 있는 인간의 원초적 방법이다. 따라서 꿈은 "서사적 모티프의 원천이 되어 왔었고, 또 허구적 플롯의 출발에 많은 영향을 주어"[10] 왔다. 따라서 매월당은 현실적 불만을 꿈의 형태를 빌어, 작품의 구조로 만들고 있다. 이는 그의 시 〈제금오신화〉의 제 1수에서 잘 드러난다.

矮屋青氈暖有餘　작은 집에 따뜻함이 넉넉한데
滿窓梅影月明初　창에 가득한 매화 그림자 달이 밝기 시작하네
挑燈永夜焚香坐　등불 돋우어 밤새도록 분향하고 앉아서
閑著人間不見書　한가하게 인간들이 못 보던 글 지어내네.[11]

이렇게 매월당은 밤을 새우면서 『금오신화』를 제작한다. 밤은 꿈을 꾸는 시간이다. 그는 그 꿈을 작품으로 옮긴 것이다. 여기서 말하는 꿈은 좁은 의미의 꿈- 밤에 꾸는 꿈-만을 의미하는 것이 아니라, 넓은 의미의 꿈- 인간의 이상-을 의미하는 것이다. 이에 〈현실-이상〉의 양면구조가 태어나는 것이다.

---

9) 김미란, 「금오신화에 나타난 여귀」, 『연세어문학』 9·10합집, 연세대 국어국문학과, 1977 참조.
10) 이재선, 『한국개화기소설연구』, 일조각, 1972, 249쪽.
11) 『매월당집』 시집 6.

다음으로 우리는 매월당이 왜 그의 이상과 현실간의 갈등을 당시의 시가라는 갈래로 노래하지 않고, 고소설이라는 새로운 갈래를 찾아내었는지에 관심을 모아야 할 것이다. 시가詩歌는 작가의 서정을 표현하는 '세계世界의 자아화自我化'[12]이다. 따라서 매월당은 그 마음의 갈등을 당시의 시가로서는 해결할 수 없었던 것이다. 이에 그는 새로운 문학 갈래를 찾아낸다. 소설은 본질적으로 현실과 이상의 세계를 동시에 수용하고 있다. 왜냐하면 "소설은 상상의 세계를 시원스레 날아다니며 복잡무한한 대상에서 표제를 찾아 그 주제와 경우에 적합한 문체를 마음대로 골라서 감정과 논리 두 가지 세계에 두루 호소하면서 인간사회의 의미를 제시해 주는 것"[13]이기 때문이다. 즉 소설은 모든 인간이 주관적 현실로서 꿈꾸는, 이 시적 세계를 상상력으로 나타내는 것이다. 따라서 소설을 '허구의 진실'이라고 하는 것도 이런 이유 때문일 것이다. 그러므로 소설에서는 객관적 현실 세계와 주관적 현실 세계가 아울러 등장한다. 이 객관적 현실세계가 작가가 몸담고 있는 사실의 세계라면, 주관적 현실세계는 바로 작가가 있어야 한다고 생각하는 진실의 세계이다. 그런데 고소설로 올라갈수록, 이 두 세계의 구분은 표면적으로 더욱 명확해진다. 현대로 오면서 그것이 다만 이면으로 숨어버렸다고 하겠다. 그것은 없어진 것이 아니라 다만 상징으로 나타난다.[14]

여기서 객관적 현실은 '있는 세계'요, 주관적 현실은 '있어야 할 세계'이다. 즉 현실과 이상이다. 따라서 허구의 진실이라는 소설은 본원적으로 작가가 처한 현실과 작가가 바라는 이상이 서로 얽혀 갈등을

12) 조동일, "자아와 세계의 소설적 대결에 관한 시론", 앞의 책, 101쪽.
13) 강봉식, 「단편소설론」, 『영미소설론』, 신구문화사, 1980, 351쪽.
14) 정한숙, 『소설문장론』, 고대출판부, 1977, 48쪽. 그는 이 책에서 상징은 산문에서 작품의 핵심을 최대로 고양시키는 효과를 발휘하고 있다고 한다.

일으키고 있는 것이다. 이는 바로 매월당이 찾던 문학양식이며, 동시에 당시의 시대상을 심층적으로 보여주는 구조이기도 하다. 곧 시대상황과 작가의 심정과 소설의 원초적 구조가 일치하는 것이다. 여기에서 우리는 오직 조선초에 매월당만이 고소설을 창출할 수 있었던 이유를 분명히 읽을 수 있다.

결국 『금오신화』의 〈현실-이상-현실-이상〉의 양면구조는 매월당과 당시 사회가 공동으로 만들어낸 합작품이라 해야 할 것이다. 조선초기는 신구양면의 성격을 띠고 있었고, 매월당 역시 현실과 이상 사이에서 갈등을 겪고 있었다. 이에 그는 그 자신의 심정을 담을 수 있는 소설의 구조를 찾게 된다. 그것은 전술했다시피 소설은 본원적으로 양면성을 지녔기 때문이다. 즉 "그는 시로써 모든 문제를 해결할 수 없었기에 그 시대에 창출할 수 있는 최고의 장르를 필요에 의해서 만들어낸 것이라"[15]고 할 수 있다. 다만 여기서 '이상'이 '비현실'이나 '초현실'이 아닌 것은, 그것이 현실과 관계없는 비현실이 아니요 또한 현실을 뛰어넘는 초현실이 아니라, 현실을 바탕으로 하여 바랄 수 있는 매월당의 이상이 펼쳐진 장이라 보기 때문이다. 즉 작품에서 이야기되는 것은 실제로 현실에서 일어난 것이 아니라, 정신의 내면세계에서 일어나는 현상을 반영한 것이라고 보는 것이 타당할 것이다. 따라서 일반적 양면구조인 〈만복사저포기〉, 〈이생규장전〉, 〈취유부벽정기〉는 그의 무의식세계에서 일어난 것으로, 〈남염부주지〉, 〈용궁부연록〉 같은 몽유적 양면구조는 그의 꿈에서 일어난 것으로 작품을 결구한 것임을 알 수 있다.

이제 이들 작품의 양면구조를 도표화하면 다음과 같다.

---

15) 조동일, 앞의 논문, 앞의 책, 218쪽 참조.

작품명	인물	구조				내용
		현실세계	이상세계	현실세계	이상세계	
만복사저포기	양생(현실의 매월당)	홀아비	한을 풀고 풀어줌	홀아비	부지소종 不知所終	양생과 여귀의 교환
	여귀(이상의 매월당)	원귀	한을 풀고 풀어줌	원귀	정귀(남자로 다시 태어남)	
이생규장전	이생(현실의 매월당)	처녀 총각(결합)→ 홀아비 처녀-> 원귀	한을 풀고 풀어줌	홀아비	따라죽음	이생이 최랑과 부부로 살다가 죽은 최랑과 다시 교환
	최랑(이상의 매월당)		한을 풀고 풀어줌	원귀	정귀	
취유부벽정기	홍생(현실의 매월당)	허무	초월	허무	초월	천상선녀와의 교환
	기씨녀(이상의 매월당)	허무	초월	초월	초월	
남염부주지	박생(양면의 매월당)	(인정 못 받음)(현실의 매월당)	인정 받음(이상의 매월당)	인정 못 받음(현실의 매월당)	염왕이 됨(이상의 매월당)	남염부주의 염왕과 대담
	염왕		인정해 줌			
용궁부연록	한생(양면의 매월당)	인정 못 받음(현실의 매월당)	인정 받음(이상의 매월당)	인정 못 받음(현실의 매월당)	부지소종(이상의 매월당)	수궁용왕과 교환
	용왕		인정해 줌			

우리는 의의 도표에서 주인공에 시선을 돌릴 때, 우선 크게 두 부류로 나누어 볼 수 있다.

첫째, 〈만복사저포기〉와 〈이생규장전〉과 〈취유부벽정기〉는 매월당이 그의 양면을 각각 남자주인공과 여자주인공에 의탁하여 드러내었다는 사실이다. 즉 〈만복사저포기〉의 양생은 고아로서 장가도 못간 '현실의 그'를, 그리고 여귀는 원한 맺힌 것을 풀고자 하는 '이상의 그'를 각각 비유하고 있다. 또한 〈이생규장전〉의 이생은 소극적인 절의를 지키는 '현실의 그'를, 그리고 최랑은 적극적인 절의를 지키고 싶어하는 '이상의 그'를 각각 비유하고 있다. 그리고 〈취유부벽정기〉의 홍생은 인생의 허무를 느낀 '현실의 그'를, 그리고 기씨녀는 허무를 극복하고 초월의 세계로 나아간 여인으로, '이상의 그'를 각각 비유한다.

둘째, 〈남염부주지〉와 〈용궁부연록〉은 양면의 동봉이 남녀주인공으로 나타나는 것이 아니라, 남주인공에게서 양면의 동봉이 나타난다. 즉 〈남염부주지〉에서의 임생은, '현실의 그'로 유불 사이를 방황하고 또한 세상에서 인정도 받지 못한다. 그러나 이상세계에 가서야 그가 믿던 바대로 유학이 불교보다 우위이고, 또한 그가 원하던 벼슬자리도 염왕으로부터 얻게 된다. 이가 곧 '이상의 그'이다. 그리고 〈용궁부연록〉에서도 한생은 '현실의 그'로 세상에서 그의 재주를 인정받지 못한다. 그러나 이상세계인 용궁에 가서야 그는 용왕으로부터 그의 문재가 천하제일임을 인정받는다. 이것이 그의 이상이었다. 이렇게 볼 대 작품 속의 현실에서는 그의 현실이, 그리고 이상세계에서는 그의 이상이 나타나 있다고 생각된다.

이제 본 작품에서 〈현실-이상-현실-이상〉의 구조적 의미를 좀더 구체적으로 살펴보기로 한다.

작품에서 처음 현실은 주인공들이 모두 무언가 부족함을 갖고 있다.〈만복사저포기〉에서의 양생은 짝이 없고 여귀는 원한을 풀지 못하며, 〈이생규장전〉에서의 이생은 소극적인 총각으로 결혼하였으나 다시 홀아비가 되었고, 최랑은 적극적인 처녀였으나 왜구에게 억울하게 죽어 원귀가 되며, 〈취유부벽정기〉에서의 홍생은 다른 것은 부족함이 없으나 인생의 허무를 벗어나지 못하며, 기씨녀 역시 살았을 땐 허무를 벗어나지 못했다. 그리고 〈남염부주지〉에서의 박생은 어느 종교가 진리인지 알지 못했고, 또한 과거에 매번 떨어져 불쾌해 했으며, 〈용궁부연록〉에서의 한생은 그의 문재를 다소 인정받았으나 완전히는 인정받지 못하고 있었다.

그러나 이러한 〈현실〉이 다음 단계인 〈이상〉으로 가면 현실의 모든 불만이 해소된다. 즉 〈만복사저포기〉에서의 양생은 짝을 찾고, 여귀는 양생으로 하여 한을 풀게 되며, 〈이생규장전〉에서의 이생은 아내를 다시 만나고, 최여인은 이생으로부터 원을 풀게 되며, 〈취유부벽정기〉에서의 홍생은 선녀를 만나 허무에서 벗어나며, 기씨녀는 그녀의 향수를 달래게 된다. 그리고 〈남염부주지〉의 박생은 염왕과의 대담을 통해 유교가 불교보다 우위에 있음을 확인함과 동시에 자신이 원하는 벼슬자리도 얻게 된다. 또한 〈용궁부연록〉에서의 한생은 용궁에 가서야 용왕으로부터 그의 문재가 천하제일임을 인정받게 된다.

그러나 이러한 이상세계는 모두 무의식의 세계에서의 일이니, 마치 꿈과 같이 깨어지고 주인공들은 다시 〈현실〉로 돌아온다. 두 번째의 현실은 처음 현실보다 더욱 불만스럽다. 이들은 이미 '있어야 할 세계'를 맛보았기 때문이다. 그래서 이들은 다시 그 〈이상〉의 세계로 나아갈 준비를 한다. 〈만복사저포기〉에서의 양생은 다시 장가들지 않고 지리산에 들어갔으며, 〈이생규장전〉의 이생은 지나간 일을 지극히 생각한 나머지 병을 얻었고, 〈취유부벽정기〉의 홍생 역시 병을 얻었고, 〈남염부주지〉의 박생도 병을 얻었고, 〈용궁부연록〉의 한생도 세상의 명예와 이익을 염두에 두지 않고 명산에 들어갔다. 이들이 모두 지나간 일을 지극히 생각한 나머지 병이 나거나, 세상의 명리에 마음을 두지 않은 것은 현실보다 더 나은 '있어야 할 세계'를 발견하였기 때문이다.

따라서 이들은 다시 두 번째의 영원한 〈이상〉의 세계로 나아간다. 〈만복사저포기〉의 양생은 그가 어디에서 세상을 마쳤는지 알 수 없으며, 〈이생규장전〉의 이생은 죽어서 그녀를 찾아갔으며, 〈취유부벽정기〉의 홍생은 죽음에서 벗어나 신선이 되었으며, 〈남염부주지〉의 박생은 염라왕이 되었으며, 〈용궁부연록〉의 한생은 역시 어느 곳에서 세상을 마쳤는지 모른다.

여기에서 겉으로 보기에는 〈취유부벽정기〉의 홍생과 〈남염부주지〉의 박생만이 올바른 이상세계로 들어간 것 같다. 그러나 〈만복사저포기〉의 양생과 〈용궁부연록〉의 한생의 결말은 문면에 명확히 표현되어 있지 않고 다만 〈부지소종〉으로 되어 있다.

이 부지소종不知所終은 무엇을 의미하는 것일까? 〈만복사저포기〉에서 양생의 입산동기는 '사랑의 그리움'을 못 잊어 인세를 버린 것이며, 이러한 태도는 '인간의 삶'을 훼방하는 운명에 대한 저주이며 소극적인 항거인가?[16] 아니면 결국 양생은 선경이라고 지칭하는 지리산에 들어가 채약하면서 양생법을 닦아 신선의 도를 얻으려 했던가?[17] 둘 다 적당한 해석은 아니다. 너무 문면에 얽힌 해석이기 때문이었다. 양생은 본래 영생을 얻으려 한 것이 아니라, 원한을 푸는 것이 그 목적이었기 때문이다. 여기서 약초란 영원한 정신적 생명수이다. 그가 어디서 세상을 마쳤는지 모른다는 것은, 양생이 오늘 이 순간까지 살아 있을 수도 있고, 또한 영원이 살아 있을 수도 있다는 상징이다. 양생의 꿈은 바로 우리 모두의 꿈이기에 그렇다. 〈용궁부연록〉의 한생도 이런 측면에서 이해되어야 한다. 그가 명리를 헌신짝처럼 던져버리고 영원한 삶을 얻기 위하여 명산에 들어가 선도를 닦았다[18]는 것은 너무

---

16) 임형택, 앞의 논문, 39쪽 참조.
17) 최삼룡, 앞의 책, 110쪽 참조.

문면적인 해석이다. 한생은 처음부터 영생이 목적이 아니라 스스로를 알아주는 사람을 만나는 것이 목적이었다. 이러한 본능적 욕구는 인간이라면 모두 가지고 있다. 따라서 한생 역시 어디에서 세상을 마쳤는지 모른다는 것은 그가 우리 모두의 가슴에 아직 살아있기 때문이다.

이렇게 동봉은 자신의 개인적 욕구는 말미를 구체적으로 명확하게, 그리고 인간의 보편적 욕구를 다룬 주제는 주인공으로 하여금 우리의 가슴속에 영원히 살도록 하여 여운을 주고 있다. 정말 특이한 수법이라 경탄할 만하다.

끝으로 남는 문제는 〈이생규장전〉의 이생의 죽음이다. 문면대로 읽으며 이생만이 상승하지 못하고 좌절로 끝나고 만다.[19] 그러나 좌절이 아니라 역시 상승이다. 이생이 이상으로 생각했던 것은 소극적인 절의가 아니라, 적극적인 절의였다. 따라서 그가 끝에 가서는 죽을 수밖에 없다. 왜냐하면 최랑에 대한 절의를 적극적으로 지키기 위해서는 죽어서까지 그녀를 따라가야 하기 때문이다. 따라서 이생의 죽음은 죽음이 아니라 이상적인 삶 그 자체이다. 따라서 모든 작품은 말미에 있어 각 주인공은 현실세계를 벗어나 각각의 원하는 바 있어야 할 이상의 세계로 나아갔다고 하겠다. 이는 바로 매월당이 바라던 꿈의 세계이다. 그는 꿈속에서 자신의 참모습을 그렸던 것이다.

여기서 우리는 매월당이 어떻게 자신의 참 모습을 볼 수 있었는지에 대해 의문을 가져보아야 한다. 자기의 참 모습을 본다는 것은 불교적으로 말하자면 견성見性하는 일로, 일반 사람들에게는 성불成佛하는 것만큼 어려운 일이기 때문이다. 여기서 필자는 매월당이 무의식속의 자기 참모습을 바라볼 수 있었던 것은 불교의 참선과 긴밀한 관계가

---

18) 같은 책.
19) 같은 책.

있는 것으로 보여진다. 왜냐하면 불교는 무의식의 세계를 강조하기 때문이다. 또한 매월당은 선승禪僧이기도 했다. 이에 여기서는 무의식과 선과의 관계를 통해서 이를 알아보기로 한다.

불교 교리는 우리의 의식을 넘어서 존재하는 청정한 본래 마음 그 자체를 가리키는 것(직지인심直指人心)이 진정한 목적이다[20]. 이는 특히 불교의 선에서 강조하는 것이기도 한다. 선은 순수한 집중을 통하여 인간 존재의 실상을 자각하는 길이다. 또한 그것은 우리들이 모든 속박으로부터 벗어날 수 있는 자유의 길이기도 하다. 이러한 선이야말로 일찍이 다른 종교에서는 찾아 볼 수 없는 불교만의 특색이 아닐 수 없다[21]. 이렇듯 선과 무의식은 여러모로 서로 관련을 맺고 있는 것으로 보인다.

선문禪門에는 오직 견성見性하는 법法만을 전하였다[22]. 견성이란 자기의 본래 모습을 본다는 말인데, 진리를 깨친다는 뜻이다. 즉 자기의 심성을 사무쳐 알고, 모든 진리의 본체와 합일된 정각正覺을 이루어 진정한 자유와 평화를 누리는 것을 견성성불見性成佛이라 한다. 그래서 그들은 진리를 직관에 의해서 파악하려 하였다. 이에 좌선이 강조된다. 즉 진리는 문자 밖에 있는 것(교외별전敎外別傳)이므로 직접 자신의 본성인 마음을 꿰뚫어 깨닫지 않으면 안된다(直指人心 見性成佛)는 것이었다. 그래서 참선하는 이가 본래면목本來面目을 밝히 보지 못한다면, 높고 아득한 진리의 문을 어떻게 꿰뚫을 것인가[23]하는 말이 성립되는 것이다. 여기서 본래면목이란 본지풍광本地風光과 같은 말로서, 이는 심리학에서의 자기自己를 뜻하는 말과 유사한 개념이다.

---

20) 스즈끼 순류, 김호성 옮김, 『선심초심』, 해뜸, 1986, 130쪽.
21) 휴정, 법정 역, 『선가귀감』, 정음사, 1982, 177쪽.
22) 같은 책, 32쪽.
23) 같은 책, 134쪽.

결국 불교에서 선의 목적은 자기의 참모습을 보는 것이라고 할 수 있다. 이렇게 될 때 사람은 해탈의 자유와 열반의 평화를 누릴 수 있는 것이다. 이른바 현대분석심리학에서 말하는 자기실현自己實現도 이와 유사한 뜻으로 이해된다.

이제까지 살펴본 대로 선은 자기자신의 본래 성품을 아는 것을 그 목표로 삼고 있다. 이것은 곧 "너 자신을 알라"는 것이다[24]. 분석심리학의 목표도 이와 마찬가지로 무의식의 의식화이다[25]. 쉽게 말하자면 꿈속에 있는 자기를 현실 속에 구현하자는 것이다. 그래서 우리가 프로이드의 무의식으로부터 의식에 이르는 변혁의 원리를 궁극점까지 추구해간다면 불교의 개오開悟라는 개념에 접근하게 된다. 왜냐하면 선사는 무의식과 직접 통하고 있는 위대한 사람이기 때문이다[26].

결국 선의 본질이 개오를 얻는 것과 같이 분석심리학의 목적도 자신 속의 허구를 인식하고 그것을 제거하여 인간 경험의 범위를 넓힘으로써 본래의 자기를 실현시키자는 것이다. 그래서 선과 분석심리학은 그 도달점이 같다는 사실을 인지할 수 있는 것이다.

이제 우리는 매월당이 선승이었으므로 선을 통해서 그의 본래면목, 즉 참자기를 발견할 수 있었음을 짐작할 수 있다. 그는 현실 속에서의 그의 모습이 불만이었다. 왜냐하면 현실에서의 그는 본래 있어야 할 그의 참모습이 아니었기 때문이다. 그것은 그의 잘못이 아니라 주변의 여건이 그를 어그러지게 만들었던 것이다. 즉 그는 유학을 공부하면 왕도정치를 이상으로 꿈꾸었지만, 현실은 세조의 무단숭불정책이 세상을 지배하고 있었던 것이다.

---

24) 영수대졸·R. De Martino 공저, 김용정역, 『선과 정신분석』, 정음사, 1977, 81쪽 참조.
25) 같은 책, 96쪽.
26) 같은 책, 116쪽.

이에 그는 불만스런 현실 속에서 소망스런 이상세계를 꿈꾸니, 그것이 『금오신화』로 태어난 것이다. 따라서 한 많은 그는 한을 해소한 자기의 참모습을, 소극적인 절의를 지켰던 생육신 김시습은 적극적인 절의를 지키는 자기의 참모습을, 인생무상을 느낀 그는 허무를 뛰어넘은 신선 같은 자기의 참모습을, 불교가 득세하는 세상이기에 벼슬도 못하던 그는 이상적인 왕도정치를 실현하는 자기의 참모습을, 그리고 자기의 문재에 합당한 대접을 받지 못했던 그는 자신의 재주를 인정받는 자기의 참모습을 무의식속에서 이상적으로 그려본 것이다. 따라서 선에 몰두하였던 그가 이러한 그의 본래면목을 발견한 것은 우연이 아니라 필연이었음을 알 수 있다. 결국 그는 선을 통해서 찾은 자기의 참모습을 작품으로 허구화하여 나타내었던 것이다. 그러므로 『금오신화』는 작자에 대한 철저한 연구 없이는 제대로 해석될 수 없는 이유가 여기에 있다.

2. 분석심리학으로 본 작품

여기서는 〈만복사저포기〉, 〈이생규장전〉, 〈취유부벽정기〉를 분석심리학적으로 분석하여, 작품의 구조적 의미와 작가와의 관계를 검토해 보고자 한다.

(1) 만복사저포기[27]

본 작품은 주인공인 양생이 어떻게 자기실현을 이루는가를 재미있게 보여준다. 양생의 자아 즉 '있는 양생'은 한이 많았으니 불우하고

27) 설중환, 「만복사저포기: 분석심리학으로 읽어보기」, 『한국학연구』 15, 고려대 한국학연구소, 2001 참조.

외로운 청년으로, 짝을 찾아 헤매고 있다. 그러다가 부처님의 가호로 불당에서 죽은 처녀를 만난다. 이 여자가 바로 '있어야 할 양생'의 자기인 것이다. 왜냐하면 처녀 역시 왜구의 난에 죽은 처녀귀신으로 한이 많았지만 양생에 의하여 모든 한을 풀게 된다. 한 많은 양생은 무의식적으로 자신도 이 처녀처럼 누군가에 의해 모든 한을 풀고 싶었던 것이다. 즉 한 많은 양생이 한이 없는 양생이 되고 싶었던 것이다. 이를 분석심리학적으로는 양생의 자기실현 과정으로 볼 수 있다. 이런 모습들이 곧 작품 전체의 스토리를 구성하고 있다. 이제 이를 하나하나 구체적으로 살펴보기로 한다.

1) 한恨의 해소

① 한 많은 양생

여기서 먼저 우리는 양생의 현실적 자아에 대해 한번 살펴보고자 한다. 작품에서 '있는 양생'에 대해서는 비교적 짤막하게 기술하고 있지만, 그에 대한 정보는 거의 모두 담겨져 있다. 이를 한번 읽어보기로 한다.

> 전라도 남원부에 사는 양생이 일찍이 부모를 여의고 아직 장가도 들지 못한 채, 만복사의 동쪽 방에서 홀로 살아가고 있었다. 그 방문 밖에는 배나무 한 그루가 서 있었는데, 마침 봄을 맞이하여 배꽃이 활짝 피어서 마치 경옥나무 같기도 하고 은 무더기 같기도 하였다.[28)]

---

28) 南原有梁生者 早喪父母 未有妻室 獨居萬福寺之東房外 有梨花一株 方春盛開 如瓊樹銀堆. 본 작품의 번역은 『국역 매월당집』, 세종대왕기념사업회, 1977를 따랐으며, 심경호 옮김, 『매월당 김시습 금오신화』, 홍익출판사, 2000을 참고하였다.

여기서 보면 양생은 상당히 불우하고 외로운 사람으로 기술되어 있다. 그는 일찍이 부모를 여윈 고아인데다, 나이 들어서까지 장가도 들지 못하고 절방에 얹혀사는 노총각이다. 거기다가 꽃 피는 봄을 배경으로 하고 있어 그의 외로움은 한층 돋보이게 된다. 이런 그의 속마음은 달밤에 배꽃나무 밑에서 읊은 그의 시에도 잘 나타난다.

一樹梨花伴寂寥　한 그루의 배꽃나무 외로움을 달래주는데
可憐辜負月明宵　가련하여라, 달 밝은 이 밤을 허송하누나.
青年獨臥孤窓畔　젊은이 홀로 누운 호젓한 들창가로
何處玉人吹鳳簫　어디선가 그이가 퉁소를 불어보내나?

翡翠高飛不作雙　물총새는 외로이 짝 없이 날아가고
鴛鴦失侶欲晴江　원앙새도 짝을 잃고 맑은 물에 노니는데
誰家有約敲碁子　어느 집에 약속 있나 바둑 두는 저 사람
夜卜燈火愁倚窓.　한밤 등불똥으로 점치며 창가에서 시름하네.

앞의 시는 양생이 아직 장가들지 못한 외로움을 슬퍼하며 어떤 예쁜 님이 소식을 전해줄 꿈을 노래하고, 뒤의 시는 역시 스스로를 짝 잃은 비취나 원앙에 비기면서 인연을 그리워하며 시름하고 있는 마음을 담고 있다.

이런 점들로 미루어 그의 현실적(의식적) 자아의 모습은 짝을 그리워하며 외로움에 젖어 있는 것을 알 수 있다. 그는 외로움에 한이 맺혀 있는 것이다. 그러므로 그는 '있는 그'에서 '있어야 할 그'가 되려고 하니, 즉 짝을 찾아 외로움의 한을 풀려고 한다. 이제 그가 어떻게 그리로 나아가는가를 살펴보아야 할 차례이다.

② 자기실현의 모습

주인공 양생은 현실의 '있는 나'에게 만족하지 못하므로, '있어야 할 나', 즉 자기를 찾으려 나선다. 일찍이 부모를 여읜 노총각으로 남원의 만복사 동쪽 방에서 독신으로 생활하고 있던 양생은 마침 봄을 맞이하여 밤에 방문 밖의 배나무 아래에서 자신의 고독하고 처량한 신세를 한탄하는 시를 지어 불렀다. 시는 이미 앞에서 살펴본 바 있다. 그 시를 읊기를 마치자, '그대 좋은 배필을 얻고자 한다면 그 무엇 걱정할 것 있느뇨!'[29]하는 소리가 공중에서 들려왔다. 이 소리는 심리학적으로는 자기의 무의식의 소리요, 신神의 소리라고 할 수 있다. 더 쉽게 말하면 양생이 꿈을 꾼다고 해도 좋고 술에 취했다고 해도 좋다. 어떻게 이해해도 관계가 없다. 아무튼 이는 인간세계가 아닌 신의 세계요, 무의식의 세계에서 일어난 일이다.

여기에서 우리는 어떻게 해서 양생이 무의식의 세계로 들어가게 되었는지, 몇 가지로 생각해볼 수 있다.

첫째는 그가 나무 아래에서 시를 읊은 것이다. 여기의 나무는 널리 알려져 있듯이, 우주목 宇宙木이요 우주축이다. 즉 뿌리는 땅 속 깊은 세계의 중심으로 뻗으며 지하수와 접촉하는 나무는 '시간'의 세계로 자라는 나무이며, 가지는 하늘과 영원에까지 닿으며, 또한 현현 세계의 존재 단계를 상징한다.[30] 즉 나무는 인간 세계와 신의 세계를 연결하는 통로인 것이다. 단군신화에서 환웅천왕이 신단수 아래로 내려오는 것이나, 석가모니가 나무 밑에서 깨달음을 얻은 것이나, 예수가 나무 십자가 위에서 하늘나라로 올라가는 것이나 모두 나무를 모티브로

---

29) 君欲得好逑 何憂不遂.

30) 진 쿠퍼, 이윤기 옮김, 『그림으로 보는 세계문화상징사전』, 까치, 1994, 417쪽 참조.

해서 하늘과 땅이 연결됨을 쉽게 발견할 수 있다. 양생 역시 이 나무를 통해서 인간세계가 아닌 무의식의 세계인 신의 세계로 들어가게 되는 것이다.

둘째는 시간적으로는 달밤이었다. 달밤은 낮도 아니고 밤도 아닌, 그 중간이라고 할 수 있다. 낮은 의식계요 밤은 무의식계이다. 그러므로 달밤은 의식계와 무의식계가 만날 수 있는 경계선인 것이다. 양생은 이 경계선에서 의식세계에서 무의식세계로 들어갈 수 있었던 것이다.

셋째는 하필 왜 독백이 아닌 시를 읊었는지에 관심을 기울려야 한다. 시는 〈만복사저포기〉의 곳곳에 나타나는 기능으로 볼 때, 인간과 신 그리고 죽은 사람과 산 사람을 연결시키는 통로 역할을 한다.[31] 그러므로 양생의 시에 대해 하늘에서 신이 응답했던 것이다. 즉 양생은 이 시를 통해서 무의식의 세계, 즉 신의 세계로 나아갔던 것이다.

결국 양생은 인간과 신이 만날 수 있는 나무 아래에서, 의식과 무의식이 만날 수 있는 달밤에, 인간과 신이 교통할 수 있는 시를 통해서, 무의식세계로 들어갔음을 알 수 있게 된다. 이 상태는 쉽게 말해서 꿈을 꾸는 상태라고도 할 수 있고, 술에 취해 의식을 잃은 무의식의 상태라고도 할 수 있다.

이런 무의식적 꿈의 상태에서 양생은 부처와 저포놀이로 내기를 한다. 양생이 지면 법연을 차려 치성을 드리고, 대신 부처님이 지면 아름다운 아가씨를 구해내라는 내기였다. 물론 양생이 이긴다. 왜냐하면 그는 무의식세계에서 꿈을 꾸고 있기 때문이다. 꿈에서는 모든 일이 소망대로 이루어지듯이, 양생이 원하는 대로 모든 일이 이루어지는

---

31) 설중환, 「금오신화의 삽입시연구 시론」, 『전주우석여대논문집』1, 전주우석여자대학, 1980 참조.
설중환, 「한국시가 발생소고」, 『한국시가연구』, 형설출판사, 1981 참조.

것이다. 작품에서는 뒤에 나오겠지만 술에 취해 있었다고 한다.

양생이 이기자, 그는 부처에게 '속이지 말라'고 당부하고는 약속한 아가씨가 나타나기를 기다렸다. 약속대로 아가씨가 나타났다. 그 아가씨는 머리를 두 갈래로 땋았고, 깨끗한 옷차림을 했는데, 얼굴과 태도가 마치 하늘의 선녀와 같았는데, 나이는 열대여섯 살쯤 되어 보였다. 우선 그녀의 애절한 말을 일부 들어보기로 한다.

> 왜적이 집을 불살라 없애버리고 백성을 노략질하니, 사람들이 동서로 달아나고 좌우로 도망해 가니, 친척과 하인들이 각기 서로 뿔뿔이 흩어졌습니다. 저는 버들잎처럼 연약한 소녀의 몸이오라 멀리 갈 수가 없어 깊숙한 규방에 들어 끝까지 정절을 지키고 부정한 행실을 저지르지 않고서 난리의 화를 면하였습니다. 그러하였으므로 어버이께서도 여자로서의 수절함이 그르지 않았다고 하여 한적한 곳으로 옮겨 초야에서 임시로 살게 해주셨는데, 이미 3년이나 되었습니다. ... 쓸쓸한 골짜기에 살면서 한평생의 박명薄命을 한탄하였고, 꽃다운 밤을 혼자 보내면서 채란彩鸞의 외로운 춤을 저 홀로 슬퍼하였습니다. 그런데 날이 가고 달이 바뀌니 이제 혼백마저 사라져 없어졌고, 기나긴 여름날과 겨울밤에는 간담이 찢어지고 창자마저 끊어질 듯합니다. 자비로운 부처님이시여! 이 몸을 가엾이 여기시어 각별히 돌보아 주시옵소서....[32]

이 글을 보면, 그녀는 왜구의 난에 희생된 처녀로서 햇수로는 벌써 3년이 다 되어간다. 여기에는 우리 민족이 가지고 있는 귀신에 대한

32) 倭寇來侵 干戈滿目 烽火連年 焚蕩室廬 虜掠生民 東西奔竄 左右逋逃 親戚僮僕 各相亂離 妾以蒲柳弱質 不能遠遊 自入深閨 終守幽貞 不爲行露之沾 以避橫逆之禍 父母以女子守節不爽 避地僻處 僑居草野 已三年矣.... 幽居在空谷 歎平生之薄命 獨宿度良宵 傷彩鸞之獨舞 日居月諸 魂銷魄喪 夏日冬宵 膽裂腸摧 惟願覺皇 曲垂憐愍.

집단무의식의 원형이 잘 드러나는 대목이다.

한국인은 본래 사람이 정해진 수명을 타고난다는 정명定命 사상을 가지고 있다. 그래서 사람이 자신의 수명을 다 채우고 죽으면 정귀正鬼가 되어 저승으로 가지만, 불의의 사고로 비명횡사하게 되면 반대로 사귀邪鬼가 되어 바로 저승으로 가지 못한다는 집단무의식을 가지고 있다. 또한 사귀는 이승에서 못다한 한을 3년 동안 다 풀어야 저승으로 갈 수 있는 것이다. 이는 민간에서 사람이 정상적으로 죽으면 오구굿을 하지 않지만, 비정상적으로 죽으면 오구굿을 하여 그 원한을 풀어주는 데서도 알 수 있다. 즉 오구굿은 주로 장가・시집 못 가고 죽거나 교통사고나 자살 등 비정상적으로 죽었을 때 많이 한다. 이는 사람이 이상사異常死했을 때는 사령死靈이 저승에 가지 못하고 사고 장소에 머물면서 원귀寃鬼가 되어 가족이나 친족에게 해를 끼친다는 믿음 때문이다. 그러므로 이 사령제死靈祭는 산 자의 통과의례처럼 죽은 자가 통과해야 하는 의례로서의 성격이 있다.[33]

이렇게 보면, 여인은 왜구의 난에 억울하게 죽은 한 많은 귀신으로, 정귀가 아닌 사귀이다. 그러므로 그녀는 3년 동안 이승에서의 한을 풀어야 한다. 그때 마침 그녀는 양생을 만나 그 한을 풀려고 한다. 마찬가지로 양생은 혼자 사는 외로움을 이 최씨 여인을 만나 해소하게 된다. 즉 서로가 서로의 한을 풀고 풀어주는 것이다. 이에 양생은 여인을 절 구석진 방으로 데리고 가서 서로 즐거움을 나눈다. 이는 무의식 세계에서의 일이다. 양생은 지금 꿈을 꾸고 있는 셈이다. 이들은 주과酒果를 베풀어 놓고 서로 시를 주고받으면서 즐긴다. 시는 앞에서 말했듯이, 인간과 귀신이 교통할 수 있는 수단이기 때문이다.

---

33) 최길성, 『한국무속의 연구』, 아세아문화사, 1978. 184-198쪽 참조.

이들은 이렇게 서로 즐기다가 '먼 마을에서 닭이 우는 소리가 들려오고, 절의 새벽 종소리가 울려오자' 여인이 주연을 거두고는 양생에게 자기 집으로 가자고 한다. 닭이 울고 새벽 종소리가 울린다는 것은 새벽이 온 것이요, 새벽이란 낮이 시작되는 것으로, 심리학적으로 말하자면 무의식의 세계에서 의식의 세계로 넘어간다는 것을 상징한다. 그러므로 무의식계의 귀신인 여인은 닭 우는 소리에 더이상 이 세상에 머물 수 없는 것이다. 옛날에 제사를 지낼 때 첫 닭 우는 소리가 들리기 전에 제사를 끝내는 것도 그 이유가 바로 여기에 있다.

양생은 여인에 이끌려 그녀의 집으로 간다. 이때 그가 마을 사람들을 만나 이야기하는 내용을 보면 양생은 아직 무의식세계에 빠져 있음을 더욱 분명히 알 수 있다. 이 부분을 한번 읽고 넘어가기로 한다.

> 양생이 여인의 손을 잡고 마을을 지나가니, 개는 울타리 밑에서 짖고 사람들은 길을 나다녔다. 그러나 행인들은 양생이 여인과 함께 가는 것을 알지 못하고서 다만 이렇게만 물었다.
>
> '양생, 새벽에 어디를 갔다 돌아오시오?'
>
> 양생이 대답했다.
>
> '마침 만복사에서 술에 취하여 누워 있다가 친구가 사는 마을에서 하룻밤 묵고 오는 길입니다.'[34)]

여기서 보면, 양생은 술에 취해 여인을 따라가고 있음을 알 수 있다. 그리고 의식 있는 행인들이 보지 못하는 여인을 양생만이 본다는 사실은 양생은 아직 술에 취해 무의식세계에 빠져있음을 암시한다. 술은 의식을 마비시키는 음식이다. 의식이 마비되면 자연 무의식세계로 들어가게 되

34) 生執女手 經過閭閻 犬吠於籬 人行於路 而行人不知與女同歸 但日生早歸何處 生答日適醉臥萬福寺 投故友之村墟也.

는 것이다. 그러므로 양생이 어제 만복사에서 술에 취해 의식이 마비되었고, 아직 술에 깨어나지 못해 남들이 보지 못하는 무의식계의 여자 귀신을 따라가고 있는 것이다. 그러므로 행인들은 양생만 알아보고 여인을 보지 못한다. 왜냐하면 그녀는 무의식계의 귀신이기 때문이다.

이들은 가는 중에 서로 싯구를 주고받으면서 개녕동開寧洞으로 간다. 이 개녕동이란 이름이 상징하는 것으로 미루어, 이곳은 앞으로 이들에게 평안함을 열어주는, 즉 그들의 한을 풀어주는 공간임을 미루어 짐작하기 어렵지 않다. 여인이 인도하는 곳으로 가자, 그곳은 다북쑥이 들을 덮고 가시나무가 공중에 높이 솟아서 늘어선 속에 한 채의 집이 있는데, 자그마한 것이 매우 아름다웠다. 방안의 이부자리와 휘장이 잘 정돈되어 있고, 밥상을 올리매 모든 음식이 어젯밤 만복사의 차림과 같았다. 이곳은 바로 그녀의 무덤이다. 무덤은 대지의 자궁으로, 현세에 대한 죽음을 의미한다.[35] 즉 양생은 이 무덤에서 한 많은 현실의 자신을 죽이고 한이 없는 그로 거듭 태어난다. 그리고 무덤 주위가 다북쑥이 들을 덮고 가시나무가 공중에 높이 솟았다고 한다. 쑥은 쓴맛, 고난, 고뇌의 상징[36]이며, 가시는 예수의 가시면류관처럼 '고뇌'를 나타낸다.[37] 이로 미루어, 이곳은 바로 피비린내나는 전장터였음을 알 수 있다. 살기殺氣가 지나간 곳은 바로 쑥밭이 되고, 가시나무가 돋아나는 것이다. 인간과 자연도 서로 통하는가 보다.

양생은 그곳에서 3일을 머물렀는데, 즐거움은 평상시와 같았다. 사흘이 지난 어느날 여인이 양생에게 말하였다. 이들이 이별하면서 서로 주고받는 말들을 한번 음미해보기로 한다.

---

35) 진 쿠퍼, 이윤기 옮김, 앞의 책, 412쪽.
36) 같은 책, 458쪽.
37) 같은 책, 406쪽 참조.

'이 곳의 사흘은 인간 세상의 3년보다 적지 않습니다. 낭군은 이제 집으로 돌아가셔서 옛날의 살림을 돌보시옵소서.'

드디어 헤어지는 이별의 잔치가 열렸다. 양생은 탄식하면서 말하였다.

'아가씨, 어쩌면 이별이 이렇게 빠르단 말이오?'

여인이 대답하였다.

'이별하더라도 다시 만나 평생의 소원을 다 풀 수 있을 것입니다. 낭군께서 누추한 이곳까지 오시게 된 것은 반드시 지난 날의 인연이 있었기 때문입니다. 저희 이웃 친척들을 만나보고 가시는 것이 어떻겠습니까?"

양생은 말하였다.

"그렇게 하십시다."[38)]

여인의 말에서 우리는 여인이 세상에서 음양의 즐거움을 누리지 못했으므로, 죽어 귀신이 되어 자기와 같이 외로운 양생을 불러다가 스스로 처녀귀신으로서의 한을 풀었음을 알 수 있다. 그리고 우리 고유의 집단무의식적인 귀신관에 따라 3년 동안 맺힌 한을 풀었으므로 다시 저 세상으로 떠나야 함을 알게 된다. 그러나 그녀는 아직 그 한이 완전히 풀리지 않았음은 그녀가 '이별하시더라도 다시 만나 평생의 소원을 다 풀 수 있을 것입니다.'라는 말에서 짐작할 수 있다. 그녀는 처녀귀신으로, 참 한이 많은 왕귀신이다.

그녀는 시녀를 시켜 이웃 친척들에게 알리고 잔치를 열었다. 거기에 참가한 정씨, 오씨, 김씨, 유씨 등 네 여인들은 물론 최씨 여인처럼 왜구의 난에 죽은 왕귀신들임은 말할 필요도 없을 것이다. 그러므로 이들의 시는 님을 그리워하는 한 많은 시들로 구성된다.

잔치가 끝나자, 여인은 은주발 하나를 양생에게 주면서, '내일은 저

38) 此地三日 不下三年 君當還家 以顧生業也 遂設離宴以別 生悵然日何遽別之速也 女日當再會 以盡平生之願爾 今日到此弊居 必有夙緣 宜見隣里族親如何 生日諾.

희 부모님께서 저를 위하여 보련사寶蓮寺에서 음식을 베풀 것'이니 양생이 보련사로 가는 길 도중에 기다리고 있다가 자기와 같이 가자고 한다. 이에 양생은 그녀와 헤어진다. 그는 드디어 무의식세계에서 다시 의식세계인 현실로 나오게 된다.

이튿날 양생은 약속대로 은주발을 들고서 보련사로 가는 길가에서 그녀를 기다리고 있었다. 이 '은주발'은 바로 그 여인을 상징한다. 왜냐하면 '은'은 달이나 처녀성을 상징[39]하고, '그릇'은 여성적인 수용원리와 풍요[40]를 나타내기 때문이다. 그러므로 이는 양생이 무덤에서 현실세계로 나왔지만 사실은 아직 무의식계에서 그녀와 함께 있다는 것을 상징한다. 거기서 그는 여인의 집안에서 딸자식의 대상을 치르려고 수레와 말을 가지고 보련사로 향해 가는 그녀의 부모와 만나게 된다. 이는 그 귀족집안의 하인이 양생이 들고 있는 은주발이 아가씨 무덤에 넣었던 부장품임을 발견하게 된 데서 이루어진다.

양생은 비로소 그녀의 부모에게서 그녀의 정체를 알게 된다. 이 말을 한번 들어보기로 한다.

> 내 슬하에 오직 딸 하나가 있었는데, 그 딸자식마저 왜구의 난리 때 싸움판에서 죽었네. 미처 정식 장례도 치르지 못하고 개녕사 골짜기에 임시 매장을 하고는 오늘 내일 장사를 미루어 오다가 오늘에 이르게 되었지. 그러다 보니 오늘이 벌써 대상 날이라, 잠시 제수를 갖추고 공양의 자리를 열어 명복을 빌어 줄까 해서 가는 길이네. 자네가 정말 그 약속대로 하려거든 내 딸자식을 기다리고 있다가 같이 오게나. 그리고 조금도 놀라지 말게나.[41]

---

39) 진쿠퍼 이윤기 옮김, 앞의 책, 367쪽 참조.
40) 같은 책, 42쪽.
41) 吾止有一女子 當倭賊相亂之時 死於干戈 不能窀窆 殯于開寧寺之間 因循不葬 以

이 말을 통해 우리는 이제서야 양생이 만났던 여인이 산 사람이 아니라, 죽은 귀신임을 확인하게 된다. 즉 그녀는 처녀로 죽은 '왕귀신' 이며, 그날이 대상 날임을 보아 이제 죽은 지 3년이 되어 한을 풀고 저승으로 갈 때가 되었음을 알 수 있다.

여인의 부모가 보련사로 떠난 뒤, 혼자 길가에서 기다리는 양생에게 여인이 약속대로 나타났다. 이들은 서로 만나 기뻐하면서 손을 잡고 절로 향했다. 여인은 절 안에 들어서자 먼저 법당에 올라 부처님께 예를 올리고는 곧 흰 휘장 안으로 들어가는데, 그 친척들과 승려들은 모두 그 여인을 알아보지 못하였다. 휘장은 암흑, 여명, 우주적이거나 정신적인 의미에서의 광명 이전의 상태인 무의식의 세계를 상징[42]하기 때문이다. 그러므로 오직 양생만이 무의식세계에서 그녀와 만날 수 있었던 것이다.

이들은 보통 사람과 마찬가지로 같이 밥을 먹고 휘장 안에서 잠을 자게 되었다. 그러나 부모는 무의식계로 들어가지 못했으므로 그녀가 밥을 먹거나 함께 자는 모습을 볼 수 없었다. 여인은 양생에게 그간의 사정을 말한다. 한번 들어보기로 한다.

> 저의 행동이 계율에 벗어난 것은 저 스스로 잘 알고 있습니다.... 그러나, 하도 오래 다북쑥 우거진 속에 묻혀 들판에 버림받은 몸이 되고 보니, 사랑의 정서가 한번 일어나자 끝내 걷잡을 수 없었습니다. 지난번에 절에 가서 복을 빌고 부처님 앞에서 향불을 피우면서 한 평생의 박명을 스스로 탄식하였더니, 뜻밖에도 삼세三世의 인연을 만나게 되었으므로 검소하고 부지런한 아낙으로 그대를 받들어 백년의 높은 절개를 바쳐 술을 빚고 옷을 기워 평생 지어미의 길을 닦으려 했습니다만, 애닯게도 업보를 비낄

至于今 今日大祥已至 暫設齋筵 以追冥路 君如其約 請俟女子以來 願勿愕也.

42) 진 쿠퍼/이윤기 옮김, 앞의 책, 436쪽 참조.

수 없어 저승길로 떠나야 하겠습니다. 즐거움을 채 다하지도 못하였는데 슬픈 이별의 시간이 닥쳐왔습니다.[43)]

여인은 비로소 스스로 귀신임을 밝히고 있다. 즉 그녀는 다북쑥 우거진 곳에 묻혔는데, 사랑의 정서를 채우지 못한 한을 풀기 위해 부처님을 찾아갔다가 양생을 만나게 되었다는 것이다. 그러나 한국인의 무의식적 귀신관에 따라 이제 3년이 되었으므로 저승으로 떠나야할 때가 되었다고 한다. 그러나 그녀는 즐거움을 다하지도 못하였는데 슬픈 작별의 시간이 되었음을 안타까워하고 있다. 아직 그녀의 한이 다 풀어지지 않았음을 시사하는 대목이다. 이는 이튿날 그녀가 저승으로 떠나면서 남긴 소리에서도 확인된다. 이를 한번 살펴보기로 한다.

冥數有限 慘然將別　　저승길도 기한 있어 슬프지만 이별이오!
願我良人 無或踈濶　　원합니다. 임이시여! 저버리진 마옵소서.
哀哀父母 不我匹兮　　슬프도다! 우리 부모, 나의 배필 못 지었네.
漠漠九原 心糾結兮.　　아득한 저승에서, 마음에 한만 맺히네.

이 소리를 들어보면, 그녀는 3년이 되어 떠나지만 자신의 배필을 못 짓고 아득한 구천九泉으로 떠나야 하는 마음속의 한을 솔직히 이야기하고 있다. 아직 한이 남아있다는 것이다. 이후 이야기는 양생이 이 남은 한을 완전히 풀어주는 것으로 계속된다.

여인이 떠난 후, 양생은 그녀의 부모로부터 그녀를 잊지 말라는 신표로 그녀의 몫으로 되어 있던 전답 몇 이랑과 노비 몇 사람을 물려받

---

43) 妾之犯律 自知甚明... 然而久處蓬蒿 拋棄原野風情一發 終不能戒 曩者梵宮祈福 佛典燒香 自嘆一生之薄命 忽遇三世之因緣 擬欲荊釵椎髻 奉高節於百年 羃酒縫裳 修婦道於一生 自恨業不可避 冥道當然 歡娛未極 哀別遽至.

는다. 이튿날 양생은 고기와 술을 갖추어 개녕동 옛 자취를 찾아가니 임시로 안치한 무덤이 있었다. 그녀와 무의식 속에서 즐겼던 무덤이었다. 양생은 제물을 차려 놓고 슬피 울면서 지전紙錢을 불사르며 정식 장례를 치른다.

정식장례를 치르고도 양생은 슬픔을 이기지 못하여 전답과 가옥을 죄다 팔아 절에 가서 재를 올렸다. 이는 아직 그녀의 한은 물론 양생의 한도 다 풀리지 않았음을 의미한다. 그래서 사흘을 계속 재를 더 올렸더니 드디어 여인이 공중에 나타나 양생에게 말하였다. 그 말을 한번 들어본다.

> 저는 그대의 은덕을 입어 이미 다른 나라에서 남자의 몸으로 태어나게 되었습니다. 비록 유명의 한계는 더욱 멀어졌사오나, 그대의 두터우신 은덕에 깊이 감사의 뜻을 드립니다. 그대께서는 이제 다시 깨끗한 업을 닦으시어 저와 함께 윤회의 굴레를 벗어나게 하십시오.[44]

이 말을 통해 우리는 비로소 그녀가 한을 다 풀었음을 알게 된다. 그녀는 이제 윤회의 굴레를 벗어나 다른 나라의 남자로 태어났다는 말이 그것이다. 여기서 다시 남자로 태어났다는 것은 그녀가 속세의 한을 다 풀었다는 말에 다름아니다.

원래 부처님은 성인이었으므로 남녀를 차별하지 않았다. 그러나 부처님은 여성의 출가에 매우 신중한 태도를 취했다. 그것은 출가한 여성이 엄격한 수행생활을 이겨내지 못하고 낙오된다면 이는 여성 자신의 파멸이 될 것이며, 또 한편으로는 여성의 출가가 자칫하면 금욕의 비구사회에 성적 동요를 일으킬 우려가 있음을 부처님은 염려하였던

44) 蒙君薦拔 已於他國 爲男子矣 雖隔幽明 寔深感佩 君當復修淨業 同脫輪回.

것이다. 후대에 수행자들이 부처님이 염려했던 바를 지나치게 의식하고 확대하면서 불교 교단에서 오랫동안 여성을 멸시하는 풍조가 생겼다. 여기다가 남존여비의 유교적 관념이 덧붙여져 여성멸시가 계속되었던 것이다.[45] 사상의 자유가 꽃피던 대승불교에서도 이러한 경향은 쉽게 불식되지 않았으니, 예를 들어 「법화경」에서는 여성은 다섯 가지의 장애가 있으므로 성불할 수 없다고 설한다. 아미타불이 된 법장 비구의 48원 중에는 '내가 붓다 될 적에 시방 세계의 모든 여인들이 내 이름을 듣고서 보리심을 일으킨 후 다시 여인의 몸으로 태어나는 일이 있다면 성불하지 않겠다'는 말도 있다. 그리고 이러한 논리는 모든 중생은 성불할 수 있다는 대승불교의 가르침과 배치되므로 결국 여성은 남성으로 변하여 성불하게 된다고 설하기까지 한다.[46] 즉 여성은 저승에서 남성으로 태어나 다시 수도하여야 성불할 수 있다는 말이다. 이런 남녀차별적인 논리가 매월당이 살았던 조선 초기까지 내려왔기에, 그녀는 다른 나라에서 남자의 몸으로 태어났다고 한 것임을 알 수 있다.

죽어서 남자가 되었다는 말은 이제 여인의 한은 다 풀렸다는 말이다. 그녀의 미진한 한은 양생이 정식장례를 치르고 이어 절에서 3일 밤낮의 재를 올림으로 다 풀린 것이다. 이는 양생의 편에서 보면 '있어야 할 나'인 여인의 한이 다 풀린 것이다. 곧 양생의 '있는 나'는 현실에서 한이 많았지만, 이제 여인처럼 양생의 '있어야 할 나'는 한을 다 푼 것이다. 그러므로 양생은 이 여인처럼 되고 싶었던 것이다. 그래야 있는 나가 있어야 할 나가 되는 자기실현이 이루어지기 때문이다. 이런 점은 작품의 끝부분에 잘 드러난다. 한번 읽어보기로 한다.

---

45) 정승석, 『100문 100답(불교강좌편)』, 대원정사, 1989, 39-42쪽 참조.
46) 고명석・고광영, 『100문 100답(불・보살・신중편)』, 대원정사, 1998, 700쪽.

> 양생은 그 뒤 다시는 장가들지 않고 지리산에 들어가 약초를 캐면서 살아갔다고 하는데, 그가 어디에서 세상을 마쳤는지 아무도 모른다.[47)]

우리는 양생이 '그 뒤 다시는 장가들지 않고' 라는 부분을 읽어보면, 작품의 첫 부분과 상당히 많은 차이가 남을 알 수 있다. 즉 처음의 양생은 짝을 찾으려고 하였지만 여기서는 더이상 짝을 필요로 하지 않는다. 왜냐하면 양생은 이제 외로움의 한을 풀고 자기실현自己實現이 이루어졌기 때문이다. 내가 내가 된 것이다. 따라서 이 작품의 주제를 '한의 해소'라고 해서 틀리지 않을 것이다. 이제 여인이 한을 풀고 윤회에서 벗어났듯이 양생도 육체적인 것이 아닌 정신적인 것을 찾으러 떠나게 된다. 그가 지리산에 들어가 약초를 캐며 살았다는 것은 이제 육체적인 욕구를 추구하던 양생이 더 차원이 높은 정신적인 양식을 찾아 떠났다는 말로 해석해야 할 것이다.

여기서 양생의 입산 동기는 '사랑의 그리움'을 못 잊어 인간세상을 버린 것이며, 이러한 태도는 '인간의 삶'을 훼방하는 운명에 대한 저주이며 소극적인 항거?[48)]라던가, 아니면 결국 양생은 선경이라고 지칭하는 지리산에 들어가 채약採藥하면서 양생법을 닦아 신선의 도를 얻으려 했다던가[49)]하는 것은 둘 다 적당한 해석은 아니다. 너무 문면에 얽힌 해석이기 때문이었다. 양생은 본래 영생을 얻으려 한 것이 아니라, 자신의 원한을 푸는 것이 그 목적이었기 때문이다. 여기서 약초란 영원한 정신적 생명수이다. 그가 어디서 세상을 마쳤는지 모른다는 것은, 양생이 오늘 이 순간까지 살아 있을 수도 있고, 또한 영원이 살아

---

47) 生後不復婚嫁 入智異山 不知所終.
48) 임형택, 앞의 논문, 39쪽 참조.
49) 최삼룡, 앞의 책, 110쪽 참조.

있을 수도 있다는 상징적 표현이다. 양생의 꿈은 바로 우리들 모두의 꿈이기에 그렇다. 우리 모두 원한을 풀고 한이 없는 삶을 살고 싶어하기 때문이다.

③ 죽음을 사랑한 주인공과 작가

작품의 주인공 양생은 산 사람이 아니라 죽은 사람과 사랑을 나눈다. 〈만복사저포기〉는 물론 〈이생규장전〉·〈취유부벽정기〉에도 죽은 여인과의 사랑이야기이다. 이에 이들의 근원설화를 인귀교환설화人鬼交驩說話에서 찾기도 한다. 여기서는 주인공이 어떤 심리적 상태에 있었기에 죽은 사람과 사랑을 나누었는지를 고찰하고자 한다. 더불어 작가 김시습의 심리도 이런 주인공과의 공통점이 있는지를 검토하고자 한다. 이를 위해 우리는 심리학의 예비적 고찰이 필요하다.

심리적으로 사람들을 구별하는 경우, 죽음을 사랑하는(necrophilous) 사람과 삶을 사랑하는(biophilous) 사람이라는 구별보다 더 근본적인 구별은 없다.[50] 사람에게 삶의 본능뿐만이 아니라 죽음의 본능이 있다는 것은 프로이트의 가장 위대한 발견 중의 하나이다.

많은 사람들의 경우 죽음을 사랑하는 경향과 삶을 사랑하는 경향이 함께 나타나는데, 그 혼합의 정도는 사람에 따라 다양하게 나타난다. 중요한 것은 생명 현상에 있어서는 언제나 그런 것처럼 어느 경향이 더 강해서 그 사람의 행동을 결정하는가 하는 점이다. 「necrophilia」는 글자 뜻 그대로는 〈죽은 자에 대한 사랑〉을 뜻한다. 이 말은 보통 성적도착性的倒錯, 다시 말해서 성교의 목적으로 (여자의) 시체를 가지려는 욕망, 또는 죽은 자와 함께 있으려고 하는 병적 욕망을 가리킨

50) 에리히 프롬/황문수 옮김, 『인간의 마음』, 문예출판사, 1977, 39쪽.

다.[51] 곧 죽음을 사랑하는 사람의 특징은 죽어 있는 모든 것, 곧 시체, 부패물, 배설물, 오물에 집착하고 매혹당하는 사람이다. 또 죽음을 사랑하는 사람들은 병에 대해서, 장례에 대해서, 죽음에 대해서 말하기를 좋아하는 사람들이다.[52]

이런 점들을 염두에 두면서, 우리는 작품에서 양생이 죽음을 좋아하는 사람임을 몇 가지로 나누어 살펴볼 수 있다.

첫째 죽음을 사랑하는 사람은 밝은 낮보다는 어두운 밤에 집착한다.[53] 양생 역시 어느 봄날 달 밝은 밤에 배나무 아래에 나와서 시를 읊는 것 역시 이와 무관하다고 할 수 없을 것이다.

둘째, 양생은 산 여자가 아니라, 죽은 여자와 만나 성교를 나눌 뿐만아니라 죽은 귀신과 3년을 같이 지낸다. 이런 점을 보더라도 양생은 죽음을 극히 좋아하는 사람임을 알 수 있다.

끝으로 죽음을 사랑하는 사람은 삶을 몹시 무서워한다. 삶은 그 본성에 있어서 무질서한 것이고 지배할 수 없는 것이기 때문이다. 작품의 말미에 양생이 세상을 떠나 지리산으로 들어간 것은 이런 맥락에서도 이해할 수 있을 것이다.

더욱이 죽음을 사랑하는 사람의 모든 힘은 궁극적으로 죽이는 힘에 바탕을 둔다. 죽음을 사랑하는 사람은 반드시 힘을 사랑한다. 죽음을 사랑하는 사람을 양단으로 나눌 수 있으니, 죽이는 자와 죽음을 당하는 자가 있을 뿐이다.[54] 이렇게 보면 죽은 여주인공 역시 죽임을 당하였으므로 죽음을 사랑하는 사람이라고 볼 수 있지 않을까?

이렇듯 작품의 서두에서 밤을 배경으로 양생이 죽은 여인과 만나 사

51) 같은 책, 40쪽.
52) 같은 책, 40쪽.
53) 같은 책, 52쪽 참조.
54) 같은 책, 41-2쪽 참조.

랑을 나누고 끝내는 사람들이 살지 않는 산으로 도피한 것으로 보아, 주인공은 지극히 죽음을 사랑하는 사람으로 볼 수 있다.

다음으로 매월당이 죽음을 사랑하는 사람을 주인공으로 설정하게 된 까닭을 살펴보고자 한다. 작품의 주인공은 작가의 분신일 수 있기 때문이다.

우선 사람이 죽음을 사랑하게 되는 일반적인 계기를 살펴보기로 한다.

> 삶의 본능은 사람의 1차적 가능성이고 죽음의 본능은 2차적 가능성이다. 1차적 가능성은 마치 습도, 온도 등 조건이 적당할 때만 씨가 싹트는 것처럼 삶을 위한 적절한 조건이 있을 때에만 발전한다. 만약 적당한 조건이 없다면 죽음을 사랑하는 경향이 나타나 그 사람을 지배할 것이다. 이처럼 환경적 요소는 삶의 본능에서 죽음의 본능 쪽으로 사람을 유도할 수 있다. 특히 어린이의 경우 삶에 대한 사랑의 발달에 가장 중요한 조건은 삶을 사랑하는 사람들과 어린이가 함께 사는 것이다. 곧 어릴 적의 따뜻하고 애정 어린 사람들과의 접촉, 자유롭고 위협이 없는 상태, 내면적 조화와 힘을 기르는 원리의 가르침, 살아가는 기술에 대한 가르침, 다른 사람의 영향에 자극을 받고 이에 반응하는 것, 참으로 즐거운 생활방식 등이다. 이러한 조건들과 반대되는 것은 죽음에 대한 사랑의 발달을 촉진한다.
>
> 다음으로 삶에 대한 사랑의 발달에 중요한 조건은 자유이다. 즉 물질적 조건이 위협 받지 않는다는 의미에서 안전보장이 있고, 어떠한 사람도 다른 사람의 목적을 위한 수단이 될 수 없다는 의미에서 정의롭고, 각자가 사회의 능동적이고 책임 있는 일원이 될 가능성을 갖고 있다는 의미에서 자유로운 사회에서 삶에 대한 사랑은 가장 잘 발달할 수 있다.[55]

이 논의에 따라 김시습을 한번 생각해 보기로 한다.

---

55) 같은 책, 57-60쪽 참조.

첫째, 김시습은 어릴 때의 환경이 삶을 사랑하기보다는 죽음을 사랑하는 조건에 노출된다. 즉 그는 어려서 부모가 아닌 외조부 밑에서 자란다. 이는 아마도 아버지가 병들어 누워 있었고, 어머니 역시 그가 15세 때 죽은 것으로 보아 병약한 몸이었던 것으로 추측된다. 그리고 어머니가 돌아가시고 나면 외숙모의 손에 자라지만 얼마 되지 않아 그녀마저 죽고 만다. 이렇게 그는 어려서의 가정환경이 즐거운 생활방식과는 거리가 멀었다. 융은 자신의 어린 시절을 떠올리면서 어린 아이들은 그에게 실제로 일어났던 사건보다는 가정의 분위기에 더 큰 영향을 받는 법이라고 말한 적이 있다.[56] 결국 김시습은 슬픈 가정적 분위기에서 삶을 사랑하기보다는 죽음을 사랑하는 마음이 더욱 발달한 것이 아닌가 한다.

둘째, 물질적으로 풍요하고 정의로운 사회에서 삶을 사랑하는 마음이 발달한다고 하였다. 그러나 김시습은 이와 정반대였으니, 그의 아버지는 충순위忠順衛에 음보蔭補되었으나 중병으로 취임도 하지 못한 한미한 가정에서 자랐다. 또한 그가 과거로 막 입신양명할 기회가 왔을 때는 수양대군이 김종서·황보인 등을 죽이고 안평대군을 죽이는 소위 계유정란이 일어난 불의한 사회가 되었다. 이런 저런 이유로 김시습은 죽음을 사랑하는 마음을 갖게 되었다고 보인다. 그러므로 그는 〈만복사저포기〉 이외의 작품에도 이런 그의 생각들이 스며들어 모든 작품을 어둡게 하고 있는 것이다.

더구나 순수하게 죽음을 사랑하는 사람은 미친 사람이고, 순수하게 삶을 사랑하는 사람은 성인뿐이다. 대부분의 사람들에게 있어서는 이 두 본능이 섞여 있으나, 중요한 것은 두 경향 중 어느 것이 지배적인가

56) 김성민, 『융의 심리학과 종교』, 동명사, 1998, 21쪽.

하는 점이다. 김시습이 40대에 금오산에서 내려와 미치광이짓을 하며 길을 지나가는 정창손을 이유 없이 심히 놀려 꾸짖기도 하고, 관청에 가서 관리와 얼굴을 맞대고 다투어 싸우기도 했으므로 당시에 사람들이 그를 미쳤다고 손가락질한 것은 이런 측면에서 한번쯤 생각해볼 필요가 있을 것이다.

살펴본 대로, 본 작품은 주인공 양생이 어떻게 자기실현을 하는가를 재미있게 보여주는 작품이다. 곧 '있는 양생'이 '있어야 할 양생'이 되는 줄거리를 가지고 있다. 작품에서 '있는 양생'은 남자주인공이며, '있어야 할 양생'은 여자주인공으로 설정된 특이한 구조를 취하고 있다. '있는 양생'은 외롭고 불우한, 한 많은 사람이다. 그러나 '있어야 할 양생'인 여자주인공 역시 왜구의 난에 죽은 처녀귀신으로 한 많은 왕귀신이었으나 이 모든 한을 양생을 통하여 풀게 된다. 양생은 바로 이런 여자처럼 모든 한을 풀고 싶었던 것이다. 그런 마음이 이런 작품을 쓰게 하였다고 하겠다.

2) 고독한 작가의 소망

흔히들 작품은 작가의 분신分身이란 말을 한다. 작품과 작가의 밀접한 관계를 두고 하는 말이다. 실상 작품은 작가의 체험과 사상이 결정된 것이라고 하여도 과언이 아니다. 『금오신화』와 김시습의 관계도 이에서 예외가 아니다. 우리는 이 둘의 관계를 검토함으로써 매월당과 그 작품을 동시에 더 잘 이해할 수 있을 것이다.

앞에서 살펴본 대로 〈만복사저포기〉는 남녀주인공으로 하여금 작가의 양면을 나타내는 특이한 구성법을 취하고 있다. 한마디로 말해서 작품속의 고독한 양생은 현실에서의 매월당이고, 한을 푼 여인은 매월당이 무의식적으로 원하는 이상적인 자신의 모습이다. 이제 이런 점을 구체적으로 알아보기로 한다.

먼저 남주인공 양생은 '현실의 매월당'과 너무나 닮아 있다. 매월당이 본 작품을 쓸 때에는 양생과 같이 금오산실이라는 암자에 혼자 있었고, 고아였으며, 아내도 없이 음영吟詠하며 저포놀이나 즐기던 한 많은 그였다.[57] 그는 금오산실 주변에서 홀로 달빛을 받으며, 남자의 외로움을 느꼈을 것이다. 이는 그의 시, 〈사월십사일야월〉에서도 잘 드러난다.

中庭蘿月白森森　뜰 가운데 나월의 흰빛이 수북한데
穿穿東窓照我琴　동창 뚫고 내 거문고에 비친다.
莫道姮娥常獨宿　월궁의 항아 언제나 홀로 잔다 말하지 말라.
年年伴得幾人心　해마다 몇 사람의 마음과 짝지어 있다.[58]

이를 보면 마치 양생이 배나무 아래에서 여인을 그리워하며 읊은 시와 그 내용이 크게 다르지 않다. 오히려 이 시가 더 노골적으로 남자의 고독을 노래하고 있다고 해야 할 것이다. 즉 월궁의 항아와 밤마다 함께 잔다는 것이 그것이다.

이렇게 고독한 매월당이 "등불 돋아 놓고 밤새도록 분향하고 앉

57) 이재수, 앞의 논문, 앞의 책, P.62에서 이를 도표로 보이고 있다.

〈양생〉	〈김시습〉
1.南原 萬福寺	1.慶州 金鰲山 茸長寺
2.獨居	2.獨居
3.早喪父母	3.十五慈母見背 鰥爺抱病
4.未有妻室	4.不有妻室
5.能吟, 樗蒲	5.神童,博識, 善吟咏, 好樗蒲

58) 『매월당집』 시집 4.

아"[59] 스스로의 무의식적 욕구를 작품으로 결구한 것이다. 즉 그는 자신을 양생에 의탁하여 스스로의 소원을 풀게 된다. 젊고 예쁜 여인을 만나 회포를 풀고, 조그마하고 화려한 여인의 집에서 한동안 같이 산다. 그리고 양생이 여러 귀족집 따님들로부터 부러움을 받았듯이, 매월당 역시 그런 부러움을 받고 싶었던 것이다. 또한 양생이 이승에서 귀족 집안의 부모로부터 결혼을 허락 받은 것처럼, 그 역시 그런 간절한, 현실적 소망을 소설로 나타낸 것이다.

특히 마지막 장면은 매월당의 인생 마지막 장면과 무엇이 다른가? 그 역시 다시는 장가가지 않고 천하를 주유하였으니, 그가 어디에서 세상을 마쳤는지 아는 이가 드물었다. 이렇게 볼 때, 그는 그 스스로의 인생을 예견했다고도 할 수 있다. 또한 그는 세상을 초월할 것을 다짐하였으니, 매월당의 정신은 아직도 양생처럼 세상 너머의 어딘가에 살아 있을 것이다. 왜냐하면 인간이 스스로의 처지를 뛰어넘고 초월하려는 의지가 있는 한, 그는 영원히 우리 곁에 살아있을 것이기 때문이다.

다음으로 우리는 다른 한 면의 매월당을 보자. 이는 여인으로 표현된 '이상적인 그'의 모습이다. 그는 무의식 속에서 '있어야 할 자기'를 만나는 것이다. 즉 그가 본래 원하던 자기의 모습이 여인으로 대치된 것이다.

우선 여인의 외모는 다음과 같이 묘사되어 있다.

> 한 아름다움 여인이 나타났는데, …… 얼굴과 태도가 마치 하늘의 선녀와 같고 천비 같았으며, 가만히 바라보니 태도가 단정하였다.[60]

---

59) 같은 책, 시집 6, 「제금오신화」.

60) 俄而有一美姬 儀容婥妁 如仙姝天妃 望之儼然.

이는 매월당이 원하는 자기의 이상적인 자화상이다. 왜냐하면 실제의 그는 이와 반대였기 때문이다.

> 그 사람됨이 못나고 키는 작으나, 호기롭고 준수하며 영특하고 뛰어났었다. 간략하고 탄솔하여 위엄 있는 거동은 없으나, 굳세고 사람의 과실을 용납하지 못하며, 시대를 슬퍼하고 세속을 분하게 여기었다.[61]

이에서 매월당은 못생기고 위엄이 없는 사람이었음을 알 수 있다. 따라서 그는 늘 잘생기고 위엄 있는 사람이었으면 하고 속으로 원하였을 것이다. 인간은 늘 자기에게 모자라고 부족한 것을 무의식적으로 원한다. 따라서 이것이 여인의 모습으로 대치된 것이다.

다음으로 여인의 행실이, 바로 그가 원하는 그런 모습이다.

> ○○고을 ○○마을에 사는 소녀 ○○는 외람됨을 무릅쓰고 부처님께 말씀드립니다. 지난번 변방의 방비가 허물어져 왜구가 침입해와 싸움은 눈앞에서 치열했고 봉화는 여러 해를 계속되었습니다. 왜적이 집을 불살라 없애버리고 백성을 노략질하니, 사람들이 동서로 달아나고 좌우로 도망해 가니, 친척과 하인들이 각기 서로 뿔뿔이 흩어졌습니다. 저는 버들잎처럼 연약한 소녀의 몸이오라 멀리 갈 수가 없어 깊숙한 규방에 들어 끝까지 정절을 지키고 부정한 행실을 저지르지 않고서 난리의 화를 면하였습니다. 그러하였으므로 어버이께서도 여자로서의 수절함이 그르지 않았다고 하여 한적한 곳으로 옮겨 초야에서 임시로 살게 해 주셨는데, 이미 3년이나 되었습니다.[62]

---

61) 이이, 『매월당집』, 「김시습전」. 爲人 貌寢身短 豪邁英發 簡率無威儀 勁直不容人過 傷時憤俗.

62) 某州某地居住 何氏某 竊以曩者 邊方失禦 倭寇來侵 干戈滿目 烽燧連年 焚蕩室廬 廬掠生民 東西奔竄 左右逋逃 親戚僮僕 各相亂離 妾以蒲柳弱質 不能遠逝 自入

이 여인의 모습에서 우리는 매월당의 이상적인 모습을 볼 수 있다. 난리(단종손위사건)로 많은 사람들이 다치고 변절했지만, 그는 깊숙이 숨어 끝내 절의를 지키고 벗어난 행실을 저지르지 않았던 것이다. 그리고 초야에 묻혀 살았던 것이다. 그것이 어언 10년 세월이었다. 단어는 다르지만, 문맥은 서로 통하는 것이다. 우리는 그 다음 구절에서 이를 더욱 확인할 수 있게 된다.

> 가을 달밤과 꽃 피는 봄을 상심으로 헛되이 지내고, 뜬 구름 흐르는 물과 더불어 쓸쓸히 날을 보냈습니다. 쓸쓸한 골짜기에 살면서 한평생의 박명薄命을 한탄하였고, 꽃다운 밤을 혼자 보내면서 채란彩鸞의 외로운 춤을 저 홀로 슬퍼하였습니다. 그런데 날이 가고 달이 바뀌니 이제 혼백마저 사라져 없어졌고, 기나긴 여름날과 겨울밤에는 간담이 찢어지고 창자마저 끊어질 듯합니다. 자비로운 부처님이시여! 이 몸을 가엾이 여기시어 각별히 돌보아 주시옵소서.[63]

여기에는 작가의 무의식적 면모가 잘 드러난 것이라 하겠다. 즉 여인이 전생의 한이 있어 떠도는 것처럼, 그도 어렸을 때의 꿈을 잃고 한이 맺혀 떠돌고 있는 것이다. 이러한 한을 해소하기 위하여 매월당은 작품의 배경을 불교로 설정하였을 것이다. 고래로 불교의 재가 인간의 한을 푸는 수단으로 인식되어 왔기 때문일 것이다. 더욱이 여인은 그 한을 양생에게서 풀고, 그것도 미진하여 양생에게서 정식 장례와 사흘 저녁의 재를 공양 받고는 완전히 한을 풀어 타국의 남자 몸으

深閨 終守幽貞 不爲行露之沾 以避橫逆之禍 父母以女子守節不爽 避地僻處 僑居草野 已三年矣.

63) 然而秋月春花 傷心虛度 野雲流水 無聊送日 幽居在空谷 歎平生之薄命 獨宿度良宵 傷彩鸞之獨舞 日居月諸 魂銷魄喪 夏日冬宵 膽裂腸摧 惟願覺皇 曲垂憐愍.

로 태어난다. 이는 바로 그가 무의식적으로 원하던 바이다. 한 맺힌 매월당 역시 여인처럼 그의 한을 다 풀고, 본래의 자기 목적을 성취했으면 하는 강렬한 소망이 이렇게 드러난 것이라 하겠다.

이렇게 볼 때, 본 작품은 '현실의 그'와 '이상의 그'가 서로 상호보완하며 하나의 해결점을 찾아가는 과정을 그린 것이라 하겠다. 즉 매월당은 홀아비로서의 외로운 처지를 제재로 삼아, 자기 자신의 무의식적 욕구를 문학적으로 표현하였다. 이것은 매월당의 한으로, 한 많은 그의 인생에 있어 가장 중요한 문제였다고 하겠다. 따라서 현실세계에서 풀 수 없는 한을 여인이 양생을 통하여 풀었듯이, 그도 작품을 통해서 그의 한을 완전히 풀어본 것이라 하겠다. 이를 '자아의 의식화과정'이라고 보는 견해[64]도 있는데 이를 심리학적으로 정확히 말한다면 '무의식의 의식화', 즉 자기실현이라고 하여야 맞을 것이다. 왜냐하면 그는 무의식적 욕구를 의식 속에서 성취하였기 때문이다.

(2) 이생규장전[65]

이 작품 역시 주인공인 이생이 어떻게 자기실현을 하는가를 재미있게 보여주는 작품이다. 즉 '있는 이생'은 소극적이어서 절의를 잘 지키지 못하는 청년이다. 그러다가 우연히 담 안에 있는 최씨 처녀를 만난다. 그녀는 이생과 달리 적극적이고 절의를 중시하는 여인이다. 이후 이야기는 남들처럼 적극적이고 과감하지 못한 이생이 자신의 소극적인 절의를 비판하여 무의식적으로 그와 반대되는 적극적인 절의를 가진 여성을 만나 그 스스로도 그녀처럼 적극적인 절의를 지키는 사람으

64) 김성기, 앞의 논문, 앞의 책.

65) 설중환, 「이생규장전: 분석심리학으로 읽어보기」, 『한국학연구』 21집, 고려대 한국학연구소, 2004 참조.

로 바뀌어가는 이야기이다. 이는 바로 자기실현의 모습으로, 이를 정신적 성취 또는 널리 알려진 말로 카타르시스라 하여도 좋을 것이다. 그러므로 이 작품은 처음부터 끝까지 현실의 매월당으로 비유된 이생의 소극성과, 그가 무의식적으로 원하는 성격의 소유자인 최씨 처녀의 적극성으로 이야기가 꾸며져 있다.[66] 여기서 이생과 최랑은 작가의 분신 내지 그림자로 보아도 좋다. 작가는 언제라도 자기 작품에서 주인공이 될 수 있기 때문이다. 이것이 본 작품의 큰 줄거리이다.

1) 절의의 양면성

① 이생, 담장 안에서 자기를 보다

이 작품의 이야기는 주인공이 무의식 속의 '있어야 할 자기'를 보는 것으로 시작된다. 이 부분을 한번 읽어보기로 한다.

> 이생은 일찍부터 책을 옆에 끼고 학교에 다닐 때는 항상 최 처녀의 집 북쪽 담 밖으로 지나갔는데, 수십 그루의 수양버들이 운치 있게 둘러서 줄지어 있었다. 이생이 어느 날 그 나무 밑에서 쉬다가 우연히 담 안을 들여다보았더니, 이름난 꽃들이 만발하고 벌과 새들이 요란하게 재잘거리고 있었다. 그 곁에는 작은 누각이 꽃떨기 사이로 은은히 비치는데, 구슬발은 반쯤 가려져 있고 비단 휘장은 낮게 드리워져 있었다. 그 속에 한 아리따운 여인이 있었다.[67]

---

66) 최숙인, 「이생규장전 연구」, 『이화어문논집』 3, 이화어문학회, 1980에는 이생의 수동적인 소극성과 최랑의 진취적인 적극성을 단계별로 잘 분석해 놓고 있다.

67) 李生嘗挾冊詣學, 常過崔氏之家, 北牆外, 垂楊裊裊, 數十株環列, 李生憩於其下. 一日窺牆內, 名花盛開, 蜂鳥爭喧, 傍有小樓, 隱映於花叢之間, 株簾半掩, 羅幃低垂. 有一美人.

이 글에서 우리는 제목이 암시하는 대로, 이생이 담장 안을 엿보는-규장窺墻- 사건에서 이야기가 시작된다. 이는 무엇을 의미하는지 한번 알아보기로 한다.

첫째, 여기서 담장은 의식과 무의식을 가르는 경계선이라 할 수 있다. 즉 담장 밖이 의식세계라면 담장 안은 무의식세계를 상징한다. 따라서 이생이 담장 안을 엿본다는 것은, 현실세계에서 무의식세계로 들어가는 상징적 행위임을 알 수 있다.

둘째, 이생은 어느 날 학교를 가던 중 버드나무 밑에서 쉬다가 우연히 담장 안의 한 아리따운 여인을 보게 된다. 여기서 '우연히'라는 말에 유의해야 한다. 이 무의식은 평소에는 나타나지 않다가, 가령 '나도 모르게' 실수를 한다든가, '어쩔 수 없이 이끌리는 듯한 기분'으로 무엇을 한다든지 하는 경우에 나타난다.[68] 이처럼 우리는 의식세계에서 '우연히' 혹은 '자기도 모르게' 무의식세계로 빠져들게 된다. 우리가 산책을 하다가 우연히 이상한 생각에 빠지는 것과 같다고나 할까. 이렇듯 이생은 우연히 무의식세계에 들어가게 된 것이다.

셋째, 담장 주변은 수십 그루의 수양버들로 둘러쳐져 있고, 담 안의 누각도 구슬발로 반쯤 가려져 있다고 서술하고 있다. 이 수양버들이나 구슬발들은 담장과 마찬가지로 의식계와 무의식계를 구분 짓는 경계선 역할을 하고 있다. 의식계에서 무의식계를 보면 마치 수양버들이나 구슬발을 드리운 듯 보일듯 말듯한 것이다.

넷째, 구슬 발 안의 아리따운 아가씨는 바로 이생이 되고자 하는 이상적인 자기自己를 상징한다. 여기서 자기는 이생의 전체성인 동시에 원형이다. 즉 그가 무의식적으로 자기를 본다는 사실은 인간은 누구나

---

68) 이부영, 『개정증보판 분석심리학』, 일조각, 1998, 68쪽 참조.

태어날 때부터 자기실현, 즉 전체정신을 실현할 수 있는 원동력이 무의식에 존재한다는 사실을 뒷받침한다. 모든 사람은 자기실현을 할 수 있는 잠재력을 가지고 있다. 그런 잠재력을 일깨워서 적극적으로 자기실현을 수행하느냐 하지 않느냐는 스스로의 자아에게 달려 있다.[69] 그러므로 여기의 여인은 이생의 자기自己 또는 원형, 즉 있어야 할 이생인 것이다.

이후 소극적인 이생이 이 여인과 같이 적극적인 사람으로 변모하는 이야기가 바로 「이생규장전」이다. 즉 적극적이고 절의를 중시하는 여인이 소극적이고 절의를 잘 지키지 않는 이생을 적극적이고 절의를 잘 지키는 사람으로 변모시켜주는 이야기인 것이다. 이처럼 여인이 이생을 적극적이고도 절의를 지키는 사람으로 거듭나게 도와준다. 대개 남성을 구원하는 것은 여성이다. 그러므로 여기서 여인은 바로 이생의 아니마이다. 아니마는 보통 자아를 자기에게로 매개하는 매개자의 역할을 하기 때문이다.[70] 즉 남성에게는 여성의 아니마의 도움으로 전체정신의 중심인 자기에게로 다가가는 것이다. 쉽게 말하자면, 남자는 여자에 의해 구원을 받고 자기실현을 할 수 있는 것이다. 더 쉽게 말하자면 여자만이 남자를 출세시킬 수 있는 것이다. 이는 아니마와 아니무스의 관계를 알면 이해의 도움이 될 것이다.

> 아니마는 영감과 같은 것이다. 아니마는 아니무스와 마찬가지로 보물을 가지고 있으며, 보물이 있는 곳을 안다. 현명한 여성은 겉으로 보기에 형편없는 초라한 청년이 비상한 재능을 가지고 있는 것을 알고 그의 숨은 재능을 개발해서 위대한 음악가, 위대한 화가를 만든다. 위대한 사람은

69) 같은 책, 94쪽.
70) 같은 책, 293쪽.

> 아무도 처음부터 위대하지 않았으며, 그의 뒤에는 흔히 그를 뒷받침하고 보살핀 여인이 있다.[71]

아니마는 분석심리학에서는 남성 속에 있는 여성적인 요소를 가리킨다. 이 아니마는 그의 어머니에게서 크게 영향 받는다고 본다. 왜냐하면 그가 태어나서 가장 처음 만난 여성이 어머니이기 때문이다. 그러므로 대부분의 남성들에게는 어머니가 이상적인 여인상이 되는 것이다. 남자는 이 어머니에 의해 남자가 되는 것이다. 위대한 어머니가 위대한 아들을 만드는 것이다.

이처럼 남자가 여성에 의해서 자기실현을 이루듯, 본 작품에서도 이생은 여인에 의해서 구원 받은 것이다. 우리가 알고 있는 대부분의 위인들도 뒤에는 여인들이 있다. 맹자의 어머니가 그러하고, 율곡의 어머니가 그러하다. 이처럼 이생도 여인에 의해서 자기실현을 이루는 것이다. 이생이 '있는 나'에서 '있어야 할 나'로 변모되어 가는 것이다.

② 적극적인 여인과 소극적인 이생

작품에서 이생은 소극적으로 그려지고, 반면에 최 처녀는 적극적으로 그려지고 있다. 여기서 이생은 현실의 김시습이라면, 최 처녀는 있어야 할 이상의 김시습이라 할 수 있다. 이제 이들을 대비하여 보기로 한다.

첫 번째로 이들이 처음 만나는 장면에서부터 여자는 적극적이나 이생은 소극적임이 나타난다. 그것은 최 처녀가 먼저 프러포즈를 취한 것에서 알 수 있다. 그녀는 담 밖의 이생을 처음 보고는 수를 놓던 손을 잠시 멈추고, 턱을 괴고는 시를 읊었다. 그 시의 일부만 읽어보기로 한다.

---

71) 이부영, 『아니마 아니무스』, 한길사, 2001, 165쪽.

路上誰家白面郎　길 가는 저 총각은 어느 댁 서생이신지
青衿大帶映垂楊　푸른 깃에 너른 띠 버들 사이에 비쳐오네.
何方可化堂中燕　어떡하면 대청 안 제비가 되어
低掠珠簾斜度牆　나지막한 주렴을 걷고 담장 위를 넘으리.

이 시를 보면, 여인은 바로 제비로 변하여 담 너머의 이생에게 달려가고자 하는 적극성을 내비친다. 그러나 이 시를 들은 이생의 태도는 소극적이기 그지없다. 그는 그녀의 시를 듣고 재주를 뽐내고 싶어 참을 수가 없었지만, 담이 높고 안채가 깊숙한 곳에 있어 서운한 마음으로 학교로 갔다. 그리고 학교에서 돌아오는 길에 종이에다 시를 써서 담 안으로 던져 보냈다. 그 역시 소리 내어 시로 답할 수 있었지만, 그에게는 그럴 만한 용기가 없었던 것이다. 그 시의 내용 역시 소극적이니, 마지막 연만 살펴보기로 한다.

好因緣邪惡因緣　좋은 인연이 되려는지 궂은 인연이 되려는지
空把愁腸日抵年　부질없는 이내 시름 하루가 일년이네.
二十八字媒已就　넘겨 보낸 시 한수로 가약이 이미 맺었으니
藍橋何日遇神仙　어느 날 남교에서 신선 같은 님을 만나랴.

이 시의 '좋은 인연이 되려는지 궂은 인연이 되려는지'라는 구절에서, 우리는 그들의 관계를 처음부터 걱정하는 이생이 상당히 소극적인 사람임을 짐작할 수 있다. 또한 '어느 날 남교에서 신선 같은 님을 만나랴'라는 구절도 아주 관념적이고 막연한 것임을 짐작할 수 있다. 그러나 이 시를 본 최 처녀는 바로 답장을 보내니, '그대는 의심하지 말고 황혼 기약합시다[72]라고 답한다. 그녀는 어느 날 남교가 아니라, 바로 그날 저녁에 자기 집에서 만나자는 것이다. 얼마나 적극적이고 현

실적인가.

이생은 여인의 말대로 그날 밤 그녀의 집으로 간다. 그러나 그는 담이 높은 줄 알면서도 아무 것도 준비하지 않고 갔다. 그가 담을 넘는 것도 여인의 주도면밀한 준비 때문이었으니, 여인이 만들어 준, 밧줄에 매어진 대나무 교자를 타고 담을 넘어 그녀를 만날 수 있었다.

이들이 처음 만났을 때도 여인이 먼저 시를 읊었다.

桃李枝間花富貴　도리桃李 가지 속에 꽃송이 탐스럽고
鴛鴦枕上月嬋娟　원앙 베개 위에 달빛이 고와라.[73]

여기서 복숭아꽃이나 배꽃은 여자를 상징한다. 그녀는 스스로의 아름다운 육체를 자랑하며, 바로 침대 위의 일을 말한다. 그러나 이생은 걱정뿐이다. 이생의 시를 위의 시와 한번 비교해서 읽어보자.

他時漏洩春消息　이 다음에 어쩌다가 봄소식이 샌다면
風雨無情亦可憐　무정한 비바람에 또한 가련하리라.[74]

이생은 최 처녀와 달리 미리부터 혹시 둘 사이의 소문이라도 나서 곤경을 당할까봐 걱정이다. 이를 눈치 챈 최 처녀는 얼굴빛이 달라지면서 말한다. 이 말은 그녀의 성격을 잘 나타내는 말이므로 함께 읽어보기로 한다.

저는 애당초 그대의 아내가 되어 평생토록 키와 빗자루를 손에 들고

---

72) 將子無疑 昏以爲期.
73) 桃李枝間花富貴 鴛鴦枕上月嬋娟
74) 他時漏洩春消息 風雨無情亦可憐

> 집안 허드렛일을 맡아 하면서 끝까지 함께 환락을 맺으려 하였어요. 그렇거늘 그대는 어찌 이런 말씀을 하십니까? 저는 비록 여자의 몸이지만 마음이 태연하여 아무 걱정도 없는데, 그대는 대장부의 의기를 가지고서도 이런 나약한 말씀을 하시다니요. 이 다음에 규방의 이 일이 누설되어 부모님이 저를 책망하신다면, 제가 혼자 책임을 지겠습니다.[75)]

이 말에서 우리는 그녀가 처음부터 이생을 남편으로 모셔 오래도록 즐겁게 지내려는 그녀의 적극적인 절의節義을 읽을 수 있다. 또한 그녀는 비밀이 누설되는 것도 걱정하지 않으며, 설사 누설되어 꾸지람을 듣게 되더라도 혼자 책임을 지겠다는 그녀의 말에서 적극적이고 의리를 지키려는 그녀의 마음을 읽을 수 있다. 이생은 이 말을 들은 후, 최 처녀와 함께 누각 밑에 있는 여인의 방으로 가서 즐거움을 누리면서 여러 날 유숙하게 된다.

사흘이 지나자 이생이 먼저 돌아가겠다고 한다. 최 처녀는 서운하게 여기면서도 그를 보내주었다. 이후 이생은 저녁마다 최 처녀를 찾아간다. 꼬리가 길면 밟힌다고, 어느 날 이생의 아버지는 매일 밤 나갔다가 새벽에 돌아오는 이생을 보고 '반드시 경박한 놈들의 행실을 배워서 남의 집 담을 넘어가서 아가씨나 엿보고 다니는 것'이라고 판단하고, 이생을 영남 시골농장으로 유배 보내듯 쫓아낸다. 이에 대해 이생은 아버지에게 한마디 변명도 하지 못하고 떠나고 만다.

그러나 최 처녀는 이생과 달랐다. 그녀는 이생이 오지 않자 시종인 향아를 시켜 연유를 알아본 후, 이생이 부친에게 죄를 얻어 영남 시골로 내려갔다는 소문을 듣고는 상사병相思病이 나서 몸져누웠다. 그녀

---

75) 本欲與君 終奉箕帚 永結歡娛 郎何言之若是遽也 妾雖女類 心意泰然 丈夫意氣 肯作此語乎 他日閨中事洩 親庭譴責 妾以身當之.

는 음식도 먹지 않고, 말도 두서가 없었으며, 혈색도 잃었다. 소위 말해서 단식투쟁에 들어간 것이다.

두 번째로 이들이 만나 결혼하게 되는 것도 여인에 의해서이다. 이를 살펴보기로 한다.

최 처녀의 부모는 딸이 몸져누운 이유를 물었으나 그녀는 대답을 하지 않았다. 이에 그녀의 부모는 딸의 상자 속을 들추어 보고는 거기서 딸이 이생과 서로 주고받은 시를 보고서는 그제야 딸이 아픈 이유를 알았다. 여기서 상자는 바로 그녀의 마음을 상징하는 물건이다. 그 안에서 그녀의 부모가 최 처녀의 속마음을 알아내었던 것이다.

최 처녀의 부모는 딸에게 이생이 누구냐고 물었다. 그녀는 이제 더 이상 숨길 수 없어 솔직하게 고백한다. 그녀는 부모의 허락 없이 이생과 정을 통해 수치가 가문에 미치었다고 하면서도, 이생에 대한 사무치는 정이 깊어 죽을 지경에 이르렀다고 말한다. 그러면서, '부모님께서 만일 저의 소원을 들어주신다면 남은 목숨을 보존할 것이고, 만약 간곡한 청을 거절하신다면 죽음만 있을 뿐입니다'하면서, '이생과 함께 저승에서 다시 노닐지언정 맹세코 다른 가문에는 시집가지 않겠습니다'[76]라고 한다. 우리는 여기서 부모와 죽음으로 맞서는 그녀의 적극성과 죽어도 다른 가문에는 오르지 않겠다는 그녀의 굳은 절의를 엿볼 수 있다.

이에 그녀의 부모는 모든 사실을 알아차리고는 중매인을 통해 격식에 맞는 혼례를 시키고자 한다. 최 처녀의 부모 역시 최 처녀처럼 상당히 적극적이다. 그러나 이생의 부모는 또한 이생처럼 소극적이었으니, '조만간 과거에서 장원급제를 하여 언젠가 세상에 이름을 떨칠 것이

76) 父母如從我願 終保餘生 倘違情款 斃而有已 當與李生 重遊黃壤之下 誓不登他門也.

니'서둘러 배필을 구할 생각이 없다며 소극적으로 나온다. 그러나 최 처녀의 부모는 이에 아랑곳하지 않고 중매인을 다시 보내나 역시 거절 당한다. 그러자 최 처녀의 부모는 세번째로 중매인을 보내어 '납채의 예식과 의장에 관한 일은 제가 모두 조처하겠습니다. 좋은 날을 가려서 화촉의 시기만 정하였으면 좋겠습니다.'하며, 최대한 양보한다. 이에 이생의 집안에서는 마침내 마음을 돌려 이생을 불러올린다.

울주에서 올라온 이생은 그간의 이야기를 듣고는 스스로 기쁨을 이기지 못한다. 그 역시 그녀와 결혼하고 싶었기 때문이다. 그는 이 기쁨을 시 한 수로 읊었다. 아주 소극적인 시이니, 한번 읽어보기로 한다.

破鏡重圓會有時 파경이 다시 합쳐지니 이것 또한 인연이라
天津烏鵲助佳期 은하의 오작들 이 가약을 도왔도다.
從今月老纏繩去 이제 월하노인이 붉은 실을 묶어 주리니
莫向東風怨子規 봄바람 건 듯 불 제 두견새 원망 마오.

이 시에서 보면, 이생은 두 사람이 다시 맺어지게 된 것을 오직 우연과 운에 돌린다. 인연이라든가, 오작들이 가약을 도왔다거나, 월하노인이 붉은 실을 묶어 주리라는 것들이 그것이다. 그는 아직도 이 결혼이 최 처녀가 목숨을 걸고 단식투쟁해서 얻은 결과임을 모르고 있다. 그러나 최 처녀의 반응은 이와 정반대다.

惡因緣是好因緣 나쁜 인연이 바로 좋은 인연인가?
盟語終須到底圓 그 옛날 굳은 맹세 마침내 이루어졌네.
共輓鹿車何日是 어느 날 님과 함께 녹거 타고 갈고?
倩人扶起理花鈿 아이야! 날 일으켜라, 꽃비녀를 매만지리.

이 시에서 나타나듯 최 처녀는 나쁜 인연을 좋은 인연으로 바꾼 적극적인 여인이다. 그리고 그 옛날 굳은 맹세를 마침내 이루어낸 절의의 여인이다. 이런 최 처녀의 적극성과 절의의 덕으로 둘은 혼례를 이루고 다시 끊어졌던 사랑을 잇게 된다.

이생은 이듬해 대과에 급제하여 높은 벼슬에 오르게 된다. 그러나 흥진비래興盡悲來라든가, 신축년 홍건적이 서울을 점거하매 임금은 복주로 피난가고 백성들은 뿔뿔이 흩어져 제각기 살기를 꾀하였다. 이생 역시 가족을 데리고 궁벽한 산골에 숨었다. 그때 한 도적이 칼을 빼어 들고 그들의 뒤를 쫓아오자, 이생은 아내를 버려두고 혼자 달아난다. 그는 아내를 보호하기 위해 도적과 싸우거나, 아니면 아내와 같이 도망가는 것이 아니라 혼자 도망쳤다. 얼마나 비겁한가. 홀로 남은 그의 아내는 도적에게 사로잡히게 된다. 도적이 부인을 겁탈하고자 하자, 여인은 크게 꾸짖어 말했다. 여인의 말을 한번 들어보자.

> 호랑이 창귀 같은 놈아! 나를 죽여 씹어 먹어라. 내가 차라리 죽어서 승냥이와 이리의 밥이 될지언정, 어찌 개돼지와 같은 놈의 배필이 되겠느냐?[77]

이 말을 들은 도적은 노하여 여인을 죽이고 살을 발라내었다. 이에서 보듯 여인은 죽음을 무릅쓰고 정조를 지켰다. 그녀가 이렇게 정조를 지킨 것은 다름아니라 남편인 이생에게 절의를 지키기 위한 것이었다. 결국 이들의 결혼생활도 전쟁과 도적의 침범으로 끝나게 되었다. 이생은 여인을 버리고 달아났으며, 여인은 이생에게 절의를 지키기 위해서 목숨을 잃었다.

---

77) 虎鬼殺啗我 寧死葬於豺狼之腹中 安能作狗彘之匹乎.

세 번째로 이들이 다시 만나게 되는데, 이도 여인에 의해서이다. 이생은 들에 숨어서 목숨을 보전하다가 도적이 이미 소멸했다는 소식을 듣고서야 자기의 집으로 돌아간다. 그의 집은 불타고 없었다. 그는 여인의 집으로 간다. 거기서 그는 슬픔을 이기지 못하여 날이 저물도록 혼자 앉아서 한숨만 쉬고 있었다. 밤중이 거의 되자 희미한 달빛이 들보를 비추는데, 낭하에서 발자국 소리가 들렸다.

여기서 달빛이 비치는 달밤은 밝은 낮도 아니고 그렇다고 캄캄한 밤도 아닌, 그 중간이라고 할 수 있다. 낮은 의식세계요 밤은 무의식세계이다. 그러므로 달밤은 의식계와 무의식계가 만날 수 있는 경계선인 것이다. 의식계가 인간의 세계라면, 무의식계는 귀신의 세계이다. 이 지점에서 이생과 죽은 여인이 만나는 것이다. 이는 마치 〈만복사저포기〉에서 양생이 달밤에 무의식계에 들어가는 것과 같은 모티브인 것이다. 따라서 이 부분부터는 무의식세계의 일이 된다. 다른 말로 하면 꿈의 세계라 해도 좋고, 귀신의 세계라 해도 좋다. 다만 인간세상의 일은 아닌 것이다.

이 달밤에 최 여인이 이생을 찾아온다. 이생이 최 여인을 찾아가는 것이 아니라 최 여인이 이생을 찾아오는 점을 간과해서는 안 된다. 특히 만나는 곳도 이생의 집이 아니라 여인의 집에서 이들이 만나도록 구성하여 더욱 여인의 적극성을 나타낸 것은 작가의 탁월한 소설기법이라 할 것이다. 오랜만에 여인을 만난 이생은 다만 '그대는 어디로 피란하여 목숨을 보전하였소?'[78]라고 말한다. 무책임하기 그지없는 말이다. 그러자 여인은 너무 답답한 마음에 이생의 손을 잡고 통곡을 하면서 그간의 사정을 이야기한다. 그녀는 우선 이리와 시랑 같은 놈

78) 避於何處 全其軀命.

에게 끝내 정조를 잃지 않았다고 한다. 그 이유는 '절의(節義)는 중요하고 목숨은 가벼웠기' 때문이라고 한다. 여인에겐 절의가 목숨보다 소중했던 것이다. 그러했기에 그녀가 귀신이 되어서까지 이렇게 찾아온 것 역시 '이전의 맹세를 결코 저버리지 않겠노라는 약속'을 지키기 위해서라고 한다. 이 부분의 말을 한번 들어보자.

> 이제 봄빛이 적막한 골짜기에 돌아왔으니, 천녀倩女의 혼이 이승으로 돌아왔듯이 저도 다시 이승으로 돌아오렵니다. 봉래산에서 다시 만나자는 약속이 이미 단단히 맺어져 있고, 취굴에서 삼생三生의 향기도 물씬 일어나네요. 바로 이런 때에 그간 오래 떨어져 있어야 했던 정을 되살려서, 이전의 맹세를 결코 저버리지 않겠노라고 약속드리지요. 그 기약을 잊지 않아 주신다면, 저는 끝까지 잘 모시려고 해요. 도련님께서는 그렇게 해주시겠어요?[79)]

이에서 보면, 여인은 죽어서 외로운 귀신이 되었다. 여기서 사람이 죽으면 3년간 이 세상에 떠돈다는 한국인의 죽음에 대한 원형이 나타난다. 한국인은 한을 품고 죽으면 3년간 이승에서 떠돌며 한을 풀고 저승으로 간다고 생각한다.[80)] 최 여인은 전쟁 때 죽은 사귀邪鬼로 한이 많은 귀신이다. 그러므로 여인은 다하지 못한 남은 인연을 거듭 맺으려 왔다고 한다. 더욱이 그녀는 살았을 때 맺은 맹세까지 저버리지 않겠다고 약속한다. 여인이 죽어서까지 절의를 지키려고 하는 점이 돋보인다.

이생은 여인의 말을 듣고는 기뻐서 감격한다. 왜냐하면 그는 소극적

---

79) 今則鄒律已吹於幽谷 倩女再返於陽開 蓬萊一紀之約綢繆 聚窟三生之香芬郁 重契闊於此時 期不負乎前盟 如或不忘 終以爲好 李郎其許之乎.

80) 최길성, 앞의 책, 184-198쪽 참조.

이어서 마음에는 있었지만 행동을 하지 못하는데, 반대로 여인은 그가 원하는 것을 행동으로 실천했기 때문이다. 그래서 그는 '그건 정말 내가 바라는 바요'라고 말했던 것이다. 이후에도 여인의 적극적인 행위에 의해 이생은 많은 도움을 받게 된다.

우선 이생은 여인이 어느 산골짜기에 재산을 잘 묻어 두었기에, 금은 덩어리와 얼마간의 재물을 하나도 잃지 않고 모두 찾을 수 있었다. 다음으로 여인에 의해 두 집 부모님의 해골도 찾을 수 있었다. 이에 이들은 양쪽 집 부모님들의 해골을 수습하고, 금과 재물을 팔아 각각 오관산 기슭에 합장하고는 나무를 심고 제사를 드리며, 극진히 예의를 다하였다. 이는 모두 여인의 도움 때문이었다.

이후 이생은 벼슬을 구하지 않고, 돌아온 노복들을 데리고 최 여인과 함께 집안에 틀어박혀 살았다. 여기서 집안은 바로 무의식세계를 상징한다. 즉 그는 이제 완전히 무의식계, 즉 귀신계로 들어갔으니 다음 구절에서 이런 사실을 짐작할 수 있다.

> 이생은 그 이후로는 인간사에 관심이 없었다. 그래서 비록 친척과 빈객의 길흉사에 하례하고 조문해야 하는 경우가 있더라도, 문을 걸어 잠그고 밖에 나가지 않았다. 그는 항상 최 여인과 더불어 살며, 싯귀를 지어 최 여인의 화답을 구하거나 최 여인이 지은 시에 화답하면서, 금슬 좋게 화락하게 지냈다. 그렇게 서너 해가 흘러갔다.[81]

여기서 보면 이생은 의식계가 아니라 무의식계에서 살고 있음을 알 수 있다. 먼저 그는 인간사에 관심이 없었다는 것은 현실적인 세속에

---

81) 生自是以後 懶於人事 雖親戚賓客賀弔 杜門不出 常與崔氏 或酬或和 琴瑟偕和 荏苒數年.

관심이 없어졌다는 말이다. 그는 의식계가 아니라 무의식계에 빠졌기 때문이다. 따라서 친척의 길흉사에까지도 문을 걸고 밖으로 나가지 않았다고 한다. 인간의식의 특징이란 무엇보다 체면을 차리는 것이다. 체면이란 바로 예의를 지키는 것인데, 그가 인간사회의 가장 큰 의식인 길흉사에도 참여하지 않았다는 것은 그가 거하는 곳이 의식계가 아님을 말한다. 다음으로 서로 싯귀로 마음을 주고받았다는 것은, 이들간의 대화는 바로 인간과 귀신간의 대화를 말한다. 왜냐하면 인간과 귀신은 시를 통해서 의사를 전달할 수 있기 때문이다.[82]

이렇게 사람과 귀신이 3년을 살았다. 3년 동안 이생은 무의식계에서, 즉 꿈속에서와 같이 그녀와 살면서 그녀의 한을 풀어준 것이다. 그러나 한국인의 고유한 귀신관鬼神觀에 의하면 귀신은 죽은 지 3년이면 이승의 한을 다 풀고 저승으로 떠나야 한다.[83] 이에 여인은 저승길의 운수는 피할 수 없다면서 이별을 선언한다. 이생과 여인의 세 번째 만남도 결국 이렇게 헤어지게 된다. 그러나 이 마지막 장면에서 이생의 의식에 변화가 생기게 된다. 이를 살펴보기로 한다.

③ 변모되는 이생

이제까지 살펴본 대로 이생은 원래 아주 소극적이고 의리가 없는 사람이었다. 그러나 이생은 적극적이고 절의를 지키는 여인을 만나, 그녀로 인해 그 역시 적극적이고 절의를 지키는 사람으로 변모된다. 이제부터는 이생이 이렇게 변모되는 이야기이다.

분석심리학은 원래 대극의 합일을 이상적인 것으로 생각한다. 예를 들면, 소극적인 사람이 적극적인 사람과 합일을 이루어 완전한 인간으

82) 설중환, 「금오신화의 삽입시연구 시론」, 『전주우석여대논집』 창간호, 1980 참조.
83) 최길성, 앞의 책. 184-98쪽 참조.

로 변모되는 것이 그것이다. 이부영은 자기실현의 과정을 다음과 같이 말하고 있다.

> 자기실현은 전체적인 꽃을 피운다는 것과 같다. 그러자면 이름 없는 것에서 이름 있는 것으로, 무의식의 상태에서 의식된 존재로 변화되어야 한다. 이 변환의 계기를 만들어주는 것은 너와 나의 만남의 과정이다. 즉 남성은 여성의 무의식에 잠자는 남성성을 일깨우고, 여성은 남성의 무의식에 남아있는 여성성을 일깨우고 의식화시킨다. 그리하면 인간은 정말 모두 무엇이 될 수 있는 것이다. 김춘수의 시의 마지막 구절처럼
> 너는 나에게 나는 너에게
> 잊혀지지 않는 하나의 눈짓이 되고 싶다.[84)]

이 말에서처럼 이생은 여인을 만남으로 해서 무의식 상태에서 잠자고 있던 스스로의 적극성과 의리가 의식화되기 시작한다. 마치 야수가 미인을 만나 훌륭한 임금이 되듯이... 이런 변모되는 이생의 모습은 이승에서 최 여인과 마지막으로 헤어질 때 나타나기 시작한다. 살펴본 대로 이생은 전쟁이 끝난 뒤 최 여인과 세 번째 만나 수년을 함께 지낸 후 헤어지게 되었을 때, 여인이 이별주를 권하며 옥루춘곡玉樓春曲에 맞추어 노래 한 곡을 지어 불렀다. 이에 이생이 슬픔을 걷잡지 못하고 말하였다. 이 말을 자세히 음미해 보면 그의 변모가 느껴진다. 이를 한번 자세히 읽어보기로 한다.

> 내 차라리 그대와 함께 황천으로 갈지언정 어찌 무료하게 홀로 여생을 보내겠소? 지난번 난리가 있은 뒤 친척과 노복들이 각각 서로 흩어지고, 돌아가신 부모님의 해골이 들판에 낭자하게 흩어져 있었을 때, 만일 그대

84) 이부영, 아니마 아니무스, 247쪽.

> 가 아니었더라면 누가 장사를 지내주었겠소? 옛 사람 말씀에, '어버이 살아계실 때는 예로써 섬기고, 돌아가신 뒤에는 예로써 장사지내야 한다.'고 하였는데, 이런 일을 실천에 옮길 수 있었던 것은 모두 낭자의 천성이 효순하고 착하며 인정이 두터웠기 때문이었소. 그러기에 너무도 감격하였소만, 다른 한편 스스로 부끄러움을 어찌 이길 수 있었겠소? 부디 낭자는 인간 세상에 남아 백년 뒤에 나와 함께 흙이 됨이 어떻겠소?"[85)]

이 말을 보면, 이생이 이제 와서야 스스로 많이 깨닫게 되었음을 고백하는 말임을 알 수 있다. 즉 그는 지난번 난리를 겪으면서 일어난 모든 일들을, 그 중에서도 부모님의 해골을 거두어 예로써 장사지낸 일을 되새기면서, '이런 일을 실천할 수 있었던 것은 모두 낭자' 때문이었음을 깨닫게 된다. 그가 부모님의 장례를 대표적인 예로 든 것은 조선시대가 유학의 시대로 효를 가장 중요시했기 때문일 것이다. 그는 이 모든 일들이 비로소 적극적인 최 여인이 의해 이루어진 것을 안 것이다. 그는 이 일에 감격할 뿐만 아니라, 스스로 부끄러움을 이길 수 없다고 고백한다. 부끄러움을 느낀다는 것은 자기의 잘못을 뒤돌아보고 뉘우친다는 말이다. 그는 이제 스스로의 참 자기모습을 본 것이다. 즉 그는 최 여인에 비해 소극적이고 의리가 없었음을 부끄러워하는 지경이 이른 것이다. 자기실현은 이처럼 자기 자신을 정확히 볼 때 이루어지는 것이다. 이제부터 그는 적극적이고 의리를 중시하는 사람으로 변해가는 것이다.

그러나 여인은 자신이 귀신의 명부에 실려 있으므로 오래 머물지 못하고 떠나지 않을 수 없음을 말하고, 자신의 유해를 거두어 주기를

---

85) 與娘子 同入九泉 豈可無聊獨保殘生 向者傷亂之後 親戚僮僕各相亂離 亡親骸狼籍原野 儻 寧非娘子 誰能奠埋 古人云 生事之以禮 死葬之以禮 盡在娘子 天性之純孝 人情之篤厚也 感激無已 自愧可勝 願娘子 淹留人世 百年之後 同作塵土.

부탁하고는 마침내 종적이 없이 사라진다. 특히 작품의 마지막 장면은 이생이 적극적으로 변한 모습을 보여주는 중요한 장면이므로 함께 읽어 보기로 한다.

> 이생은 그녀의 유골을 거두어 부모의 묘소 곁에 장사를 지내주었다. 장례를 지낸 뒤에도 이생은 여인을 추모하고 생각하다가, 병을 얻어 수개 월만에 세상을 떠났다.
>
> 이 이야기를 들은 사람들은 모두 애처로워하고 슬퍼하며, 그들의 절의를 사모하지 않는 이가 없었다.86)

이 부문에서 우리는 이생이 적극적이고 절의를 지키는 사람으로 바뀌었음을 확인할 수 있다. 우선 그는 여인의 말대로 그녀의 유골을 거두어 부모님의 묘소 곁에 장례를 지내 주었다. 그의 이런 모습은 과거의 무책임한 그의 모습과는 대조를 이루는 장면이라 아니할 수 없다. 그리고 그는 여인을 추모하고 생각하다가, 병을 얻어 수개 월만에 세상을 떠났다고 한다. 우리는 여기서 그가 추모하고 생각한 여인은 적극적이고 절의를 지킨 최 여인이고, 아울러 그는 지난날 스스로 소극적이고 절의를 지키지 않던 그 자신이다. 이미 살펴본 대로 그가 처음 그녀를 만날 때부터 그녀와 영원히 헤어질 때까지 모든 일을 최 여인이 적극적이며 절의를 지키면서 일했던 것이다. 처음 만나게 된 것은 물론 결혼하게 되는 과정이나, 특히 홍건적이 쳐들어 왔을 때 이생은 아내를 두고 도망가 버렸지만 최 여인은 이생에 대한 아내로서의 절의를 지키기 위해서 목숨까지 바쳤다. 그리고 최 여인은 죽어서 귀

86) 生拾骨 附葬于親墓傍 旣葬 生亦以追念之故 得病數月而卒 聞者 莫不傷歎 而慕其義焉.

신이 되어서까지 옛 절의를 지키기 위해 이생을 찾아왔던 것이다. 더구나 그녀는 전쟁 통에 잃어버린 재산은 물론 부모님들의 유골을 찾아 이생이 부모님에 대한 예를 차릴 수 있게 해주었다. 이런 것들을 모두 생각한 이생은 스스로 부끄러움을 느끼고, 여인을 추모하고 생각하다가 결국에는 병을 얻게 되어 죽고 만다.

여기서 우리는 그의 죽음을, 문면 그대로 읽어, 단지 슬픔을 이기지 못해 죽었다는 식으로 해석해서 이를 비극으로 보는 것은 재고할 여지가 있다고 본다. 필자는 이 부분을 이생이 스스로 자살했다고 보아야 앞뒤의 문맥이 맞는다고 본다. 왜냐하면 이제까지는 여인이 이생을 찾아왔지만, 이제는 이생이 스스로 죽어서 그 여인을 찾아나선 것으로 보아야 하기 때문이다. 이제서야 이생이 여인에게 절의를 지킨 것이다. 그러기 위해서 스스로 목숨을 끊은 것이다. 그러므로 이 장면은 비극이라기보다는 비장한 장면이라 아니할 수 없다. 특히 우리는 마지막 구절에서 이런 사실을 재차 확인할 수 있다. 이 사실을 들은 이들이 모두 애처로워하고 슬퍼하며, 그들의 절의를 사모하지 않는 이가 없었다고 한다. 이 구절에서, 우리는 '그들'이란 단어에 유의해야 한다. 그들은 최 여인은 물론 이생까지 포함된다는 사실이다. 이생 역시 절의의 남자로 변한 것이다. 이생이 남들의 사모를 받을 만큼 절의를 지킨 것은, 바로 스스로 목숨을 끊어 그녀를 따라갔기 때문이다. 이생은 완전히 적극적인 사람으로 변모한 것이다. 물론 최 여인에 의해서.

2) 소극적인 작가의 의지

인간은 누구나 스스로에게 부족한 것을 채우려는 무의식적 욕구가 있다. 특히 그것이 그에게 불리하게 작용할 때 그 욕구는 자연적으로 더욱 커질 것은 분명한 이치이다. 매월당도 이에서 예외는 아니었다. 그가 본 작품을 쓸 때는 10여 년의 방랑생활을 끝내고 금오산실에 숨어 지낼 때이다. 그는 왜 10년간이란 긴 기간을 방랑하였던가? 그것은 세조의 정권이 왕도가 아니고 패도라고 생각하였고, 또한 죽은 왕에 대한 절의 때문이었다. 그러나 그는 상왕으로서 수강궁에 있던 단종의 복위에 성삼문·박팽년·유응부·이개 등의 사육신과 같이 죽음으로 맞서지 못하고 남효온·원호·이맹전·조려·성담수 등과 같은 세칭 '생육신'으로 남아 죽을 때까지 초야에 묻혀 세상을 피하면서 비판하며 살아갔던 것이다. 따라서 적극적으로 사육신과 같이 되지 못한 그는, 무의식적으로 스스로의 소극성을 비판하고 적극적인 절의를 사모하게 된다. 그것이 작품 〈이생규장전〉으로 나타나게 된 것이라고 생각된다.

그러면 여기서 왜 매월당이 소극적인 성격의 소유자였는지를 한번 생각해 보기로 한다. 이는 그의 성장 시 어려웠던 환경과 무관하지 않을 것이다. 인간을 환경의 동물이라고도 하지 않는가.

첫째는 어렸을 때 외조부 밑에서 독자로 너무 귀하게 컸던 까닭에 소극적이 되었다고 본다. 외조부가 그를 키웠을 때의 모습은 〈매월당육가〉 중에 잘 나타난다.

外公外公愛我嬰　　외조부여, 외조부여! 어린 나를 사랑하셔서,
喜我期月吾伊聲　　내 돌날에 이이 하는 소리 기뻐도 하셨네.[87]

여기서 보면, 그의 외조부가 신동 김시습을 얼마나 사랑하였는지 눈에 보이는 듯하다. 이렇게 과잉보호로 큰 사람은 대개 적극적이 되지

87) 『매월당집』시집 14.

못하고, 소극적이 되는 것은 우리가 익히 아는 바이다.

둘째는 매월당의 부모가 일찍 돌아가시고, 또한 여인들에 의해 양육된 까닭에 소극적이 되었다고 생각된다. 그의 모친은 그가 철들기도 전인 15세에 별세하였고, 그의 부친은 처음부터 앓아 누워 아들의 교육을 담당하지 못하였다. 따라서 그는 처음에는 어머니에게, 어머니가 돌아가신 다음에는 외숙모에게 의탁하게 되었던 것이다. 아이가 아버지의 손에 의해서가 아니라 어머니·외숙모 등 여인의 손에 의해서 자랄 때, 그의 성장 후 성격은 자연 여성적이 될 것임은 상식이다. 따라서 그는 일찍 부모를 여의고, 또한 여인들에 의해 자랐으므로 여성적으로 감성이 예민하고 소극적으로 행동하였던 것이다.

셋째는 매월당이 성장 시 커다란 좌절을 몇 번 겪은 게 그를 소극적으로 만들었다고 여겨진다. 처음 좌절은 물론 부모를 여읜 것이다. 다음에는 5세에 세종의 인정을 받고 후에 크게 기용되겠다고 믿었는데, 세종이 죽고 또 단종조차 손위되자 그의 좌절감은 이루 말할 수 없었을 것이다. 그는 그 소식을 듣고 그 길로 머리를 깎고 중이 되어 전국 편력의 길을 떠났다.

넷째는 과거의 실패에 대한 충격이다. 이미 언급한 대로 매월당은 단종 즉위를 축하하기 위해서 계유 2월에 특설한 경과인 증광시(회시)에 동료와 함께 응하였으나 낙방하였다. 더욱이 그는 세조의 왕위찬탈로 말미암아 이후 스스로 과거를 포기해 버렸다.

이처럼 그는 성장 시 일찍 부모를 여의고, 세종의 언약이 물거품처럼 사라지고, 또한 과거에도 실패한 경험 때문에 자연 매사에 자신이 없고 소극적인 성격으로 변하여 갔던 것으로 추정할 수 있다.

끝으로 그의 병약한 몸 때문에 소극적인 성격을 지니게 되었다고 보여진다. 그는 평생토록 투병생활로 일관한 사람이다. 처음 발병 원인은 그의 나이 15세 때 모친의 수분생활에서 고질痼疾을 얻었다고 한다. 이후 과도한 음주와 무절제한 방랑생활로 인하여 병은 더욱 악화되어 갔으니, 그의 시 가운데 건강생활을 희구하는 시가 많았음이 이를 증명한다. 그는 머리뿐 아니라 나이보다 일찍 귀가 멀고, 눈이 어둡고, 이가 빠졌으니 『시집』 15의 〈이중〉·〈목차〉 등의 시에 잘 나타난다.[88] 이렇게 몸이 허약했으므로 자연 그는 건강한 사람보다 매사에 소극적으로 처신하였던 것이다.

살펴본 대로, 매월당은 성장 시의 여러 조건 때문에 소극적인 성격을 소유하고 있었던 것이다. 그러나 그의 마음 속 깊은 곳에서는 무의식적으로 적극적인 성격을 갖고 싶어 하였으니, 이는 인지상정人之常情이라 하겠다. 따라서 그의 이런 무의식적 욕구가 작품에 그대로 나타났으니, 이생은 소극적인 절의를 지닌 '현실의 그'요, 최 처녀는 적극적인 절의를 지닌 '이상의 그'인 것이다. 이를 좀더 살펴보기로 한다.

작품속의 주인공은 매월당과 흡사하게 닮아 있다.

> 송도에 이생이 낙타교 옆에 살고 있었는데, 나이는 십팔 세였다. 얼굴이 말쑥하고 재주가 뛰어나 일찍부터 국학에 다녔는데, 길을 가면서도 글을 부지런히 읊었다.[89]

이는 작품 속의 이생을 묘사한 부분이나, 또한 풍류재자 김시습의 젊은 날을 상상시키고도 남음이 있다. 또한 이생의 부친이 이생을 두고 "학문에 정통하고 풍채도 현인답게 생겼소. 장래에는 장원으로 급제할 것이며, 이름이 세상에 떨칠 것이니"[90]하고 자랑하는 데서도 작

88) 정주동, 『매월당 김시습연구』, 신아사, 1965, 145쪽.
89) 松都 有李生者 居駱駝橋之側 年十八 風韻淸邁 天資英秀 常詣國學 讀詩路傍.
90) 學問精通 身彩似人 所冀捷龍頭於異日 占鳳鳴於他年.

가의 젊었을 때 모습을 연상할 수 있다. 즉 이생이 현실의 매월당으로 비유되었다고 보아 크게 무리가 없을 것이다.

또한 작품에서 이생은 처음부터 소극적으로 최 처녀를 대한다. 그러나 최 처녀는 이생과 반대로 적극적이었다. 그래서 이들의 세번 결합도 모두 최 처녀에 의해 이루어졌다. 이렇게 적극적인 최 처녀는 바로 매월당이 바라던 자신의 화신化身이다. 즉 그가 무의식적으로 되고자 하였던 모습이 최 처녀로 나타난 것이다. 따라서 최 처녀는 시종일관 적극적으로 의리를 지킨다. 특히 최씨 처녀가 환생하여 이생의 손을 잡고 한 이야기는 바로 매월당 자신의 무의식적 고백이라 하여도 무방할 것이다.

> 저는 본디 양가의 딸로서 어릴 때부터 가정의 교훈을 받아 자수와 재봉에 힘썼고, 시서와 예법을 배웠으므로 다만 규방의 법도만 알고 그 밖의 일은 알지 못하였습니다. … 장차 백년을 함께 하려 하였는데, 불의의 횡액을 만나 구렁텅이에 넘어질 줄 생각이나 했겠습니까? 끝내 이리와 시랑 같은 놈들에게 정조를 잃지는 않았습니다만, 스스로 몸뚱이를 진흙탕에서 찢김을 당하고 말았습니다. … 집도 없어지고 어버이도 잃었으니, 피곤한 혼백이 의지할 곳 없음이 한스러웠습니다. 절의는 귀중하고 목숨은 가벼우므로 쇠잔한 몸뚱이로서 치욕을 면한 것만은 다행이었습니다만, 누가 산산조각난 제 마음을 불쌍히 여겨 주리오. 애끓는 썩은 창자에만 맺혀 있을 뿐입니다.[91]

---

91) 妾本良族 幼承庭訓 工刺繡裁縫之事 學詩書仁義之方 但識閨門之治 豈解境外之修 然而一窺紅杏之墻 自獻碧海之珠 花前一笑 恩結平生 帳裏重遘 情愈百年 言至於此 悲塹曷勝 將謂偕老而歸居 豈意橫折而顚溝 終不委身於豺虎 自取磔肉於泥沙 固天性之自然 匪料人情之可忍 却恨一別於窮崖 竟作分飛之匹鳥 家亡親沒 傷殢魄之無依 義重命輕 幸殘軀之免辱 誰憐寸寸之灰心 徒結斷斷之腐腸.

이는 최 여인의 고백이자, 작가 자신의 무의식적 고백이기도 하다. 즉 매월당은 어렸을 때부터 철저한 교육을 받으며, 장차 백년을 숭유문치崇儒文治에 함께 하려하였지만 불의의 횡액 -단종손위사건-을 맞아 구렁텅이에 넘어진 것이다. 그러나 그는 여인이 끝내 정조를 잃지 않은 것처럼 그도 소극적이나마 절의를 잃지는 않았다. 그러나 그는 모든 희망을 잃고, 이젠 '피곤한 혼백'이 되어 어디에도 의지할 수 없음이 한스러울 뿐인 것이다. 그 한은 바로 '희망이, 꿈이 산산 조각난 그의 마음'인 것이다.

이러한 작가의 무의식적 욕구 - 스스로의 꿈을 이루지도 못하고 숨어서 구차하게 사느니 차라리 사육신과 같이 그때 죽어버렸더라면 하는, 그런 속마음이 이 작품을 쓰게 하였다고 본다. 특히 이 작품을 쓸 때는 참여적 은둔기로 현실에 참여하려니 절의에 어긋나고 절의를 지키자니 공명을 이룰 수 없는 이율배반적인 착잡한 심경에 사로잡혀 있었던 것이 아닌가 한다.

하여튼 그는 어떤 결단을 내려야하였다. 계속 절의를 지키든지, 아니면 현실에 영합하든지…. 이에는 적극적인 성격이 요구되는 결단이다. 그러나 그가 현실에 참여하려고 하면 할수록 그의 무의식 속에서는 적극적으로 절의를 지켜야 한다는 소리가 더욱 커져갔던 것이다. 이것이 이 작품을 이룬 근본 동기라 하겠다. 이러한 절의를 다루었기에 절의를 중시하는 유학을 배경으로 빌려왔을 것이다.

그러나 작품의 말미에서 이생은 최 여인을 따라간다. 곧 저 세상에서 여인과의 결합을 위해 이생은 스스로 목숨을 끊어 그녀와의 절의를 적극적으로 지켰다고 할 것이다. 이는 소극적인 그가 적극적인 성격으로 바뀐 것으로, 이후의 매월당의 결단과 무관하지 않다. 그는 『금오신화』를 쓰고, 성종이 들어서자 다시 세상에 뛰어들었지만 실망하고 이후 그 자신의 절의를 영원히 지킬 수 있는 초월의 세계로 나아갔던 것이다.

(3) 취유부벽정기

본 작품에는 작가의 사생관死生觀이 잘 드러난다. 즉 허탈감에 젖어 있던 매월당이 무의식적으로 허무를 이기고 초월의 세계로 나아가고자 하는 욕구를 표현한 작품이다. 즉 '현실의 그'로 비유된 홍생이 인생의 허무를 느끼다가 신선인 여인으로 하여 초월의 세계를 알게 되고, 드디어는 영원히 그 세계로 나아가게 되는 것이다. 물론 여인은 매월당이 무의식적으로 원하던 그 자신의 모습이다. 즉 그가 허무감에서 벗어나, 여인처럼 영원한 세계에 살고 싶었던 그런 무의식이 작품으로 반영된 것이다. 이는 인간이면 누구나 꿀 수 있는 꿈이기도 하다.

매월당은 이 작품으로 하여 자신의 허무감에서 벗어날 수 있는 길을 모색하였던 것이다. 그러나 그 길은 유학도 아니요, 불교도 아니요, 신선설화를 이용하였음은 '홍생이 신선을 만나서 죽음에서 해탈되었기 때문이다'[92] 라는 작품의 말미에 잘 드러난다.

1) 허무와 초월

① 허무한 인생

작품의 제목과 배경은 물론 주인공 역시 허무한 존재로 설정되어 있다. 〈취유부벽정기〉의 '취유醉遊'는 취하여 놀자라는 뜻으로 상당히 허탈한 상태를 암시한다. '부벽정浮碧亭' 역시 뜬구름 같은 인생의 무

---

92) 遇仙屍解.

대를 연상시키기에 충분하다. 즉 '뜬 구름 같은 인생, 취하여 놀아나 보자'는, 다분히 허무감을 던져주는 표제라 하겠다.

작품은 고조선의 서울인 평양의 내력에 대한 이야기로부터 시작된다. 더욱이 주 무대가 고구려 동명왕의 구제궁 터인 영명사이다. 따라서 우리는 처음부터 작품의 배경에서 상당히 허무한 느낌을 받는 것이 사실이다. 그리고 시대적 배경으로 되어 있는 "천순 초년"은 세조 3년(1457)이다. 이때는 실제 정치적으로 상당히 복잡한 시기로, 세간에서는 인생무상을 충분히 느낄 수 있는 때이기도 하였다. 왜냐하면 세조 3년은 단종손위사건으로 많은 사람이 죽거나 벼슬에서 물러났지만, 또한 그와 같은 수의 많은 사람들이 윗자리로 올라간 직후였기 때문이다. 그러므로 작품의 지리적 배경이나 시대적 배경이 모두 인생의 허무를 충분히 느낄 수 있도록 해주는 사실적 상황으로 설정되어 있다.

그리고 주인공 홍생은 세상에서 무엇 하나 부족한 것이 없는 남자였기에 오히려 인생무상을 느꼈을지도 모른다. 그가 어떤 사람인지를 작품에서 만나보기로 한다.

> 천순天順 초년에, 개성에 홍생洪生이라는 부호가 있었는데, 나이 젊고 얼굴이 잘 생기고 풍모가 있었으며, 또 글을 잘하였다. 그는 한가위날을 맞이해서 친구들과 함께 기성에서 여자들을 꾀려고 하여, 배를 강가에 대어 놓았다. 그러자 성중의 이름 있는 기생들은 다 성문 밖에까지 나와서 홍생에게 추파를 던졌다.[93)]

이에서 보면, 주인공은 개성의 부호로, 나이 젊고, 얼굴이 잘 생기

93) 天順初, 松京有富室洪生, 年少美姿容, 有風度, 又善屬文. 値中秋望, 與同伴, 抱布貿絲于箕城, 泊舟艤岸. 城中名娼, 皆出闉闍, 而目成焉.

고, 풍도가 있으며, 또 글을 잘하는 남자였다. 이는 〈만복사저포기〉의 주인공인 양생과는 완전히 다르다. 즉 그는 이 세상에서 무엇 하나 부족한 것이 없는 사나이였다. 여자관계에 있어서도 성중의 이름 있는 기생들은 다 성문 밖까지 나와서 홍생에게 추파를 던졌으므로, 양생과는 근본적으로 다른 처지였다. 이처럼 세상에서 모든 것을 갖추었기 때문에, 오히려 그는 인생 자체에 허무를 느낄 수 있었던 것은 아닐까.

결국 작품은 시대적 지리적 배경이나 주인공이 모두 인생의 허무를 느낄 수 있도록 설정하고 있다. 이후 그는 이 허무를 이길 세계를 찾아 나선다.

② 허무를 이긴 신선을 만나다

홍생은 가장 큰 명절의 하나인 한가윗날을 맞이하여 친구들과 함께 피륙과 면사를 평양 저자에 팔아서 배에 싣고 강가에 대어놓았다. "이때 성중에 살던 친구인 이생이 잔치를 벌여 홍생을 대접해 주었다."[94] 그는 장사도 잘 끝났고, 더구나 술까지 거나하게 얻어 마셨다. 그러나 술이 취한 홍생은 배로 돌아갔으나 밤은 서늘하고 잠이 오지 않아 문득 옛날 당나라 시인 장계의 시 〈풍교야박〉이 생각나서, 작은 배에 올라 달빛을 싣고 배를 저어 부벽정에 이른다.[95] 여기서 우리는 홍생이 의식세계에서 무의식세계로 들어가는 모습을 볼 수 있다.

먼저 하늘에는 희미한 달빛이 비치고 있었다. 이 달빛은 〈만복사저포기〉에서와 마찬가지로, 낮과 밤의 경계선으로 의식세계와 무의식세계가 만나는 지점이라고 할 수 있다. 이에 그는 낮과 밤이 만나는 경계

94) 城中有故友李生 設宴以慰.
95) 生酣醉回舟 夜凉無寐 忽憶張繼楓橋夜泊之詩 不勝淸興 乘小艇 載月打槳而上 期興盡而返 至則浮碧亭下也.

선에서 쉽게 무의식계로 나아갈 수 있었던 것이다.

다음으로 그는 술에 취해 있었다. 술 역시 〈만복사저포기〉에서와 마찬가지로 우리의 의식을 마비시키는 역할을 한다. 따라서 홍생은 의식이 마비되어 쉽게 무의식계로 나아갈 수 있었다고 하겠다.

끝으로 그는 강물에 작은 배를 저어 부벽정에 이른다. 이때 강물은 무의식을 상징하는 것으로, 그가 강을 건넜다는 것은 강 이쪽의 의식세계에서 강 저쪽의 무의식세계로 나아갔다는 것을 상징적으로 보여주는 장면이다.

아무튼 그가 술에 취해 달빛을 받으며 강을 건너간 것은 인생의 허무를 느꼈기 때문이다. 따라서 그는 장계의 〈풍교야박〉이 문득 떠올랐던 것이다. 이 시의 일부분을 읽어보기로 한다.

月落烏啼霜滿天　달 지고 까마귀 울고 서리 내리는데
江楓漁火對愁眠　단풍 사이 고기잡이배의 등불이 내 시름처럼 반짝인다.
姑蘇城外寒山寺　고소성 밖 아득한 한산사에서
夜半鐘聲到客船　한밤의 종소리 나그네 뱃전에 들려온다.[96]

이 시는 홍생이 처한 상황과 꼭 같은 처지에 놓인 어느 나그네가 인생의 허무를 느끼고 잠을 이루지 못한 심정을 읊은 노래이다. 특히 고소성은 오나라 도읍지로 작품 속의 평양과 마찬가지로 인생무상을 느끼게 해주는 고도古都이기도 하다. 이와 같이 홍생은 인생의 허무감을 느끼고 부벽정에 올라가 옛 서울인 평양을 돌아다보니 "고국이 망하고 보니 보리만 우거졌구나"[97] 하는 탄식이 절로 나와 이내 시 여섯 수를 지어 읊었다. 여섯 수의 시는 모두 국가 흥망의 무상을 읊었으니, 대

96) 『全唐詩』.
97) 麥秀段墟.

표적으로 몇 행만 뽑아보면 다음과 같다.

故國已鎖龍虎氣　고국의 용호 같은 기운 이미 없어졌어도
荒城猶帶鳳凰形　황량한 성은 지금까지 봉황 모습 그대롤세.
………………
帝宮秋草冷凄凄　임금 계시던 궁궐에는 가을 풀만 쓸쓸한데
回嶝雲遮徑轉迷　구름 낀 돌층계엔 길조차 아득하네.
………………
英雄寂寞今何在　적막한 영웅들은 지금 어느 곳에 있는가
草樹依稀問幾年　초목만 듬성한 지 몇 해나 되었더냐?
………………
金轝麟馬無行跡　황금수레 기린말 타고 가신 자취 이젠 없고
輦路草荒僧獨歸　수렛길에는 풀 우거지고 중만이 홀로 간다.

이 시들은 모두가 망국亡國의 한과 인생무상을 노래한 것이라 하겠다. 그리고 홍생은 일어나 춤을 추며 시 한 귀를 읊을 때마다 한숨짓고 울며, 진심으로 느껴워 했으므로 깊은 구렁에 잠긴 용도 따라서 춤출 것 같고, 외딴 배에 있는 과부도 울릴 만하였다.[98] 즉 귀신도 울릴 수 있을 만큼 감동적이었다는 말이다. 이에 "한 아름다운 여인"[99]이 그의 앞에 나타났다. 허무를 탄식하는 홍생에게 그 허무를 초월한 여인이 나타난 것이다. 이것은 홍생이 현실세계에서 갈망한 것이 무의식세계에 나타난 것으로 보아야 할 것이다. 즉 기씨녀는 바로 홍생이 원하는 그 자신의 모습인 것이다. 그러므로 이후의 이야기는 홍생이 이 여인

98) 生吟罷 撫掌起舞踟躕 每吟一句 歔欷數聲 雖無扣舷吹簫 唱和之樂 中情感慨 足以舞幽壑之潛蛟 泣孤舟之嫠婦也.
99) 一美娥也.

으로 말미암아 허무를 극복하는 것이라 할 것이다.

여인은 두 시녀를 데리고 와서 자리를 정하고는, 한 시녀를 시켜 홍생을 모셨다. 그리고는 홍생이 부른 시를 다시 한번 듣고는 "그대는 나와 같이 시를 평론할 만하오."[100]하며, 자리를 같이 하였다. 즉 시로써 서로의 마음을 주고받을 수 있다는 말이겠다. 시는 그 발생상 사람과 신이 교통할 수 있는 기능이 있다는 말은 여기서도 통용될 수 있을 것이다.[101]

여인은 홍생에게 선계의 음식을 대접하고는 홍생의 시에 화답하는데, 그녀 역시 망국의 한과 인생허무를 노래하였다. 그 중 대표적인 몇 행만 옮겨본다.

光陰忽盡若飛鳥　　세월은 나는 새처럼 빨리도 지나갔고
世事屢驚如逝波　　세상일은 자주 변해 유수처럼 흘러갔네.
………………

此是昔年文物地　　그 옛날 이 땅은 문화의 중심지인데
荒城疎樹腦人腸　　황폐한 성 늙은 나무 남의 애를 끊는구나.
………………

凭欄無語傷前事　　말없이 난간에 기대어 옛일을 생각하니
月色波聲惣是哀　　달빛과 파도소리 모두가 슬픔일세.
………………

英雄萬古成塵土　　만고의 영웅들도 이미 진토 되었으니
世上空餘身後名　　세상에 남는 것은 죽은 뒤의 이름이라

여인이 부른 이 시들은 또한 망국의 한과 인생허무를 노래한 것이

100) 子亦可與言詩者也.
101) 설중환, 「한국시가 발생소고」, 『백강서수생박사환갑기념논총』, 형설출판사, 1981.

다. 이어서 그녀는 홍생에게 시로 말했다.

君今自是兩塵隔　　그대는 지금부터 세속 인연 벗었으니
遇我却賭千一歡　　오늘 저녁 나와 같이 한없이 즐겨보세.

여인에게서 세속의 인연을 벗어났다는 말에 기뻐하며, 홍생은 그녀에 대해 물어보았다. 그는 그녀가 어떻게 하여 세속을 벗어나게 되었는지 궁금하였던 것이다. 그 역시 그녀처럼 세속을 벗어나고 싶었기 때문일 것이다. 여인은 한숨을 쉬면서 대답하였다.

나는 은나라 임금의 후손이며 기씨의 딸이오. …나라의 운수가 갑자기 비색해지니 재환이 문득 닥쳐와 돌아가신 아버지 준왕께서 필부의 손에 패전하여 드디어 종사를 잃었습니다.[102)]

여기서 볼 때, 그녀는 이 세상에 있었을 때는 왕족의 딸로서 부귀영화가 남부러울 것이 없는 사람이었다. 이는 이 세상에서의 홍생이 무엇 하나 남부러울 것이 없는 처지와 그리 다를 바 없다. 그러면 여인과 홍생은 다른 점이 무엇인가? 이는 그녀의 계속되는 말 속에 잘 나타나고 있다.

나는 이 어지러운 때를 당하여 굳게 절개를 지키기로 스스로 맹세하고 죽기만 기다렸을 뿐이었는데, 홀연히 한 신인이 나타나면서 나를 어루만지면서 말씀하시되… 너는 나를 따라 하늘나라 궁궐에 올라 즐겁게 지내는 것이 어떻겠는가? 하시기에 응낙하였더니, 그분은 마침내 나를 이끌고 자기가 살고 계시는 곳으로 가서 별당을 지어 나를 접대하고, 또 나에게

102) 弱質 殷王之裔 箕氏之女 一旦天步艱難 災患奄至 先考敗績匹夫之手 遂失宗社.

> 현주의 불사약을 주셨소. 그 약을 먹은 지 며칠이 지나자 홀연히 몸이 가벼워지고 기운이 건장해지더니, 날개가 나서 신선이 되는 듯했소. 그 뒤로는 공중에 높이 떠서 천지사방을 배회하면서 경치 좋고 살만한 땅을 찾아 십주와 삼도를 빠짐없이 유람하였소.[103)]

여기서 알 수 있는 것은, 그녀가 절개를 지키려고 하다가 곤경을 당해 죽게 되자 신인神人의 도움으로 신선이 되어 장생불사長生不死하게 되었음을 말하고 있다. 즉 그녀는 현실의 세계를 뛰어넘어 초월의 세계에서 신선이 되었으나, 홍생은 아직 현실의 세계에서 초월의 세계를 동경만 하였지 아직 초월의 세계로 들어가지 못한 것이 다른 점이라 하겠다. 이러한 차이로 인해 여인과 홍생이 부벽정에 나온 이유부터가 달라진다. 우선 여인이 부벽정에 나온 까닭을 들어 보자.

> 홀연히 오늘 저녁에 고국 생각이 나서 인간세계를 내려다보며 고향을 굽어보니 산천은 옛날과 같으나 인물은 간 데 없고, 밝은 달빛은 연진을 가리어 주고, 이슬은 대지에 쌓인 먼지를 깨끗이 씻어 놓았으므로 나는 옥경을 잠시 하직하고 슬며시 내려와 조상님의 산소에 배알하고 부벽정 구경이나 하면서 회포를 풀어볼까 해서 이리로 왔소.[104)]

이 말로 미루어, 여인은 인생의 허무를 이긴 상태에서 옛날의 정을 생각하여, 즉 향수에 잠겨 부벽정에 내려온 것이다. 그러나 홍생은 인

---

103) 弱質 顚蹶狼藉 欲守貞節 待死而已 忽有神人撫我日……汝能隨我紫府玄都, 逍遙娛樂乎 余日諾 遂提携引我 至于所居 作別館以待之 餌我以玄洲不死之藥 服之累日 忽覺身輕氣健 磔磔然 如有換骨焉 自是以後 逍遙九垓 儻佯六合 洞天福地 十洲三島 無不遊覽.

104) 忽於今宵 作鄕井念 下顧蜉蝣 臨睨故鄕 物是人非 皓月掩烟塵之色 白露洗塊蘇之累 辭下淸宵 冉冉一降 拜于祖墓 又欲一玩江亭 以暢情懷.

생의 허무를 느끼고, 그것을 이기지 못하여 부벽정에 올라온 것이다. 초월한 사람과 초월하려는 사람, 이 둘은 똑같이 부벽정에 나왔지만 이같이 그 목적이 서로 달랐던 것이다. 즉 홍생은 초월하려는 처지이고, 여인은 초월한 처지에 있었던 것이다. 그러므로 홍생은 이 여인을 매개로 하여 허무를 초월하려는 것이다. 그러므로 홍생은 '강정추야완월'을 화제를 삼아 한 편 사십 운을 지어 저를 가르쳐 주십시오[105] 하며, 허무를 초월할 수 있는 길을 가르쳐 주기 바란다.

이때 시는 그 기능상 세상을 초월하게 하는 힘을 말하는 것이다. 시는 인간과 신의 대화이므로, 세상을 초월할 힘을 스스로 가지고 있는 것이다.[106] 여인은 인생은 무상하니 애착을 가질 필요가 없고, 결국 그것은 초월되어야 할 그 무엇임을 시로 나타낸다. 따라서 시는 허무의 경지를 극치로 나타낸 것이라 하겠다. 그 일부분만 옮겨보기로 한다.

彷彿荒城在　어렴풋한 황량한 성 터에
蕭森草樹稠　소슬한 초목이 짙었어라.
青風搖湛湛　푸른 단풍 흔들흔들
黃葦冷颼颼　누런 갈대는 우수수.
仙境乾坤闊　선경엔 건곤이 광활한데
塵間甲子遒　인간 세상엔 세월만 빠르구나.
故宮禾黍穗　옛 궁궐엔 벼 기장 이삭 패고
野廟梓桑樛　들 사당엔 뽕나무 재나무 얽혀 있네.
芳臭遺殘碣　꽃다운 자취 빗돌에라도 남았는가.
興亡問泛鷗　흥망은 백구에 물어보리.
纖阿常仄滿　섬아는 기울었다 찼다 하는데

105) 請復以江亭秋夜玩月 爲題 押四十韻教我.
106) 설중환, 앞의 논문 참조.

累塊幾蜉蝣　인생이란 하루살이.
行殿爲僧舍　궁궐은 절이 되고
前王葬虎丘　옛님은 가버렸네.

여인은 이 시 쓰기를 마치자 붓을 던지고 공중에 높이 솟았는데, 그 간 곳을 알 수 없었다. 또한 얼마 뒤에는 회오리바람이 불어와 땅을 휘감더니 홍생이 앉은 자리를 걷고 그 시도 앗아가 버렸는데, 역시 그 간 곳을 알 수 없었다. 곧 여인은 선계仙界로 돌아갔고, 홍생은 다시 현실세계로 나온 것이다.

그는 가만히 생각해 보니 "꿈도 아니요 생시도 아니라."[107] 좋은 인연을 얻었으나 가슴속에 쌓인 이야기를 못다한 것이 서운해서 조금 전 일을 회상하면서 시 한 수를 읊었다.

雲雨陽臺一夢間　양대에서 뵈온 임 덧없는 한 꿈이라
何年重見玉簫環　가신 임 어느 해에 퉁소 불고 돌아오리.
江波縱是無情物　대동강 푸른 물결 그 비록 무성하지만
嗚咽哀鳴下別灣　임 여윈 저 곳으로 슬피 울며 흘러가네.

이 시를 보면, 그는 가신 님이 퉁소 불고 다시 돌아오기를 기대하고 있다. 그는 꿈 같은 그 일이 다시 오기를 기대하는 것이다. 그러나 잠시나마 초월의 세계를 한번 맛본 홍생에게 주변은 더욱 허무하게 느껴졌으니, 그 광경을 옮기면 다음과 같다.

시 읊기를 마치고 사방을 살펴보니 산간의 절에서 종이 울리고, 물가의 마을에서는 닭이 우는데, 달은 성 서쪽에 기울어져 있으며 샛별만 반짝이

107) 似夢非夢 似眞非眞.

고, 다만 뜰아래에서는 쥐소리가, 자리 옆에서는 벌레소리가 들릴 뿐이었다.[108]

여기서 절에서 종이 울리고, 마을에서 닭이 울고, 달이 성 서쪽에 기울어져 샛별만 반짝인다는 것은, 이때는 밤이 끝나고 이미 낮이 시작되었다는 것을 알려주는 말들이다. 밤이 무의식세계라면 낮은 의식세계다. 그러므로 밤의 귀신은 떠나고, 홍생은 의식세계로 돌아왔음을 상징하는 것이다. 그리고 주변의 쥐소리와 벌레소리는 더욱 그를 허무하게 한다. 이처럼 다시 허무한 세상으로 돌아온 홍생은 쓸쓸하고 슬프기도 하고 두렵기도 해서 심정이 비통해져 더 머물러 있을 수 없었다. 그는 배로 돌아갔으나 우울하고 답답하여 배를 저어 옛 물가로 갔다.[109] 이는 그가 이미 초월의 세계를 맛보았기에 다시 돌아온 현실은 더욱 견디기 힘들었기 때문일 것이다.

그때 그의 친구들이 어제 저녁의 일을 물었을 때, 그는 속여서 거짓말로 얼버무린다. 왜냐하면 그들은 아직 그 세계를 맛보지 못하였기 때문이다. 이 부분을 한번 읽어보기로 한다.

> "어제 저녁엔 어디서 자고 왔는가?"
>
> 홍생은 속여서 말하였다.
>
> "어제 저녁에 낚싯대를 메고 달빛을 따라 장경문長慶門 밖 조천석朝天石 가에까지 가서 좋은 고기를 낚으려 하였으나, 마침 밤 날씨가 서늘해서 물이 차므로 붕어 한 마리도 낚지 못하였네. 유감스럽기 짝이 없네 그려."
>
> 친구들도 그 말을 의심하지 않았다.

108) 五盻 山寺鐘鳴 水村鷄唱 月隱城西 明星嘒嘒 但聽鼠啾于庭 虫鳴于座.
109) 愴乎其不可留也 返而登舟.

이를 보면 홍생은 친구들에게 거짓말을 한다. 그들은 아직 그 세계를 알지 못하기 때문이다. 또한 그것은 그가 본 초월의 세계를 혼자서만 간직하고 싶은 마음의 발로라고 보아도 좋을 것이다. 아니면 그만이 품고 있는, 초월의 세계로 가고픈 가슴속의 비밀이기에 친구들에게 거짓말을 했는지도 모른다.

③ 영생永生을 찾아서

다시 현실로 돌아온 홍생은 그 여인을 연모하다가 병을 얻어 쇠약한 몸으로 자기의 집으로 돌아왔으나, 정신이 황홀하고 말에 두서가 없었다.[110] '정신이 황홀하고 말에 두서가 없었던 것'은, 의식이 없어졌다는 것으로 그가 다시 무의식의 세계로 들어갔다는 말이다. 그는 다시 그 초월의 세계로 들어가고자 하는 꿈을 꾸고 있었던 것이다.

여기서 그 여인을 연모한다는 것은, 그 여인이 이성으로서의 여인이 아니라, 초월한 존재로서의 여인이다. 왜냐하면 그는 〈만복사저포기〉의 양생과 같이 여성을 만날 수 없었던 것이 아니라, 성중의 모든 기생을 차지할 수 있는 그였기 때문이다. 그러므로 여기서 홍생이 연모한 여인은 남자의 반대인 여자가 아니라, 허무의 반대인 초월의 세계를 대표 내지 상징하는 존재로 보아야 하는 것이다. 왜냐하면 여인은 현세의 허무를 딛고 유한의 세계에서 무한의 세계로, 유상有常의 세계에서 무상無常의 세계로 초월한 여인이기 때문이다. 홍생은 이러한 여인을 매개로 하여, 그 자신도 그런 세계에 들어갈 꿈을 꾸었던 것이다.

그러나 홍생이 처음 허무를 느껴 부벽정에 올라갔을 때와 지금의 그와는 많은 차이가 있다. 즉 처음의 그는 단순히 인생의 허무를 느꼈으

---

110) 其後 生念娥得勞瘵尫羸之疾 先抵于家 精神恍惚 言語無常.

나, 지금의 그는 새로운 초월의 세계를 보고 난 뒤라 한층 더 허무감을 느꼈을 뿐만아니라 그가 본 그 세계로 다시 돌아가려고 병이 날 정도가 되었다. 정신병리학에서는 자아(있는 나)가 자기(있어야 할 나)가 되지 못하였을 때 정신적인 병이 생긴다고 한다. 곧 홍생은 허무한 현실에서 있어야 할 영생의 세계로 나아가지 못해 병이 난 것이다. 그러던 어느 날 밤 꿈에 한 선녀가 내려와 말하였다.

> 홍생의 어느 날 꿈에 엷은 화장을 한 미인이 와서 말하였다.
> "우리 아가씨께서 선비님의 재주를 옥황상제께 여쭈었더니, 옥황상제께서 선비님의 재주를 사랑하시어, 견우성牽牛星 막하幕下의 종사관從事官으로 삼게 하셨습니다. 옥황상제의 명이오니 피할 수가 없습니다."
> 홍생은 놀라 깨어 집안사람을 시켜서 자기 몸을 깨끗이 목욕시켜 옷을 갈아입히게 하고는 향을 피우고 땅을 소제한 뒤 자리를 뜰에 펴게 하였다. 그는 턱을 괴고 잠깐 누웠다가 문득 세상을 떠났는데, 곧 이날은 9월 보름이었다. 그의 시체를 빈소에 안치한 지 수일이 지나도 얼굴빛이 조금도 변하지 않았다. 사람들은,
> "홍생이 신선을 만나서 죽음을 이기고 신선이 되었기 때문이다."
> 라고 하였다.

꿈속에서 선녀의 말에 놀라 홍생은 잠을 깬다. 선녀의 말에서, 그는 그의 꿈이 꿈으로 끝나지 않고 실현될 것임을 깨닫게 된다. 이에 홍생은 자기 몸을 깨끗이 목욕시켜 옷을 갈아입히게 하고는 향을 태우고 땅을 소제한 뒤 자리를 뜰에 펴게 하였다. 그는 턱을 괴고 잠깐 누웠다가 문득 세상을 떠났다.[111] 이제 그는 그가 열망하던 세계-영원히 죽지 않는 장생불사의 땅으로 스스로 찾아간 것이다. 그렇기에 "그의 시

111) 命家人 沐浴更衣 焚香掃地 鋪席于庭 支頤暫臥 奄然而逝.

체를 빈소에 안치한 지 수일이 지나도 얼굴빛이 조금도 변하지 않았던" 것이다. 이를 보고 사람들은 "홍생이 신선을 만나서 죽음을 이기고 신선이 되었기 때문이다."라고 하였다. 그렇다. 홍생은 바로 세상을 초월한 신선인 여인을 통하여 그 자신도 죽음에서 벗어난 것이다. '죽음을 이기고 신선이 되는 것', 이것을 감히 이 작품의 주제라고 하겠다. 남자주인공이 여자 주인공으로 인하여 구원받게 되는 이런 모티프는 『파우스트』나 『죄와 벌』의 마지막 장면과 너무나 똑같은 데 우리는 거저 놀랄 뿐이다.

이를 두고 "가장 명백한 향토색을 발휘하고 자립적 정신을 보인 소설"[112]이라든가, "동이족의 문화적 우월감과 함께 주체적 역사의식을 바탕으로 한 극렬한 반존화적 민족저항의 분한"[113]으로 파악한다든가, 아니면 "옛날 선인국의 이상에 대한 향수가 회고의식으로 표현되었다"[114]고 보는 것은 모두가 작품의 소재인 신선에 너무 집착한, 왜곡된 해석이라고 하겠다.

2) 현실적 허무감의 극복

유한한 세계에 몸담고 있는 인간은 언제나 무한한 세계를 동경한다. 기실 인류의 예술이나 과학은 모두 이를 실현하기 위한 과정에서 생겨났다고 해도 과언이 아닐 것이다. 종교가 그렇고, 철학이 그렇고, 의학이 그렇고, 우리의 문학도 그렇다. 따라서 이 작품도 하나의 유한한 인간으로서의 김시습이, 그의 궁극적인 생사의 문제를 해결한 작품이라 하겠다. 즉 매월당의 생사관이 잘 드러난 작품이다. 그러면 그가

112) 김태준, 앞의 책, 61쪽.
113) 이상택, 앞의 논문, 앞의 책.
114) 최삼룡, 앞의 책, 161쪽.

어떻게 해서 허무감을 느끼게 되었는지, 그리고 왜 그것을 극복하는 데 신선설화를 이용하였는지에 대하여 먼저 눈을 돌려보고 난 뒤에 작품과의 관계를 알아보기로 한다.

우선 이 작품이 그가 금오산실에 숨어 있을 때 이루어진 것은 우연이 아니다. 실제 그의 인생 전체를 놓고 보더라도, 매월당이 금오산실에 있었을 때가 가장 허무감을 많이 느낀 시기라 생각된다. 왜냐하면 그때는 그가 처음 인생에 실의를 느끼고 방랑하다가 정착한 때이다. 따라서 방랑시절에 느낄 수 없었던 또 다른 허무감이 외딴 산속의 조그마한 암자에서 더 크게 엄습할 수 있었던 것은 짐작할 수 있는 일이다. 또한 그가 이렇게 인생의 허무감을 느끼게 된 것은 이 이외에도 여러 가지 요인이 복합적으로 작용한 때문이리라.

첫째는 그 자신 내부의 소극적인 기질에서 그 원인을 찾아야 한다. 앞에서 이야기했듯이 매월당은 상당히 소극적인 성격의 소유자였다. 따라서 그는 쉽게 인생의 허무를 느낄 수 있었다고 본다. 본래 소극적인 사람이 인생을 보다 비관적으로 보며, 염세적이 되기 쉽기 때문이다.

둘째는 외부적인 요인으로, 모든 일이 그의 뜻대로 되지 않았기 때문이다. 앞에서 살펴본 대로, 매월당이 타고난 집안은 한미한 말단무관 집안이었고, 어려서 어머니와 외숙모를 여의었고, 아버지는 중병으로 누워 제구실을 하지 못하였고, 거기다가 계모를 맞이하였고, 또한 필생의 꿈이었던 과거마저 뜻대로 되지 않았으며, 결국은 세조의 왕위찬탈로 말미암아 그의 양심마저 설 자리를 잃어버리게 되었기 때문에 그는 쉽게 허무감에 주저앉을 수 있었던 것이다. 더구나 그의 건강 역시 남들과 같지 않았다.

이런 내외적인 요인으로, 그는 남보다 한층 더 허무감에 젖어 있었던 것으로 생각된다. 그래서 그는 이것을 극복하려고 이 작품을 썼으니 그것은 그가 배운 유학도 아니요, 그가 몸담고 있던 불교도 아니었다. 그것은 그가 어려서부터 들어서 알고 있었던 신선설화였다. 그러나 그는 결코 도교신자는 아니었다. 이런 관점에서 매월당의 도교관을, 정주동은 아래와 같이 적절하게 종합한 적이 있다.

> 첫째로 시습의 천재성은 그 당시 뚜렷이 표면에 나타나지 못한 도교에까지도 깊은 관심과 이를 비판할 정도의 깊은 지식을 가지고 있었으며,
>
> 둘째로 도교 본질의 가부를 논하는 데는 어디까지나 유자儒者로서의 입장을 고수하여 이를 전적으로 배척하여 버렸다. 불교는 그래도 그 미신적 요소를 배제한 대승진리는 유교와 결부시킬 수도 있다고 보았으나 도교는 자연무위지도로 세상인심에 아무런 도움이 없어 상대할 거리가 못된다고 생각하였다.
>
> 셋째로 이럼에도 불구하고 신선의 도에 흥미를 가지고 또 연단 등 선법을 닦은 것은 물외 한사의 취향으로서 또는 자기 일신의 건강을 위해서 취해진 길이었으니……신선의 여러 연수지법이 일리 있음을 인정하였다.[115)]

여기서 보면 매월당은 도교를 신봉한 것이라기보다는 다만 거기에 대한 깊은 지식을 가지고 있었으며, 아울러 그의 병약한 몸을 이기기 위한 수단으로 도교의 양생법養生法을 이용하였음을 알 수 있다. 이렇게 그가 신선의 여러 연수지법延壽之法에 관심을 보인 것은 매월당이 그가 처한 허탈감-이상의 좌절, 가정의 파탄, 과거의 실패, 임금의 교체, 신체의 병약 중에서 신병을 가장 안타까이 여기었던 때문이라고 보여진다. 왜냐하면 유학자인 매월당으로는 자연 현실주의적 사고에 젖어 있었으므로 무엇보다 건강이 가장 중요하게 여겨졌을 것이다. 따라서 그가 내세를 말하는 불교를 이교로 논박한 것은 당연하다. 그러

115) 정주동, 앞의 책, 340-341쪽.

면 어떻게 하여 그가 신선술은 인정하였을까? 이유는 간단하다. 도교는 "불노장생을 주된 목적으로 하는 현세이익적인 자연종교"이기 때문이다.[116] 즉 도교는 현세적인 불노장생을 목적으로 하는 종교이다. 따라서 현세적인 유학자 김시습에게는 현세적인 신선술이 구미에 맞았을 것이다. 이에 그는 도교를 종교로 인정하는 것이 아니라, 다만 일신의 건강을 보호하고 심신을 수양하는 공리성만을 인정하였던 것이다. 전술했다시피 그는 병약한 몸이었으므로, 자연 도교의 양생법에 관심이 컸던 것이다. 따라서 작품에서 영원히 죽지 않는 신선을 근원설화로 내세웠던 것이다.

여기서 특히 필자가 말하고 싶은 것은 작품에 나타나는 신선은 당시의 신선설화를 작품의 소재로 이용하였으리라는 점이다. 왜냐하면 그는 불교에 몸담고 있었으므로, 도교에도 자연 정통하였으리라고 추측할 수 있다. 왜냐하면 "중국의 도교 자체는 고래의 민간적인 신선설화에 불교의 의식적인 요소를 도입하여 의식화한 종교"[117]이기에, 삼국시대에 우리나라에 들어온 도교도 토속화한 불교 때문에 발을 못 붙이고, 다만 불교에 습합되어 있었으리라고 추측할 수 있기 때문이다. 따라서 승려로 살았던 매월당으로서는 자연 도교나 신선에 대해서도 어느 정도 익숙해져 있었을 것이다.

결국 매월당은 도교를 종교로 믿은 것이 아니고, 다만 신선술을 신체의 수련에 이용하였다고 하겠다. 그리고 민간에 널리 알려져 있던 신선설화를 작품의 소재로 선택하였다고 보는 것이 정당한 추론일 것이다. 왜냐하면 삼국시대 이래 신선설화는 이미 널리 유포되어 있었기 때문이다.[118] 아래의 이야기가 그런 소식을 전하고 있다.

---

116) 김현룡, 『신선과 국문학』, 평민사, 1979, 73쪽 참조.
117) 같은 곳.

> 진평왕조에 지혜라는 비구니가 있었는데 아주 현명하였다. 안흥사에 거주하며 새로 불전을 수리하려다가 힘이 미치지 못하였다. 꿈에 한 선녀가 어여쁜 모양과 구슬과 옥으로 머리를 꾸미고 와서 위로하여 가로되, "나는 선도산 신모이다. 네가 불전을 수리하려하는 것을 기뻐하여 금 한 근을 시주하여 돕고자 하니, 마땅히 내 자리 밑에서 금을 취하여 주존삼상을 분식하고, 벽 위에는 오십삼불과 육류성상과 널리 오악신군을 그리고, 매춘추이계의 10일에 선남선녀를 모아 일체 중생을 위하여 점찰법회를 베풀어 항규를 삼으라" 하였다. 지혜가 놀라 깨어 무리를 데리고 신사좌하에 가서 황금 일백육십량을 파서 일을 추진 성취하니 모두 신모의 지도한 바에 의한 것이다.………[119]

위에서 보듯이 신선의 이야기를 불사의 건립에 이용하고 있으니, 이 설화는 불교가 도교를 융합시킨 사실을 암시하여 준다. 또한 『삼국유사』 권4의 〈이혜동진〉에서도 신선설화의 이야기가 보이고 있다. 즉 혜숙이 죽고 난 뒤 그 "무덤을 헤쳐 보매 오직 짚신 한 짝이 있을 뿐"[120]이라든가, 혜공이 "죽을 때에도 공중에 떠서 입적하였으며 그 사리의 수를 알 수 없었다."[121]등이 그것이다. 이들은 중국의 신선설화와 조금도 다름이 없다. 이렇게 불교의 승려로 하여금 신선이 하는 행동을 하게 한 것은, 이미 당시에 선불이 융합된 것이 아닌가 하는

---

118) 같은 곳.

119) 『삼국유사』 권제5, 「선도성모수희불사」.
眞平王朝 有比丘尼名智慧 多賢行 住安興寺 擬新修佛殿而力未也 夢一女仙風儀婥約 珠翠飾鬟 來慰曰 我是仙桃山神母也 喜汝欲修佛殿 願施金十斤以助之 宜取金於豫座下 粧點主尊三像 壁上繪五十三佛 六類聖衆 及諸天神 五岳神君 每春秋二季之十日 總會善男善女 廣爲一切含靈 設占察法會 以爲恒規 惠乃驚覺 率徒往神祠座下 堀得黃金一白十兩 克就乃功 皆依神母所諭.

120) 開塚視之 唯芒鞋一集而已.

121) 及終 浮空告寂 舍利莫知其數.

추론을 더욱 강하게 해준다. 더욱이 표훈대덕의 이야기나 최치원이 죽어서 신선이 된 이야기는 너무나 유명하다.

결국 작가는 평소에도 신선술에 관심을 가지고 있었기에 이러한 설화를 작품의 소재로 이용하였던 것이다. 작가는 그 주제를 표출하기 위해서 주변의 무엇이나 소재로 택할 권리가 있는 것이다.

이제 다시 작품으로 돌아가기로 한다. 주인공 홍생은 모든 것이 갖추어져 있었으나, 오직 인생에 대한 허무를 느끼는 사람으로 설정되어 있다. 이는 현실 속의 매월당이 그 자신의 절박한 문제에 초점을 맞춘 것으로 보아야 할 것이다. 그리고 주인공은 '취하여 노는' 중에 신선을 만난다. 이 신선은 역시 매월당이 무의식적으로 원하는 자신의 모습이다. 즉 인생의 허무를 딛고, 새로운 세계에서 영생을 찾은 스스로의 자화상이다. 이 여인에게서 작가의 모습을 느낄 수 있으니, 우선 그녀의 가문에서 잘 나타난다.

> 나는 은나라 임금의 후손이며 기씨의 딸이다.'[122]

매월당 역시, 여인과 같이 신라 왕족의 후예였던 것이다. 그리고 여인의 처지가 매월당과 동일하게 설정되어 있다.

> 어지러운 때를 당하여 굳게 절개를 지키기로 스스로 맹세하고 죽기만을 기다렸을 뿐이었는데………[123]

매월당 역시 단종이 불의한 세력에 나라를 잃고 어지러운 때를 당하였을 때 굳게 절개를 지키기로 스스로 맹세하고 죽기만을 기다린 생육

---

122) 弱質 殷王之裔 箕氏之女.
123) 弱質 顚蹶狼藉 欲守貞節 待死而已.

신의 한 사람이었던 것이다. 그러나 그는 여인처럼 신선이 되어 장생불사하고 싶었던 것이다. 이는 유학자로서의 그의 현실적 이상을 끝내 포기할 수 없었기 때문이다. 따라서 현실 속의 매월당으로 비유된 홍생은, 그의 무의식적 욕구대로 그녀를 따라간다. 즉 신선의 세계로 나아가 '죽음을 이기고 신선이 되는 것'이 이 작품의 주제적 의미라 할 것이다. 따라서 작가는 이 작품을 통하여 자신의 현실적 허무감을 극복하였다고 하겠다. 즉 유한의 세계에서 무한의 세계로, 무상의 세계에서 유상의 세계로, 쉽게 말하면 죽어야 할 세계에서 영원히 죽지 않는 세계로 초월하고자 하는 것이 바로 그의 생사관이라고 할 수 있다. 이것은 그의 꿈이요, 또한 그의 믿음이기도 하였다. 이는 그가 현실주의적 유학자였기에 더욱 현세에의 미련을 떨쳐버릴 수 없었던 것이다. 이에 그는 현세에서 불로장생하는 신선을 빌어 그의 무의식적 욕구를 드러내었던 것이다. 아무튼 매월당은 그 답답하고 쓸쓸하던 금오산실에서 이 작품으로 하여 그의 허무감을 이겨내었던 것이다.

3. 주역으로 본 작품 : 〈남염부주지〉와 〈용궁부연록〉[124)]

『금오신화』 5편은 유불선儒佛仙 3교와 음양사상陰陽思想으로 짜여져 있다.[125)] 즉 〈만복사저포기〉는 불교, 〈이생규장전〉은 유교, 〈취유부벽정기〉는 도교, 그리고 〈남염부주지〉와 〈용궁부연록〉은 『주역』의 양陽사상과 음陰사상이 그 배경이 되고 있는 것이다. 유불선은 동양의

124) 설중환, 「금오신화의 역학적 고찰」, 『성곡논총』 제27집 제1권, 성곡학술문화재단, 1996 참조.

125) 이 부분은 최정여 교수께서 1982년 필자가 박사논문을 쓰고 있을 때 조언해 주신 것이다.

삼대 종교이고 음양사상은 동양철학의 핵심사상임을 생각할 때, 이로 미루어 매월당이 『금오신화』를 창작하면서 고도의 치밀한 계산을 했음을 짐작할 수 있다. 따라서 필자는 『금오신화』는 이 다섯 편 이외에는 더 이상의 작품이 없다고 본다. 앞에서 이미 〈만복사저포기〉와 〈이생규장전〉, 그리고 〈취유부벽정기〉는 각각 불교, 유학, 도교사상을 바탕으로 분석심리학적으로 분석한 바 있으므로, 여기서는 『주역』의 음양사상으로 나머지 두 작품을 살펴볼 예정이다.

음양사상은 유교 경전인 사서삼경 중의 하나인 『주역』에 그 기본적인 뿌리를 두고 있다. 그리고 이는 동양 철학의 진수를 나타낸 책이라고 할 수 있다. 이 역학易學은 여러 방면으로 설명할 수 있지만, 근본적으로는 사물을 음과 양으로 나누어 보는 이분법적 사고가 그 기본을 이루고 있다.

여기서 다루려고 하는 〈남염부주지〉와 〈용궁부연록〉은 바로 이 음양사상을 바탕으로 하고 있다. 곧 〈남염부주지〉는 제목이 상징하듯 불의 세계인 염부주, 즉 양의 세계를 배경으로 하여 작품을 이루고 있으며, 이와 반대로 〈용궁부연록〉은 물의 세계인 용궁, 즉 음의 세계를 사상적 배경으로 하고 있다. 이에 필자는 이런 음양사상이 작품의 소재와 주제에 어떻게 나타나 있는지, 그리고 이들 작품들이 서로 어떤 음양 관계를 가지는지를 살펴서, 본 작품들의 진정한 이해에 도달하고자 한다.

『금오신화』를 음양오행陰陽五行으로 처음 거론한 것은 설성경이 아닌가 한다. 그러나 그는 『금오신화』 5편을 오행에 대입하였으나, 이들 5편의 오행적 관계를 구체적으로 논술하지는 않고 다만 〈남염부주지〉만 중점적으로 분석하였다. 필자는 그가 〈남염부주지〉를 서방 금金에, 〈용궁부연록〉은 북방 수水에 배치하여 둘다 음으로 보는 것과 같은 구체적인 견해에는 의견을 달리하는 바이지만, 전반적인 견해나 이런 발상 자체에는 적극적으로 공감하고 찬동하는 바이다.[126] 그리고 김의숙이 『금오신화』를 음양적인 측면에서 아주 단편적으로 언급한 것이 있다.[127]

살펴본 대로 〈남염부주지〉나 〈용궁부연록〉은 둘다 사상적인 측면에서의 연구가 주조를 이루고 있지만, 아쉽게도 이 둘의 관계를 역학적으로 다룬 논문은 없는 것으로 판단된다. 이에 본고에서는 본 작품들의 음양적인 소재와 더불어 생성론적 의미를 밝히고자 한다. 왜냐하면 이들 작품의 진정한 의미는 이 음양사상의 짝으로 볼 때에만 그 본래면목이 드러난다고 보기 때문이다. 그러므로 이러한 연구는 『금오신화』연구에 새로운 과제를 던져줄 수 있는 의미 있는 작업이 될 수 있을 것이다.

(1) 음양陰陽과 생성론生成論

여기서는 본 작품 이해에 필수적인 음양과 생수生數· 성수成數의 아주 기본적인 개념에 대해서만 간략히 서술하고 난 뒤 본론으로 들어가고자 한다.

1) 음양陰陽

『주역』 계사상전繫辭上傳 제11장에 '역易에 태극太極이 있으니, 이것이 양의兩儀(음양)를 낳고, 양의가 사상四象을 낳고, 사상이 팔괘八卦를 낳는다.'[128]라고 하였으니, 역은 일생이법一生二法의 원리에 의해

---

126) 설성경, 「15세기형 창작단편 남염부주에 나타난 정치이념의 형상화」, 『한국고전소설의 본질』, 국학자료원, 1991.

127) 김의숙, 『한국민속제의와 음양오행』, 집문당, 1993.

128) 易有太極 是生兩儀 兩儀生四象 四象生八卦.

이루어졌음을 알 수 있다. 즉 만물의 근원인 태극이 한 번 동動하고 한 번 정靜한 것이 양의이고, 이 음양이 서로 교합하여 사상을 낳고, 사상은 다시 팔괘를 이루게 되는데, 이러한 과정을 보여주는 것이 복희선천팔괘도伏羲先天八卦圖이다. 그리고 이 팔괘가 서로 거듭해서 64괘를 이루니, 이것이 바로 『주역』 64괘이다.

음양을 자연현상으로 설명하자면, 음陰은 언덕(阝)의 그늘짐을 뜻하고 양陽은 언덕(阝)에 햇빛(昜)이 비쳐 볕듦을 말하니, 한 쪽에 볕이 들면 반대편은 그늘지게 마련인 것처럼 이들은 서로 뗄 수 없는 관계인 것이다.

이 음양을 기우奇偶(홀짝)의 획으로써 살피면, 양이 먼저 동動하고 이를 따라 음이 정靜하니, 한 획으로써(첫 번째라는 뜻) 양(一)을 표현하고, 두 획으로써(두 번째라는 뜻) 음(--)을 상징한다. 그 획이 양은 이어졌으므로 불변하는 태양의 상을, 음은 끊어졌으므로 차고 기우는 달의 상을 나타내니, 곧 양은 밝은 낮의 도요 음은 어두운 밤의 도이다.[129] 그러나 오랜 옛적부터 자연의 원형적인 두 극은 명암에 의해서만이 아니라 남녀, 강약, 상하 등에 의해서도 표상되었다. 곧 양상陽象의 강하고 능동적이며 남성적이고 창조적인 힘은 '하늘'과 연결되어 있고, 반면에 음상陰象의 어둡고 수동적이며 여성적이고 모성적인 요소는 '땅'으로 대표되었다. 하늘은 위에 있어 움직임으로 충만되어 있으며, 땅은 – 고대의 지구중심적 관점에서는 – 아래에 있고 휴지休止하고 있다. 따라서 양은 움직임을, 음은 휴지를 상징하고 있다.[130] 좀 더 구체적으로 말하자면, 양에 속하는 것은 하늘(天), 시간, 해(日), 남자, 정신, 낮(晝), 밝음, 도덕, 위치, 이理 등이며, 음에 속하는 것은

129) 대산, 『주역강해』 상경, 대유, 1993, 24-26쪽.
130) 김준구, 『역은 과학이다』, 열린세상, 1994, 244쪽.

땅(地), 공간(空間), 달(月), 여자, 물질, 밤(夜), 어둠(暗), 과학, 상태, 기氣 등이라고 할 수 있다.(밑줄 - 필자)[131]

이로 미루어 볼 때, 〈남염부주지〉는 양의 사상으로 정신적인 분야인 종교나 정치 등의 문제를 이理를 중심으로 해서 다루나, 〈용궁부연록〉은 음의 사상으로 물질적인 세속적 욕구를 기氣를 중심으로 해서 다룬다고 할 수 있다.

2) 생성론生成論

하도河圖나 낙서洛書는 모두 수數로 되어 있다. 따라서 역학은 수에 실려 있다고도 할 수 있다. 여기서는 하도의 생성수生成數를 알아보기로 한다. 하도는 1에서 10까지 10개의 수로 구성되어 있다. 이를 오행에다 대입하면, 각각 2개씩의 생성수가 이루어진다. 곧 생수 5개와 성수 5개가 된다. 이 생성수는 천지 만물의 근본이 되는 오행五行을 생성하는 수이다. 생성生成이란 뜻은 글자 그대로 낳고(生) 이룬다(成)는 말이다. 생과 성을 나누어 말하면 생이란 말은 생명의 본本이란 뜻이고, 성은 생명의 형상形象을 이룬다는 뜻이다. 즉 생은 생명의 씨란 뜻이 되고, 성은 생명의 씨가 화化하여 성체成體를 이룬다는 뜻이라 하겠다. 이를 농사에 비유하여 설명하자면, 생수는 씨를 뿌리는 행위의 수요, 성수는 가을에 추수하여 거두는 행위의 수라고 이해하면 된다. 모든 존재는 이런 씨 뿌리는 행위와 추수하는 행위에 의해 생성되는 것이다. 그러면 생수와 성수는 하도에서 어떻게 나타나는지를 살펴보기로 한다.

---

131) 김태진, 『오행 상극설과 진화론』, 삼한출판, 1993, 22쪽.

	7 2	
8 3	5 10	4 9
	1 6	

(하도의 수)

위의 그림 하도의 내측에 있는 북1, 남2, 동3, 서4, 중5를 생수生數라 하고, 그 외면에 있는 북6, 남7, 동8, 서9, 중10을 성수成數라 한다. 즉 1,2,3,4,5는 생수이고, 6,7,8,9,10은 성수이다. 1, 2, 3, 4, 5의 5개 생수에 각각 하도의 중앙수인 5를 더해 보면, 1과 5는 6이 되고, 2와 5는 7이 되며, 3과 5는 8이 되고, 4와 5는 9가 되며, 5와 5는 10이 된다. 이상과 같이 생수 1, 2, 3, 4, 5는 중앙의 5를 얻어서 성수 6, 7, 8, 9, 10이라는 수가 되니 이 점으로 보아도 6, 7, 8, 9, 10의 5개의 수는 1, 2, 3, 4, 5의 5개의 수가 중앙 5를 얻어서 변화하여 이루어진다는 것을 알 수 있다. 그러므로 1, 2, 3, 4, 5는 6, 7, 8, 9, 10을 생生한 수가 되고, 6, 7, 8, 9, 10은 1, 2, 3, 4, 5를 성成한 수가 된다. 그러므로 1, 2, 3, 4, 5를 생수라 하고, 6, 7, 8, 9, 10을 성수라 하는 것이다. 쉽게 말하면, 1, 2, 3, 4, 5는 6, 7, 8, 9, 10을 낳고(生), 6, 7, 8, 9, 10은 1, 2, 3, 4, 5를 거두는(成) 것이다.

그러면 이 생수와 성수는 만물의 생성에 있어서는 어떠한 형식으로 나타나게 될까? 만물의 형체로 말하면, 생수의 수數나 이理는 생물의 체내에 가장 깊이 들어 있어 그의 중심을 이루게 된다. 따라서 외관상에는 나타나지 않게 된다. 그리고 성수는 그 수와 그 수의 이理가 외면적 형체를 이루게 되며 또 나타나게 작용을 한다. 즉 생수를 내內라면 성수는 외外가 되고, 생수를 무형이라면 성수는 유형이 되고, 생수가 정靜이 된다면 성수는 동動이 되며, 생수가 주主가 된다면 성수는 객客이 된다.[132] 즉 생수라 함은 어떠한 물체의 뼈대라 생각하고 성수는 그 근본에 붙은 살이라고 보면 가까운 예가 될 것이다.[133]

결국 생수는 낳고 성수는 거두니, 이는 크게 보면『주역』에서 하늘을 나타내는 건괘乾卦와 땅을 나타내는 곤괘坤卦의 의미와 같다 할 것이다. 쉽게 말하면 건괘는 양인 아버지로 뿌리고, 곤괘는 음인 어머니로 거두는 것이니, '건은 위대한 창조를 맡고 곤은 만물을 완성시킨다'는 말이다. 이는『역경』에서 말하면 건곤 두 괘가 나머지 62괘를 생성하는 것이고, 자연계에서 말하면 천지가 만물을 생성하는 것이다.[134] 만물은 양인 아버지와 음인 어머니가 있어 존재하는 것과 같다.

이로 미루어 생각할 때, 양사상으로 이루어진 〈남염부주지〉에서는 박생이 큰 시작을 위해서 새로운 사상과 제도의 나라를 능동적으로 만들려고 한다. 즉 씨를 뿌리는 것이다. 그러나 음사상으로 이루어진 〈용궁부연록〉에서는 한생이 이미 만들어진 세계에서 그의 뜻을 수동적으로 이루려고 한다. 즉 뿌린 씨를 거두는 것이다. 곧 〈남염부주지〉는 생수적이요 〈용궁부연록〉은 성수적인 의미를 담고 있으니, 〈남염부주지〉에서 생生해서 〈용궁부연록〉에서 성成하니, 이들 두 작품은 서로 떨어진 작품이 아니라 서로 음양의 관계로, 선후내지는 표리관계를 이루는 작품임을 미루어 짐작할 것이다.

---

132) 한규성,『역학원리강화』, 동방문화, 1994, 91-94쪽 참조.
133) 나종우,『천지의 통일』, 명문당, 1994, 153쪽.
134) 김경방・여소강, 한국철학사상연구회 기철학분과 옮김,『역의 철학』, 예문지, 1993, 38쪽.

(2) 작품의 역학적 고찰

1) 음양으로 본 소재

여기서는 먼저 〈남염부주지〉는 양의 사상, 그리고 〈용궁부연록〉은 음의 사상으로 구성되어 있음을 표제와 배경, 등장인물, 용어, 그리고 사건 등 부문별로 나누어 살펴보기로 한다.

① 표제와 배경에서

〈남염부주지〉의 '남南'과 '염炎'에 양의 사상이 잘 드러난다. 즉 음양오행으로 볼 때, 남南은 남쪽으로 양방陽方을 나타낸다. 그리고 염炎은 불꽃으로 남쪽의 뜨거운 태양을 상징한다. 결국 남염부주는 '남쪽의 뜨거운 불꽃 위에 떠 있는 섬'을 의미하니, 이는 양사상을 잘 나타내고 있다 하겠다.

작품에서도 남염부주는 '그 앞에 세 겹으로 된 철성鐵城이 있고, 높다란 궁궐이 금산金山 밑에 있는데, 뜨거운 불꽃이 하늘까지 닿도록 이글이글 타오르고 있었다. 길가를 돌아보니 사람들이 불꽃 속에서 녹아내린 구리와 쇠를 마치 진흙 밟듯이 하고 있었다.'[135]라고 묘사되어 있으니, 〈남염부주지〉는 온통 불꽃과 같은 뜨거운 양의 세계를 배경으로 하고 있음을 알 수 있다.

〈용궁부연록〉의 용궁에서 우리는 陰의 사상을 읽을 수 있다. 용궁은 용이 사는 곳이다. 용은 수신水神으로 물을 상징한다.[136] 그리고 용궁

135) 前有鐵城三重 宮闕嶔峩 在金山之下 火炎漲天 融融勃勃 顧視道傍 人物於火焰中 履洋銅融鐵 如蹋濘泥.

136) 진 쿠퍼/이윤기 옮김, 『그림으로 보는 세계문화상징어사전』, 까치, 1994, 110쪽 참조.

은 물속에 있으니, 이는 차가운 음사상을 잘 드러내고 있다 할 것이다.

작품에서는 용궁을 천마산 속의 용추龍湫로 묘사하고 있는데, '그 이름을 박연朴淵이라 한다. 그 못은 좁으나 깊어서 몇 길이나 되는지 알 수 없으며, 물이 넘쳐서 폭포를 이루고 있는데, 폭포의 깊이는 백여 길이나 되고 경치가 맑고 아름다웠다.'[137]라고 묘사하여, 완전히 물의 세계임을 보여 주고 있다. 이로 볼 때, 〈용궁부연록〉은 음의 세계를 배경으로 하고 있다 할 것이다.

결국 〈남염부주지〉는 양의 세계를, 〈용궁부연록〉은 음의 세계를 표제와 배경으로 삼고 있음을 알 수 있다.

② 등장인물에서

〈남염부주지〉에 등장하는 주요 인물은 박생과 염부주의 왕이다. 이들은 작품 내에서 신하와 왕의 관계로 설정되어 있다. 필자는 작품의 전반적인 맥락에서 볼 때, 이들은 마치 『주역』의 순양괘인 건괘의 92효와 95효의 관계와 같다고 본다. 흔히 64괘의 6효에서 둘째 효는 공부하는 선비를 나타내고 다섯째 효는 천자, 즉 왕을 나타낸다고 본다. 곧 작품에서 박생은 62에 해당하는 선비이고, 왕은 95에 해당하는 왕이다.

그러면 건괘乾卦 구이효와 구오효의 효사爻辭를 살펴보면 다음과 같다.

> 九二는 현용재전見龍在田이니, 이견대인利見大人이니라.(구이는 나타난 용이 밭에 있으니, 대인을 봄이 이로우니라.)
>
> 九五는 비룡재천飛龍在天이니, 이견대인利見大人이니라.(구오는 나는 용이 하늘에 있으니, 대인을 봄이 이로우니라.)

137) 名曰瓢淵 窄而沈 不知其幾丈 溢而爲瀑 可百餘丈 景概淸麗.

위에서 구이의 '현룡재전'에서 '현룡'은 박생을 뜻하고 '밭'은 박생이 몸담고 있는 불완전한 세상을 뜻한다고 할 것이다. 그리고 구오의 '비룡재천'에서 '비룡'은 바로 남염부주의 왕을 가리키고, '하늘'은 바로 박생이 꿈꾸던 완전한 세상 곧 남염부주를 가리킨다고 할 수 있다. 그리고 둘다 '대인를 봄이 이롭다'고 하였으니, 박생에겐 왕이 대인이 되고 왕에겐 박생이 대인에 해당된다 하겠다. 왜냐하면 이들은 양의 나라를 건설하기 위해서 서로가 서로를 필요로 하는 존재들이기 때문이다. 즉 좋은 임금이 되기 위해서는 좋은 신하를 만나야 하고, 신하가 출세하기 위해서는 좋은 임금을 만나야 하는 것이다. 이러한 이들의 관계는 뒤에 자세히 언급될 것이다.

〈용궁부연록〉에는 비교적 많은 인물들이 등장한다. 그러나 이들을 면밀히 살펴보면 용궁 잔치에 초대받은 한생을 제외하고는 모두 음성적인 인물들이다. 즉 용궁의 용왕이나, 잔치에 참여한 세 신들도 모두 음계인 물에 사는 수신水神들이니, 조강신, 낙하신, 그리고 벽란신 등이 그들이다. 다음으로 잔치에서 노래를 부르고 춤을 추는 사람들도 모두 물속의 물고기들이니, 자칭 곽개사는 게요, 현선생은 거북이다. 또한 숲 속의 도깨비와 산 속의 괴물들도 모두 양계가 아닌 음계의 음물陰物들이다.

이로 미루어 볼 때, 〈남염부주지〉에는 모두 양적인 인물들을, 그리고 〈용궁부연록〉에는 주로 음적인 인물들을 등장시키고 있음을 알 수 있다.

③ 용어에서

〈남염부주지〉와 〈용궁부연록〉에는 『금오신화』의 다른 작품들과는 달리 『주역』으로 해석될 수 있는 음양적 표현이 곳곳에 나타나고 있느니, 대충 눈에 띄는 대로 추려보면 다음과 같다.

먼저 〈남염부주지〉에는 다음과 같은 용어들이 나타난다.

猶豫未決 旣而質之中庸 參之易辭 自負不疑: 의심나는 것을 『주역』을 참고해서 해결했다고 한다.

天以陰陽五行 化生萬物: 이 구절은 『주역』에 나오는 것이다.

夜挑燈讀易 支枕假寐: 『주역』을 읽다가 잠들었다니, 늘 이 책을 탐독했음을 알겠다.

吾儕欲見識理君子: 여기 군자는 『주역』 건괘의 이상적인 인물이다.

鬼者陰之靈 神者陽之靈 蓋造化之跡: 귀신을 음양의 영으로 나타내었다.

然物之終始 無非陰陽合散之所爲 且天地所以謹陰陽之造化也: 사물은 음양합산과 천지의 조화로 이루어진다.

合造化 故與陰陽終始 而無跡: 조화는 음양의 이루어진다.

神者妙用之謂也 鬼者歸根之謂也: 귀신을 용과 체, 즉 음양으로 나누어 말했다.

一陰一陽之謂道 一闢一闔之謂變 生生之謂易 無妄之謂誠: 이 부분'은 『주역』 〈계사전〉에 나오는 구절이다.

積日至月 則堅氷之禍起矣: 『주역』 곤괘의 '이상履霜하면 견빙堅氷이 지至하나니라'와 의미가 같다.

體天立極: 하늘을 본받는다는 것은 『주역』의 근본정신이다.

보다시피 여기의 용어들은 모두 역학적이어서 『주역』의 음양으로 해석해야 제대로 이해될 수 있는 용어들이다. 특히 '一陰一陽之謂道 一闢一闔之謂變 生生之謂易 無妄之謂誠' 같은 말들은 『주역』 〈계사전〉에 있는 말 그대로이다.

다음 〈용궁부연록〉에서 이런 용어들을 찾아보기로 한다.

適有文士 在陽界 奉邀: 양생은 음계의 반대인 양계의 인물로 묘사했다.

陰陽路殊 不相統攝: 길의 다름을 음양으로 나타냈다.

飛龍利見 亦以象靈變之迹: '비룡이견'은 『주역』 건괘의 '비룡재천 이견대인'이라는 말의 줄임말이다.

在天在淵 蘇下民之渴望 或潛或躍 祐上帝之仁心 騰翥快於乾坤: 재천재연이나 혹잠혹약, 그리고 건곤은 음양적 표현이다.

秀才陽人 固不知矣: 양인은 음인의 음양적 표현이다.

助連山與歸藏 負文字而有數兮 告吉凶而成策: 역에는 연산역과 귀장역, 그리고 『주역』이 있었다고 한다.

賀飛龍之靈變: 비룡이나 영변은 『주역』에 자주 등장하는 용어들이다.

神龍在淵 或躍于天: 용의 신묘함을 드러내는 곳으로 못과 하늘의 음양적 공간으로 표현했다.

여기의 말들 역시 『주역』에 의지하지 않고서는 제대로 해석하기 힘든 구절들이다. 특히 '비룡이견飛龍利見' 같은 구절은 『주역』 건괘의 효사이다.

살펴본 대로 〈남염부주지〉와 〈용궁부연록〉에는 역학적인 용어들이 많이 등장하고 있으며, 이들이 작품의 내용을 음양적으로 구성해 감을 알 수 있다.

④ 사건에서

앞에서 언급한 대로 〈남염부주지〉는 생수적生數的 의미를 나타내는 것으로 건乾의 위대한 시작을 맡는 사건으로, 그리고 〈용궁부연록〉은 성수적成數的인 의미를 나타내는 것으로 곤坤의 만물을 완성시키는 사건들로 이루어져 있다.

곧 〈남염부주지〉에서는 주인공 박생이 자신이 몸담고 있는 음의 세상 – 불공정하고 불평등한 사회이면서, 동시에 불교, 무격, 귀신 등의 설이 난무하는 시대 – 을 양의 세계 – 공정하고 평등하며, 동시에 유학의 정도로 다스려 지는 시대 – 으로 바꾸는 이야기이다. 그렇게 해야만 스스로 과거에도 급제하고, 자신의 뜻을 펼칠 수 있기 때문이다. 따라서 이 이야기는 매월당으로 대변되는 박생으로 하여금 새로운 세상을 만드는 이야기이니, 시생始生의 이야기라 할 것이다.

한편 〈용궁부연록〉에서는 이런 세상이 이루어진 다음 스스로의 욕망을 채우는 이야기이니, 주인공 한생은 이 세상에서 문사로 이름만 났을 뿐 아직 왕에게서 지기지은知己之恩을 받지 못하고 있었다. 그러나 그는 꿈속에서 용궁잔치에 초대받아 거기에서 그의 욕망을 하나하나 이루는 것으로 사건이 이루어져 있다. 즉 문사로 대접 받고 또한 풍류에의 욕망도 한껏 채우게 되는 것이 그것이다.

이렇게 볼 때, 〈남염부주지〉에서는 박생이 세상의 종교와 정치를 바로잡아 자신의 꿈을 시작하려는 사건이 제시되었다면, 〈용궁부연록〉에서는 한생이 이미 이루어진 세계에서 그의 문사로서의 인정과 그에 걸맞는 자리와 풍류를 한껏 성취하는 사건으로 이루어져 있음을 알 수 있다. 따라서 〈남염부주지〉에는 생수적 의미가 다루어져 있다면, 〈용궁부연록〉에는 성수적 의미가 담겨져 있다고 할 것이다. 그러므로 이 두 작품은 서로 떨어진 별개의 작품이 아니라, 동전의 앞뒤와 마찬가지로 매월당 김시습이 바라던 바의 시작과 끝을, 낳고 이루는, 즉 생生과 성成의 과정을 나타내는 작품임을 알 수 있다. 곧 〈남염부주지〉의 속편이 〈용궁부연록〉인 것이다.

2) 생성론生成論으로 본 작품의 구조적 의미

여기서는 이제 『주역』의 생성론으로 작품의 구조적 의미를 살펴보기로 한다. 먼저 〈남염부주지〉부터 살펴보고 나서 〈용궁부연록〉을 살펴보기로 한다.

– 〈남염부주지〉 : 세상을 바로잡다

성화成化 초기에 경주에 박생이란 사람이 있었다. 그는 유학으로 스스로 힘쓰면서 일찍부터 태학관에서 수학하였으나, 한번도 과거에 오르지 못하여 항상 원망하는 감정을 품고 있었다. 또한 그는 일찍부터 불교·무격·귀신 등의 설에 대하여 의심을 품고 있었으나 아직 미적거리면서 어떤 결정을 내리지 못하고 있었다.138)

이 서두부문에서 우리가 읽을 수 있는 것은, 박생은 재능이 있었지만 외부의 불리한 여건 때문에 과거에 오르지 못했고, 또 그의 시대가 불교, 무격, 귀신설 등이 난무하는 시대였음을 짐작할 수 있다. 이는 그가 몸담고 있는 시대가 건전한 양의 시대가 아니라 불건전한 음의 시대라는 것을 밝혀주는 것이니, 음의 시대는 어떤 시대인지 알아보기로 한다.

> 음의 시대는 불공정, 부도덕, 부정, 부패, 기만, 모략, 허욕, 허영, 허상을 쫓는 불건전한, 태만한, 불신, 부조리, 자포자기, 혼탁 등이 사회에 충만하여 과포화상태로 넘쳐서 서로 헐뜯고 미워하고 권력을 잡으면 월권행위까지 하는 부정적이고 경쟁내지는 투쟁이 생활신조로 나타나고 있다.139)

위의 글에서 우리는 본 작품이 생성된 시대가 음의 시대로 유학이

---

138) 成化初 慶州有朴生者 以儒業自勉 常補太學館 不得登一試 常怏怏有憾 … 生嘗疑浮屠巫覡鬼神之說 猶豫未決.

139) 김태진, 앞의 책, 25쪽.

정도正道로 통하는 시대가 아니라 사도邪道인 타락한 불교와 귀신이 난무하는 불건전한 시대임을 알 수 있다. 그러므로 불공정과 부정과 부패가 만연하는 시대이다. 따라서 박생이 원망하는 감정을 품고 불교·무격·귀신설 등을 의심하고 있었던 것은 스스로가 못나서가 아니라, 매월당 김시습처럼 시대를 잘못 만나 뜻을 이루지 못했기 때문이다. 그러므로 그가 과거와 종교에 대하여 의심과 불만을 가졌던 이유는 바로 여기에 있는 것이다. 그러므로 그의 갈등은 〈만복사저포기〉에서처럼 개인적인 갈등이 아니라, 사회적인 갈등인 것이다.[140]

그는 이런 의심을 떨치기 위하여 일찍이 『주역』과 『중용』」에 바탕을 둔 '일리론一理論'이란 글을 지어 스스로를 경계하였던 것이다. 즉 그는 '천하의 이치는 오로지 한 가지가 있을 뿐'[141]라고 하며, 이단의 설을 믿지 않는다고 하였다. 그러나 그는 이것으로 만족하지 못하였다. 그랬기에 그는 이후 꿈속에서 남염부주의 왕을 만나 대화하면서 이런 그의 모든 의심을 해결하게 된다.

그가 꿈으로 들어가는 장면은 다음과 같이 묘사되어 있다.

> 어느 날 박생은 자기의 거실 가운데에서 밤에 등불을 돋우고 『주역』을 읽다가 베개를 괴고 얼핏 잠이 들었는데, 홀연히 한 나라에 이르니 곧 바다 속의 한 섬이었다.[142]

이는 불만과 의심으로 가득 찬 현실세계인 음의 세계에서 이상세계인 꿈의 세계, 즉 양의 세계로 들어가는 과정을 그린 것이다. 그런데 여기서 『주역』을 베고 잠들었다는 것은, 앞으로의 세계가 주역적으로

140) 설성경, 앞의 논문, 앞의 책, 74쪽 참조.
141) 天下之理一而已矣.
142) 一日於所居室中 夜挑燈讀易 支枕假寐 忽到一國 乃洋海中一島嶼也.

전개되리라는 암시를 주는 것으로서 상당히 고급스런 소설기법이다.

꿈속에서 박생은 남염부주의 왕과 토론을 벌이는데, 이는 그가 현실 세계에서 의심과 불만을 가졌던 문제들이다. 크게 나누어보면 종교와 나라를 다스리는 정사政事에 관한 것이었다. 또한 대개는 박생이 묻고 왕이 대답하는 형식으로 구성되어 있는데, 그 대답이 주로 『주역』의 이론으로 되어 있는 것이 재미있다.

이들은 먼저 유교와 불교의 차이에 대해 이야기한다. '주공·공자와 석가'에 대한 박생의 물음에, 왕의 대답은 유학을 옹호하는 쪽이었다.

> 주공과 공자의 가르침은 정도正道로써 사도邪道를 물리치는 일이었고, 석가의 법은 사도로 설문하여 사도를 물리치는 일이었습니다. 정도로써 사도를 물리쳤으므로 주공과 공자의 말씀은 정직하였고, 사도로써 사도를 물리쳤으므로 석가의 말씀은 황탄하였습니다. 주공과 공자의 말씀은 정직했으므로 군자가 따르기 쉽고, 석가의 말씀은 황탄하였으므로 소인이 믿기가 쉬웠던 것입니다. 그러나 그 지극한 경지에 이르면 모두 군자와 소인들로 하여금 마침내 올바른 도리로 돌아가게 함이요, 결코 세상을 의혹시키고 백성을 속여서 이도異道로써 그릇되게 하려는 것은 아닙니다.[143]

여기서 볼 때, 왕은 유학이나 불교가 모두 그 궁극적인 경지나 목적은 같다고 할지라도, 유학이 군자의 도요 불교는 소인의 도라 하여 불교보다 유학을 우위에 두고 있다. 특히 왕은 군자와 소인, 정도와 사도라는 음양적 비유로 이들을 설명한 것이 재미있다 하겠다. 결국 왕의 대답은 박생이 꿈꾸기 전에 생각했던 바와 같았으니, 이는 다른 말

143) 周孔之敎 以正去邪 瞿曇之法 設邪去邪 以正去邪 故其言正直 以邪去邪 故其言荒誕 正直故君子易從 荒誕故小人易信 其極致則皆使君子小人終歸於正理 未嘗惑世誣民 以異道誤之也.

로 바꾸자면 박생이 몸담고 있는 시대는 유학의 정도가 아니라 불교의 사도가 지배하는 시대임을 암시하는 것이다. 이렇게 박생은 꿈에 왕과의 토론을 통해서 자신의 생각이 옳았음을 확인하게 된다. 이후의 토론도 이와 같은 맥락에서 이루어지고 있다.

다음으로 왕은 귀신을 설명하면서도 '귀鬼는 음陰의 영靈이요 신神은 양陽의 영靈이니, 대체 귀신이라는 것은 조화의 자취요 음양의 양능良能이다.'[144]하며 음양의 이론으로 귀신을 부정하였다. 이어 박생은 다시 귀신 섬기는 법에 대하여 물었으나, 왕은 이도 음양적으로 대답하였으니, '물질의 종시終始는 음·양의 합산에 따르는 것입니다. 천지에 제사함은 음·양의 조화를 존경하는 것이며, 산천에 제사하는 것은 기화氣化의 승강昇降을 갚으려는 것이며, 조상께 제사함은 근본을 갚으려는 것이고, 6신六神에게 제사함은 재앙을 면하려는 것이요'[145]라고 한 것이 그것이다.

박생은 계속해서 불교도들에게서 들은 극락세계와 지옥, 그리고 명부의 시왕에 대해서도 사실인지 묻는다. 이에 왕은 몹시 놀라면서 역시 이를 『주역』의 음양이론으로 이의 타당성을 부인하니, 다음이 그것이다.

> 옛 사람이 말하기를 한번 음이 되고 한번 양이 됨을 도道라 하였고, 한번 열리고 한번 닫힘을 변變이라 하였으며, 낳고 또 낳음을 역易이라 하였고, 허위가 없음을 성誠이라 하였습니다. 사리가 이와 같은데 어찌 건곤乾坤 밖에 다시 건곤이 있으며, 천지 밖에 다시 천지가 있겠습니까? … 신의 세계에서는 존엄함을 숭상하니 어찌 한 지역의 안에 임금이 그렇게 많겠습

144) 鬼者陰之靈 神者陽之靈 蓋造化之迹 而二氣之良能也.
145) 且祭天地 所以謹陰陽之造化也 祀山川所以報氣化之升降也.

니까? 선비님은 하늘에는 두 해가 없고 나라에는 두 임금이 없다는 말을 듣지 않으셨습니까? 그러니 그런 말은 믿을 일이 못 됩니다.[146)]

이렇게 왕은 '한번 음이 되고 한번 양이 됨을 도라 하였고, 한번 열리고 한번 닫힘을 변이라 하였으며, 낳고 또 낳음을 역이라 하였고, 허위가 없음을 성'이라는 『주역』 계사전의 내용을 가지고 '극락세계와 지옥', 그리고 '시왕'에 대하여 정면으로 단호하게 부정한다. 그러나 박생은 현실세계에서는 이것들을 믿으며, 그로 인한 속임수가 많음을 지적한다.

인간세상에서는 어버이가 돌아가신 지 사십구일이 되면 신분이 높은 이나 낮은 이나 초상과 장사의 예를 돌보지 않고 오로지 절에 가서 재를 올리는 것만 힘쓰며 부자는 과도한 경비를 쓰면서 남이 보는 데서 자랑하고, 가난한 사람도 토지와 가옥을 팔고 금전과 곡식을 빌어서 종이를 아로새겨 기를 만들고 비단을 오려 꽃을 만들고 여러 승려들을 맞아 복전을 닦고 불상을 세워서 존사로 삼아 범패를 하고 경을 외우는데 마치 새와 쥐들이 지저귀는 것 같아 그 뜻과 이르는 바는 알지 못합니다.[147)]

박생은 곧 인간세상에서 사람들이 유교의 예를 돌아보지 않고, 오로지 불교에 현혹되어 속고 있음을 말하여 불교의 폐단을 말하였다. 이는 바로 유학자 박생이 그가 살고 있던 시대의 타락상을 고발한 것이

---

146) 古人曰 一陰一陽之謂道 一闢一闔之謂變 生生之謂易 無妄之謂誠 夫如是則豈有乾坤之外復有乾坤 天地之外更有天地乎 ... 至於神道則尙嚴 安有一域之內 王者如是其多哉 士豈不聞天無二日國無二王乎 其語不足信也.

147) 世俗當父母死亡七七之日 若尊若卑 不顧喪葬之禮 專以追薦爲務 富者糜費過度 炫燿人聽 貧者至於賣田貿宅 貸錢賖穀 鏤紙爲旛 剪綵爲花 招衆髡爲福田 立壞像爲導師 唱唄諷誦 鳥鳴鼠喞 曾無意謂.

다. 즉 그는 이런 음의 시대에 살았기 때문에 과거에 낙방하고, 스스로 군자의 도를 펼칠 수 없었던 불만을 말한 것이다. 이에 임금은 다시 유학을 강조한다.

> 아아! 그런 지경에 이르렀군요. 사람이 세상에 날 때에 하늘은 어진 성품을 태워 주시고, 땅은 곡식으로써 길러 주시며, 군주는 법령으로써 다스리시고, 스승은 도의로써 가르치시며, 어버이는 은혜로써 길러 주십니다. 이로 말미암아 오전이 차례가 있고, 삼강이 문란하지 않게 되나니, 이에 잘 따르면 상서롭고 이를 거스르면 재앙이 옵니다.148)

여기서 보면, 임금은 하늘과 땅을 비유하며 유학의 삼강오륜三綱五倫만이 바른 생활임을 말한다. 그래서 사람들은 소인의 길이 아니라 군자의 길을 걸어야 상서로움을 설파하고 있다.

마지막으로 박생은 주요한 불교 교리의 하나인 윤회에 대하여 묻는다. 왕은 '정기가 흩어지지 않았을 때에는 윤회의 길이 있을 듯하나, 시간이 오래 되면 정기가 흩어져서 소멸되는 것입니다'149)하며, 이것조차 유학의 이기론로 부정한다.

이제까지 살펴본 결과, 유학자 박생은 그가 평소에 의심하고 있던 바를 여러 가지 왕에게 물어보았다. 첫째는 유불의 차이에 대하여, 둘째는 귀신에 대하여, 셋째는 극락과 지옥과 시왕에 대하여, 넷째는 재齋에 대하여, 다섯째는 윤회에 대하여 물어 보았다. 왕의 대답은 모두 불교를 배격하고 유학을 옹호하는 대답이었으니, 유교는 정도이고 불교는 사도라는 것이다. 그리고 유학의 경전인 『주역』의 음양론으로 귀

148) 噫哉至於此極也 且人之生也 天命之以性 地養之以生 君治之以法 師教之以道 親育之以恩 由是 五典有序 三綱不紊 順之則祥 逆之則殃.
149) 精靈未散則 似有輪廻 然久則散而消耗矣.

신과 지옥과 시왕은 물론 윤회까지도 있을 수 없다고 하였다. 이로써 박생은 비로소 현실세계에서 의심하던 모든 문제를 유학의 주역원리로 확실한 해답을 찾게 된다. 즉 그가 평소에 생각하던 바, 즉 그가 몸담고 있던 세상이 건전한 유학으로 다스려지는 양의 세상이 아니라 불교의 폐해가 많은 불건전한 음의 세상이었음을 확인하게 된다. 여기서 우리는 율곡이 〈김시습전〉에서 매월당을 평하여 '심유적불心儒跡佛'이라 한 말의 깊은 뜻을 이해하게 된다.

여기서 하나 유의하여야 할 것은 박생의 질문에 대한 왕의 대답에 특징이 있다는 것이다. 즉 박생의 질문은 종교, 윤리, 생활속신에 관한 것이었으나, 왕의 대답은 이러한 주제로부터 대답을 시작하지만 은연 중에 화제를 정치문제로 끌고나가 답변의 궁극적인 문제를 통치철학으로써의 정치론으로 유도한다. 이런 의도는 결국 작가가 제시하는 심층적인 주제는 박생의 질문이 추구하는 주제가 아니라 왕의 대답에서 제시된 왕위에 있는 존재의 이상적이고 원론적인 통치철학과 왕위의 교체문제임을 보여준다.[150] 이는 곧 세상의 모든 문제는 결국 정치로 귀결된다는 것을 말한 것이기도 하다. 따라서 이후의 이야기는 정사政事와 치국治國에 관한 이야기로 펼쳐진다.

마지막으로 박생은 임금에게 '무슨 인연으로 이 사나운 타국에서 왕이 되셨습니까?'[151]하고 묻는다. 이는 그도 왕이 될 수 있는 길을 알고 싶었기 때문일 것이다. 그 스스로 왕이 되어야 세상을 바로잡을 수 있기 때문이다. 왕의 대답을 한번 읽어 보기로 한다.

> 나는 인간 세상에 있을 때, 나라에 충성을 다 바쳐 힘을 내어 도둑떼를

---

150) 설성경, 앞의 논문, 앞의 책, 84쪽.
151) 王何故 居此異域 而爲王者乎.

토벌했습니다. 그리고 맹세하기를, '죽어서 마땅히 여귀厲鬼가 되어 도둑떼를 죽이리라' 하였는데, 죽은 뒤에도 그 소원이 남아 있었고, 충성심이 사라지지 않았기 때문에, 이 흉악한 곳의 군장이 된 것입니다.[152]

이에서 보면 왕은 생전에 도둑떼를 토벌하는 충성심이 있었기에 죽은 뒤에 왕이 되어 도둑떼를 죽이는 일을 하고 있다는 것이다. 즉 왕이 다스리는 남염부주는 도둑떼가 없는 세상이므로, 왕이 추구하는 세상은 건전한 양의 세계임을 나타내는 말이다. 박생 역시 과거에 급제하지 못한 것은 도둑떼의 장난으로 생각하였기에 늘 불쾌한 감정을 품고 있었으므로, 역시 도둑떼에 대한 증오심은 왕과 다를 바 없었다. 여기서 말하는 도둑떼란 임금의 말대로 '모두 전세前世의 인간에서 부모나 왕을 죽인 일을 한 대역이나 간흉들'[153]로서 정통 유학자들과는 거리가 먼 사람들임을 생각할 때, 우리는 박생이나 왕이 이상적으로 생각하는 나라는 양의 세상, 즉 유학의 정도로 다스리는 나라임을 짐작하기 어렵지 않다.

이런 점은 남염부주의 왕이 왕으로서 갖추어야 할 정사의 법을 박생에게 일러 주는 데서도 그대로 나타난다.

나라를 다스리는 이는 폭력으로서 백성을 위협해서는 안 될 것입니다. ... 대체 나라는 백성의 나라이고, 명령은 하늘의 명령입니다. 천명天命이 가버리고 민심民心이 떠난다면 비록 몸을 보전하고자 한들 어찌 하겠습니까?[154]

---

152) 我在世 盡忠於王 發憤討賊 乃誓曰 死當爲厲鬼以殺賊 餘願未殄而忠誠不滅 故托此惡鄕爲君長.

153) 皆前世弑逆姦凶之徒.

154) 有國者 不可以暴劫民 ... 蓋國者民之國 命者天之命也 天命已去 民心已離 則雖欲補身 將何爲哉.

여기서 왕은 나라는 백성의 나라이므로 민본주의로 다스리되, 천명을 거역해서는 안 된다는 것이다. 이는 곧 성리학의 왕도정치의 기본 이념이기도 하다. 이어서 왕은 박생이 왕이 될 수 있음을 말하였다.

> 그러므로 정직하고 사심 없는 사람이 아니면 아무도 이 땅의 군장이 될 수 없습니다. 내 들으니, 그대는 정직하고 뜻이 높아 인간 세상에 있으면서 지조를 굽히지 않으셨다 하니 진실로 달인이십니다. … 나는 또한 시운이 이미 다하여 장차 이 자리를 떠나야 하겠고, 그대도 역시 명수가 이미 다했으므로 곧 인간 세상을 하직해야 합니다. 이 나라를 맡아 다스릴 이는 그대가 아니고 누구이겠습니까?155)

여기서 왕은 '정직하고 사심 없는 사람이 아니면 아무도 이 땅의 군장이 될 수 없습니다.'라고 하는 부분은 바로 군장이 될 수 있는 자격을 말한 부분이다. 그런데 여기서 말하는 군장은, 앞에서도 언급했듯이, 『주역』 건괘의 구오효의 천자와 유사함을 알 수 있다. 다음 구오효에 대한 공자의 해설을 보기로 한다.

> 공자가 구오의 '날아가는 용이 하늘에 있어 대인을 보는 것이 이롭다'라는 구절을 해석하기를, 구오의 효는 괘의 가장 존귀한 자리에 있기 때문에 대인이 그 자리를 얻어서 천지의 덕을 행하는 때이다. 이때는 천지가 만물을 생장하는 것을 그 마음으로 삼고 있기 때문에 하나의 사사로움도 없이 만물과 만민이 각각 그 종류에 따라서 생활하도록 하는 것이다. 이것이 바로 첫 번째 중요한 뜻이다. 그는 우주의 만사 만물이 천지 생성의 덕 속에 있게 되는 것이라 설명한다.156)

---

155) 然非正直無私 不能一日爲君長於此地也 寡人聞子正直抗志 在世不屈 眞達人也 … 余亦時運已盡 將捐弓劍 子亦命數已窮 當瘞蓬蒿 司牧此邦 非子而誰.

156) 고회민, 앞의 책, 458-9쪽 참조.

위에서 보면 『주역』에서 말하는 천자는 대인으로, 천지의 덕을 행하여야 하므로 하나의 사사로움도 없이 만물과 만민이 각자가 그 종류를 따라 생활하도록 해야 하는 자리임을 말한다. 그런데 왕의 '내 들으니, 그대는 정직하고 뜻이 굳어 인간 세상에 있으면서 지조를 굽히지 않으셨다 하니 진실로 달인이십니다.'라는 구절에서, 우리는 박생이 바로 구오의 대인과 동격인 달인임을 알 수 있다. 그러므로 박생은 군장이 될 자질을 갖추고 있었던 것이다. 박생의 이런 군자적인 모습은 왕이 지은 선위문禪位文에도 잘 나타난다.

> 그대 동국에서 온 아무개는 정직하고 사심이 없으며, 강직하고 과단성이 있으며 함장하는 자질을 갖추어 어리석은 자들을 깨우칠 재주를 가지고 있습니다. 현달함과 영화가 비록 살아 계실 동안에는 없었다고 하더라도 기강을 바로잡는 일은 실로 죽은 뒤에 있는 것입니다. 모든 백성이 영원히 믿고 의지할 분이 그대가 아니고 누구이겠습니까?[157)]

이처럼 박생이 왕이 된다는 것은 박생의 무의식적 욕구이다. 그러므로 이 선위문은 왕이 박생에게 준 것이지만, 기실 박생의 무의식이 꿈속에서 그 스스로에게 한 말이기도 하다. 왜냐하면 박생은 '강직하고', '재주가 있었지만' '살아 있을 동안에는 현달함과 영화가 없었기에' 꿈에서나마 가장 높은 벼슬을 하고 싶었던 무의식적 욕구가 실현되는 장면이기 때문이다.

남염부주의 왕이 그의 뒤를 이을 사람으로 박생을 지목한 것은, 그의 사후에도 세상은 항상 유학의 왕도정치로 다스려져야 한다는 것을

157) 咨爾東國某 正直無私 剛毅有斷 著含章之質 有發蒙之才 顯榮雖蔑於身前 綱紀實在於身後 兆民永賴 非子而誰.

시사하는 것이다. 그리고 왕도정치를 하기 위해서는 건괘 구오와 같은 대인이 왕위를 이어가야 한다. 왜냐하면 『주역』에 있어서는 인간으로 하여금 천지의 도를 모르는 사람을 교육시켜 천지의 변화를 알게 하고, 도덕의 존귀함을 모르는 사람을 교육시켜 도덕의 고귀함을 자각하게 하는 것이 가장 중요한 문제로 나타나기 때문이다. 만약에 모든 사람들이 『주역』의 이치에 따라서 실천하고 군자에서 대인으로 나아가서 고상한 도덕과 인격을 이루면 인류사회가 안정된다는 것이다. 그러므로 공자는 건괘의 단전에서 말하기를, '만물의 위에 성인이 있으면 온 세계가 편안해 진다'라고 하여, 인간이 만약 건도변화의 '성명을 바르게 하고'(태화太和의 자연스러움을 보조하고 실천함), '시간이 여섯 용을 타고서 천을 부리면' 인간세계는 자연히 평화롭고 안정될 것이다.[158]라고 한다. 따라서 남염부주의 왕은 그와 같은 박생이 그의 뒤를 이어 왕위를 맡아달라고 부탁한 것이다. 이는 또한 박생이 현실세계에서 원하던 꿈이기도 하였다.

박생은 이 선위문을 받고 수레를 타고 오다가 넘어지니, 이는 곧 '한바탕의 꿈'이었다. 그는 꿈속에서 다시 현실세계로 나온 것이다. 이후 박생은 감격 속에 죽을 일을 염두에 두고 날마다 집안일을 정리하기에 전력하였다.

> 수개월 뒤에 박생은 병을 얻었는데, 그는 결코 일어나지 못할 줄을 알고 의사와 무당을 물리치고 세상을 떠났다. 그가 막 세상을 떠나려하던 날 저녁에 꿈에 신인神人이 이웃집에 나타나서 말하기를
> '너의 이웃집 박아무개는 장차 염라왕이 될 것이다.'
> 라고 하였다 한다.[159]

158) 고회민, 앞의 책, 466쪽.

여기서 박생이 스스로 죽을 준비를 하고, 병이 나자 의사와 무당을 물리친 것은 스스로 죽음을 택한 것으로 보아야 한다. 왜냐하면 이것은 그가 발 딛고 있는 음의 세계인 현실을 박차고 새로운 이상세계, 즉 양의 세계를 건설하기 위하여 나아간 것이기 때문이다. 그러면 그가 꿈꾸는 양의 세계는 어떠한 세계일까?

> 양의 시대는 인간의 생각과 행동이 밝고 바르게 살고 도의적으로나 윤리적으로나 질서와 제도상으로 보나 명백하고 온화하며 순리적이고 건전하게 생활하도록 되어서 개방적이고 자유롭고 근면하고 부족을 모르게 살도록 되어서 서로 협조하고 융통해가며 사니까 화합이 잘 되어서 소위 낙원이나 다름없는 신실한 생활을 하는 때이다.[160]

이에서 보듯 그가 죽어 왕이 되어 다스릴 남염부주의 세계는 양의 세계로, 인간의 생각과 행동이 밝고 바르며 도의적으로나 윤리적으로나 제도적으로 순리적이어서 모든 사람이 제 자리를 찾는 그런 건전한 세상이 될 것임을 미루어 짐작할 수 있는 일이다. 이런 세계에서는 생전의 박생처럼 '정직하고 사심이 없으며', '강직하고 과단성이 있으며', '함장含章하는 자질을 갖추어 발몽發蒙의 재주를 가진' 사람들이 과거에 떨어지는 일도 없을 것이며, 불교·무격·귀신에 대해서도 의심하는 일이 없을 것이다. 왜냐하면 사심 없는 박생 같은 대인이 유학의 왕도정치를 시행하기 때문이다. 따라서 본 작품은 '유학자로서의 통치욕'을 그 주제로 삼고 있다 해도 무방할 것이다. 이는 매월당의 무의식적 욕구이기도 하다. '수기치인修己治人'을 목적으로 하던 조선

159) 數月有疾 料心不起 却醫巫而逝 其將化之夕 夢神人告於四鄰日 汝鄰家某公 將爲閻羅王者云.

160) 김태진, 앞의 책, 25쪽.

유학자들이 『금오신화』 5편 중에 〈남염부주지〉를 제일로 꼽은 것[161]은 이런 각도에서 이해할 때 수긍이 가는 것이다.

음의 세상을 양의 세상으로 바꾸는 사람을 『주역』에서는 대인이라 한다. 〈문언전〉에서 말한 대인에 대한 정의는 여러 고전 중에 나타난 인물의 칭찬 중에서 최고의 찬사이다. 대인은 이미 도道의 화신이며, 그는 소아小我에 집착함을 완전히 버리고 '위대한 도의 작용' 속으로 들어간 것이다.[162] 〈남염부주지〉의 박생은 바로 이러한 대인이었던 것이다. 그렇기에 그는 남염부주의 왕에 의해 대인으로 인정받았고, 또 남염부주의 왕이 될 수 있었던 것이다.

그러나 여기에서 우리가 주의하여야 할 것은 '대인大人' 역시 인간이라는 것이다. 위에서 말한 것은 대인의 정신적인 면을 말한 것이고, 그의 육체적인 면은 역시 보통사람과 마찬가지로 벗어던질 수가 없는 것이다. 정신적인 면으로 보면 대인은 '사람을 넘어서는 사람(人上人)'이고, 육체적인 면으로 보면 그는 여전히 '사람들 중의 사람(人中人)'일 뿐이다.[163] 이에 매월당은 〈남염부주지〉에서는 '사람을 넘어서는 사람'의 일을 말하였고, 〈용궁부연록〉에서는 '사람들 중의 사람'인 인간적인 욕망을 이야기하였다. 따라서 〈남염부주지〉는 양의 정신적인 측면을, 〈용궁부연록〉에서는 음의 육체적인 측면을 이야기했다 할 것이다. 이제 이를 살펴보고자 한다.

– 〈용궁부연록〉 : 욕망을 이루다

고려 때 한생이란 선비가 살고 있었는데, 젊어서부터 글에 능하여

161) 조기영편, 『생육신집』 부록 상, 52쪽.
金鰲新話中 南炎浮洲志 小說之第一也.
162) 고회민/정병석 역, 『주역철학의 이해』, 문예출판사, 1995, 452-453쪽.
163) 같은 책, 453쪽.

조정에 이름이 알려져서 문사文士로 평판이 있었다.[164] 그러나 한생은 문사로 평판이 났을 뿐 일개 선비로 벼슬은 없었다. 문사는 글하는 선비(士)로 벼슬하는 대부大夫와는 다르기 때문이다. 그러므로 그는 〈남염부주지〉의 박생과 마찬가지로 현실세계에서 인정받지 못했음을 알 수 있다.

이런 선비 한생이 어느 날 거실에서 해가 질 때까지 편안히 앉았다가 잠이 들었다. 이때 홀연히 청삼을 입고 복두를 쓴 낭관 두 사람이 나타나, '박연에 사시는 용왕님께서 모셔오란 분부이십니다.'하는 소리에 깜짝 놀란다.[165] 이는 현실세계에서 무의식의 세계인 꿈의 세계로, 즉 '있는 세계'에서 '있어야 할 세계'로 나아가는 모습을 그린 것이다. 즉 스스로를 인정받을 수 없는 세계에서 스스로를 인정받을 수 있는 용궁의 세계로 나아간 것이다.

이어 한생은 두 낭관을 따라 '신의 세계'인 수부水府, 즉 용궁의 세계로 인도된다. 한생이 함인지문含仁之門이라는 궁문을 들어서자, 용왕이 손수 뜰아래로 내려와 그를 맞이하여, 수정궁 안에 있는 백옥상에 앉게 한다. 이는 한생이 왕으로부터 직접 대접받고자 하는 욕구가 꿈속에서 그대로 실현된 결과라 하겠다. 이후 이야기는 그가 용궁에서 그의 모든 무의식적인 물질적·육체적 욕구들을 하나하나 이루어가는 것으로 이어진다.

우선 한생은 용왕으로부터 그 스스로를 인정받고자 하는 욕구를 왕의 입을 통하여 직접 듣게 된다.

오랫동안 선생의 높으신 성화를 듣자옵고 높으신 얼굴을 이제 뵙게 되

164) 前朝 有韓生者 少而能文 著於朝廷 以文士稱之.
165) 瓢淵神龍奉邀 生愕然變色.

었습니다.[166]

한생은 현실세계에서는 비록 조정에까지 이름이 알려진 문사이긴 하였지만, 이렇게 임금에게 직접 인정받은 적은 없다. 그러나 유학이 '수기치인修己治人의 학學'임에, 선비라면 누구나 이렇게 임금에게 인정받기를 무의식적으로 원하였을 것이다. 한생 역시 그의 이런 지기지은知己之恩의 욕구를 꿈속에서 용궁에서나마 이루게 된다.

이러한 한생의 꿈은 이제 더욱 화려하고 완벽하게 펼쳐진다. 곧 한생이 앉으려 할 즈음에 용왕에 의해 세 손님이 초대되니, 그들은 음의 세계인 물의 신들로 곧 조강신과 낙하신과 벽란신이다. 용왕은 이들의 자리를 정한 뒤, 한생을 '인간 세상에 계신 문사'[167]로 소개한다. 그러나 한생은 스스로 '하나의 빈한한 선비'[168]라고 하나, 그들은 '용왕님은 위엄이 있을 뿐 아니라, 사람을 보는 안식도 밝으시니 그대는 틀림없이 인간 세계의 문장의 거공鉅公이실 것'[169]이라고 한다. 여기서 '하나의 빈한한 선비'는 한생이 현실세계에서 인정받지 못하던 모습이라면, '틀림없이 인간 세계의 문장의 거공'이라는 것은 그가 무의식세계에서 인정받고자 하던 자부심의 표출이다. 이런 자부심이 꿈속의 용궁 속에서 이루어지는 것이다.

찻잔을 돌린 뒤에 용왕은 한생을 용궁으로 모신 까닭을 설명하였다. 용왕에게는 오직 딸이 하나 있는데, 이제 결혼할 시기가 되어 따로 가회각佳會閣이란 누각을 짓는데 다만 상량문을 지을 마땅한 사람이 없어 그를 초대했다는 것이다.

---

166) 久望今聞 仰屈尊儀.
167) 文士在陽界.
168) 一介寒儒.
169) 神王威重 鑑人惟明 子必人間文章鉅公.

풍문에 들으니, 선생은 이름이 삼한에 떨치며 재주가 백가에 으뜸간다 하므로, 특별히 부하들을 먼 곳까지 보내어 모셔오게 한 것입니다. 과인을 위하여 상량문 한 편을 지어 주시면 고맙겠습니다.[170]

여기서 용왕은 한생을 '이름이 삼한에 떨치며 재주가 백가에 으뜸간다'고 칭찬한다. 이는 바로 한생이 무의식적으로 듣고자 한 말이다. 이에 한생이 고개를 숙이고 엎드려 상량문을 이룩하니, 그 글씨는 구름과 연기가 서로 얽히는 듯하였다.[171] 한생이 글쓰기를 마치자, 용왕은 크게 기뻐하여 이내 세 신들에게 돌려 보이니, 세 신이 모두 떠들썩하게 탄복하고 칭찬하였다.[172] 이러한 문장에 대한 칭찬, 역시 한생이 현실적으로 듣고 싶었던 무의식적 욕구의 표현이라고 보아야 한다.

이제까지 살펴 본 대로 한생은 용왕으로부터 직접 영접을 받고, 세 신들로부터는 '틀림없이 인간 세계의 문장의 거공이실 것'이란 찬사를 듣고, 또한 용왕에게서도 '이름이 삼한에 떨치며 재주가 백가에 으뜸간다'는 인정을 받았다. 또한 지은 상량문에 대해서도 용왕과 세 신에게 '모두 떠들썩하게 탄복하고 칭찬' 받게 된다. 이런 장면은 바로 한생이 이루고자 하는 무의식적 욕구가 완벽하게 성취되는 장면이라 하겠다. 왜냐하면 그는 실제 현실세계에서는 이런 대접을 받지 못했기 때문이다.

다음으로 한생의 풍류에 대한 욕구도 꿈속에서 이루어진다. 곧 상량문을 짓고 나자, 용왕이 '윤필연潤筆宴'을 열어 한생을 위로했던 것이다. 이들이 서로 술을 권하고 풍류를 즐기는 중에 지어진 노래 속에는

170) 側聞秀才 名著三韓 才冠百家 故特遠招 幸爲寡人 製之.
171) 生俛伏而起 染翰立成 雲煙相糺.
172) 書畢進呈 神王大喜 乃命三神傳閱 三神皆嘖嘖歎賞.

한생을 찬양하는 내용들이 주를 이루고 있다. 이 역시 한생이 꿈에서나마 듣고 싶은 소리였다. 이들을 살펴보기로 한다.

먼저 미인 십여 명이 나와서 춤추며 부른 〈벽담곡〉에는 다음과 같은 구절이 있다.

招文士兮製短歌	문사를 모셔다가 짧은 글 지으니,
歌盛化兮擧脩樑	높은 덕 노래하며 큰 들보 올리네.

여기서는 그를 문사로 인정하면서 그의 덕을 기리고 있다.

다음으로 총각 십여 명이 나와서 피리와 일산을 들고 〈회풍곡回風曲〉 한 가락을 부른다. 여기의 내용은 잔치의 성대함과 헤어지기 아쉬움을 읊었으니, 다음과 같다.

疏擊兮銅羅	드문드문 바라 소리
醉舞兮傞傞	취한 춤이 비틀비틀
有酒兮如沱	강물처럼 많은 술에
有肉兮如坡	언덕처럼 쌓인 고기
賓旣醉兮顔酡	손님 이미 취하셨네.
製新曲兮酣歌	새 곡조를 불러보세.
或相扶兮相拖	몸을 잡고 서로 끌며
或相拍兮相呵	손뼉 치며 껄껄 웃네.
擊玉壺兮飮無何	옥 술병을 두드리며 남김없이 마셨으니
淸興闌兮哀情多	맑은 흥취 다해지자 슬픈 마음 절로 이네.

여기서 보면, 강물처럼 많은 술과 언덕처럼 쌓인 고기로 잔치를 벌여 참석자 모두가 흥겹게 취하여 노래하고 춤추는 모습을 볼 수 있다.

풍류의 절정이라 하겠다. 그는 이런 풍류도 즐기고 싶었던 것이다. 왜냐하면 현실에서는 그렇게 즐기지 못했기 때문이다.

춤과 노래가 끝나자 용왕은 기뻐하며 술을 부어서 한생에게 권하면서 스스로 옥룡적玉龍笛을 불고 〈수룡음水龍吟〉 한 가락을 노래하여 잔치의 즐거움을 더하였다. 노래 가운데 한생을 두고 비유한 부분만 옮겨 본다.

酒滿金罍	금 술잔에 술 넘치고
人頹玉岫	좋은 풍채 취해 있네.
誰人推倒	그 누가 술잔 기울여
爲佳賓	아름다운 님 위하여
脫盡十載雲泥壹鬱	십년 진토塵土토록 근심 잊고
快登蒼昊	넓은 하늘 오르듯이 유쾌하게 놀아보세.

이는 용왕이 한생에게 부른 노래이지만, 곰곰이 새겨보면 역시 한생이 무의식적으로 듣고 싶은 내용이다. 즉 그는 세상의 모든 근심을 잊고 유쾌하게 놀고 싶었던 것이다.

용왕은 노래를 마치고 좌우를 둘러보며, '그대들은 귀한 손님을 위하여 각기 기능을 보이라'[173]라고 한다. 이에 '귀한 손님' 한생을 위하여, 수중의 음물인 곽개자라는 게가 나와 춤을 추며 노래를 부른다. 한생에게 관계되는 부분만 보이면 다음과 같다.

山鬼趠兮翱翔	산귀 와서 덩실덩실 춤을 추고
水族跳兮騰驤	물고기들은 펄떡펄떡 뛰노누나.
山有榛兮濕有笭	모든 신하들이 제자리를 얻었으니

173) 爾等爲嘉賓呈之.

懷美人兮不能忘　그리운 우리 임 차마 잊을 건가.

위에서 '산유진혜습유령山有榛兮濕有苓'이라는 구절은 『시경』〈패풍〉 간혜장에 나오는 말로, '산에는 개암 있고, 들에는 씀바귀 있다'고 새겨지나, 원뜻은 '모든 생물이 각기 제자리를 얻음', 곧 '성인이 그 지위에 있음'을 이른 것이다. 이는 역시 한생의 무의식적 본능을 잘 드러내는 말이다. 곧 성인이 지배하는 시대에는 모두 자기 본래의 자리를 얻을 수 있음이니, 한생은 현실세계에서 자기 자리를 얻지 못했지만 용왕이 지배하는 용궁에서 자신의 문재文才를 인정받고 풍류를 즐기는 것이 곧 본래의 자기 자리임을 무의식적으로 드러낸 것이다. 이런 한생의 꿈이 용궁 속에서 온전히 이루어지는 것이다.

다음에는 숲 속의 도깨비와 산속의 괴물들이 나와서 각기 그 기능을 자랑하며, 한생과 그의 글을 찬양하는 노래를 지었으니 일부만 보면 다음과 같다.

卑禮招賢　어렵게도 귀한 손님 초대하니
儼若神仙　엄연하기 신선 같고
翫彼新篇　새로 지은 글 구경하니
珠玉相聯　주옥을 꿰맨 듯하네.
琬琰以鐫　옥돌에다 깊이 새겨
千載永傳　천년이나 전하리라.

여기서도 한생은 도깨비와 괴물을 통하여 자신이 신선 같음을 인정받고, 또한 자신이 지은 글은 주옥 같아 영원히 전할 가치가 있음을 노래하게 하여 스스로의 무의식적 욕구를 충족시킨다.

마지막으로 한생은 세 신의 시를 받아 세 번이나 거듭 완상하고 나서, 곧 그 자리에서 장편시 이십운을 지어 성대한 일을 진술하였으니, 그 일부만 옮겨 본다.

珍味充喉潤	온갖 진미 배부르고
恩波浹骨融	깊은 은혜 뼈에 스며
還如飡沆瀣	오히려 이슬 기운 마신 듯
宛似到瀛蓬	봉래산에 구경 온 듯
歡罷應相別	즐거움 다하면 응당 서로 이별하리니
風流一夢中	풍류는 한바탕 꿈속의 일이네.

여기서 한생은 마지막으로 '즐거움 다하면 응당 서로 이별하리니'라는『주역』변역론變易論의 이치로 이별을 정당화시킨다. 그러나 이제까지 온갖 진미에 배부름도, 용왕의 지기지은知己之恩도 모두 '한바탕 꿈속의 일'임을 고백한다. 한생의 이 시를 보고 만좌의 사람들이 모두 감탄하고 칭찬하지 않는 이가 없었다. 특히 용왕은 '마땅히 이 시를 금석에다 새겨 제 집의 보배로 삼겠습니다.'[174]하며 극찬한다. 이것 역시 한생이 무의식적으로 바란 것으로, 그의 시가 용왕의 가보가 될 만큼 훌륭하다는 자부심이 꿈으로 표출된 것이다.

살펴본 대로 이제까지 잔치 중에 주고받은 시들도 모두 한생이 이루고자 하는 꿈들로 나열되어 있음을 알 수 있다. 즉 그는 문사로 인정받고 싶었고, 성대한 잔치 속에서 풍류를 즐기고 싶었고, 자기에게 걸맞는 자리를 얻고 싶었다. 또한 그의 시가 용왕의 가보로 삼을 만큼 훌륭하다는 자부심도 나타내었다. 결국 그는 이런 모든 소망을 꿈속의 용

174) 當勒之金石 以爲弊居之寶.

궁에서 이루었던 것이다.

이어 한생은 용왕의 승낙을 얻어 용궁을 두루 구경하고 나서는, 드디어 작별을 고하였다. 이에 용왕은 산호반 위에 빛이 고운 구슬 두 덩이와 빙초 두 필을 담아서 전별의 노자로 주고 문밖에 나와서 이별하였다.[175] 용왕은 한생을 맞을 때와 마찬가지로 보낼 때도 역시 극진한 예를 다하였다.

한생은 용왕의 사자 한 사람의 등을 타고 오다가, 눈을 떠보니 자기 몸은 거처하는 방 안에 드러누워 있을 뿐이었다.[176] 드디어 그가 꿈을 깨고 현실세계로 돌아온 것이다. 그러나 자기를 알아주지 않는 현실세계로 돌아온 한생은 그를 알아주는 꿈속의 세계를 잊지 못한다. 이는 작품 말미에 상징적으로 나타나고 있다.

> 한생이 문 밖을 나와서 보니, 하늘에 별은 드문드문하고 동방은 밝아오며, 닭은 세 회나 치고 밤은 벌써 五更이었다. 급히 품속을 더듬어 보니 야명주와 흰 비단이 거기 있었다. 한생은 이 물건을 비단으로 바른 상자에 깊이 간직하여 진귀한 보배로 삼고, 남에게 보여주려 하지 않았다.[177]

현실세계로 돌아온 한생이 제일 먼저 무의식세계인 꿈속에서 받은 야명주와 흰 비단을 찾은 것은 그가 꿈의 세계인 무의식세계로 회귀하고 싶은 강렬한 욕구를 상징적으로 표현한 것이다. 또한 물건을 비단으로 바른 상자에 싸서 깊이 간직하였다는 것은, 스스로의 무의식적 욕구를 '진귀한 보배'처럼 귀하게 여겼다는 말에 다름아니다. 따라서

---

175) 於是 神王以珊瑚盤 盛明珠二顆 氷綃二匹 爲贐行之資.

176) 開目 但偃臥居室而已.

177) 生出戶視之 大星初稀 東方向明 鷄三鳴 而更五點矣 急探其懷而視之 則珠綃在焉 生藏之巾箱 以爲至寶不肯示人.

그가 몸담고 있는 현실세계는 더욱 가치 없는 것이 된다. 특히 '남에게 보여주려 하지 않았다'는 것은, 자신의 무의식적 욕구를 남에게 보이는 것이 부끄러웠기 때문이다. 더구나 남들이 자신을, 자신의 문재나 능력을 인정하지 않았기 때문이기도 하다. 이는 현실세계에서는 아무도 그의 진면목을 알아주지 않는다는 말이기도 하다. 이에 그는 다시 그를 알아주는 세계를 찾아 되돌아간다. 이 이야기가 마지막 구절에 잘 나타나고 있다.

> 한생은 세상의 명예와 이익을 생각에 두지 않고 명산에 들어갔는데, 어느 곳에서 세상을 마쳤는지 알 수 없다.[178)]

한생에겐 현실세계 -그를 알아주지 않는 세계 - 보다 꿈의 세계 - 그를 알아주는 세계 - 가 더욱 소중하였던 것이다. 따라서 한생은 '세상의 명예와 이익'을 생각에 두지 않을 수 있었다. 그것은 그가 세상에서 구할래야 구할 수도 없었겠지만 그것보다 더 소중한 것이 있었기 때문이다. 그것은 그 자신이 왕으로부터 문재를 인정받고 그에 합당한 자리를 얻고 풍류를 즐길 수 있는 세계이다. 그러므로 그가 명산에 들어갔다는 것은 그가 그런 세계로 영원히 회귀한 것을 상징하는 것이다. 이를 두고, 그가 명리名利를 헌신짝처럼 던져버리고 영원한 삶을 얻기 위하여 명산에 들어가 선도仙道를 닦았다는 등의 해석은 너무 문면적인 해석이다. 한생은 처음부터 영생이 목적이 아니라 스스로를 알아주는 사람을 만나는 것이 목적이었다. 이러한 본능적 욕구는 인간이라면 누구나 가지고 있다. 따라서 한생이 어디에서 세상을 마쳤는지 알 수 없는 것은, 한생도 〈만복사저포기〉의 양생처럼 우리 모두의 가

---

178) 生不以名利爲懷 入名山不知所終.

슴 속에 아직 살아있다는 말에 다름아니다. 왜냐하면 인간은 누구나 한생처럼 스스로를 인정받고 싶어 하고, 능력에 따른 대우를 받고 싶어 한다. 이러한 무의식적 욕망이 인간에게서 사라지지 않는 한 〈용궁부연록〉은 우리의 가슴속에서 결코 사라지지 않은 영원한 고전이 될 것이다. 이러므로 본 작품의 주제적 의미로 '지기지은知己之恩의 갈구渴求'라 하여 틀림이 없을 것이다.[179)]

살펴본 대로 〈남염부주지〉의 박생은 종교나 정치를 통해 세상을 새롭게 만드는 일에 관심이 있었다면, 〈용궁부연록〉의 한생은 오직 자신의 욕망을 이루는 일에 열중하였던 것을 알 수 있다. 이는 바로 양과 음의 일이니, 양은 정신적이고 시작하는 일이라면, 음은 바로 물질적이고 거두는 일을 나타내기 때문이다. 따라서 두 작품은 『주역』의 생성론으로 볼 때, 음양적으로 짜여진 하나의 작품임을 알 수 있다. 이런 의미에서 설성경이 이 두 작품의 관계를 군신의 관계라는 축을 중심에 두고 서로 비교하면서, 〈남염부주지〉는 군신관계의 올바른 정립과정과 건강한 도덕정치의 토대를 마련하는 전초적 의미를 가지는 대신에, 〈용궁부연록〉은 그러한 발판을 굳게 딛고서 베풀어진 바람직한 이상사회의 향연으로 본 것은 탁견이라 아니할 수 없다.[180)]

(3) 작가의 유학자적 정치관과 지기지은知己之恩의 갈구

이제까지 살펴보았듯이 〈남염부주지〉에는 작가의 유학자적 종교관과 정치관이, 그리고 〈용궁부연록〉에는 작가의 지기지은의 욕구가 나타나 있다. 이제 이들을 매월당과 관련해서 하나하나 구체적으로 살펴보기로 한다.

179) 설중환, 앞의 책, 189쪽.
180) 설성경, 앞의 논문, 앞의 책, 54쪽 참조.

〈남염부주지〉의 주인공 박생은 현실의 매월당으로 비유되어 있다. 그것은 그가 '유학에 뜻을 두어 일찍부터 태학관에서 수학하였으나, 한번도 과거에 합격하지 못하여 불쾌한 감정을 품고 있은 것'에서 우선 같다고 볼 수 있다. 매월당 역시 5세에 신동이란 이름으로 재주를 일세一世에 떨쳤고 또한 성균관에서 공부하였지만 불행하게도 과거에 합격하지 못하여 늘 불쾌한 감정을 지녔을 것이다. 불쾌한 감정을 지닌다는 것은, 자기 재주는 있는데 다른 외부적인 요인에 의해 낙방하였을 때 생기는 것이다. 결국 그에게 있어서는 과시의 기회가 왕위찬탈이란 정치적인 외부적 요인 때문에 박탈되어 그의 재주를 시험할 수 없었기 때문에 불쾌하였을 것은 상식적인 추리이다.

다음으로 박생이 '불교 신도와도 사귀게 된 것' 같이 매월당도 불교신자와 가깝게 사귀었을 뿐 아니라, 스스로 머리를 깎고 승복을 걸치고 있었던 것이다. 매월당의 시문집에 보이는 승려·도인들만 하더라도 준상인(권이), 해사(권삼에 오회), 민상인(권삼에 삼회), 남방승(권삼), 탈상인(권삼), 산상인(권삼), 낙산사선상인(권삼), 인상인(권삼에 이회), 정상인(권삼), 도안(권삼), 희상인(권삼), 지인사(권삼), 관서도인(이노옹)(권십), 근사(권십일), 해사(동상), 순노(동상), 전선노(동상), 진원노승(동상), 옥경사(권십삼), 동사제노(권오), 학조(문집부록일) 등과, 태종의 둘째 아들인 효령대군 등을 들 수 있다.181)

그러나 매월당이 승려가 된 것은, 우리가 그의 생애에서 살펴본 대로 그가 너무나 엄청난 일을 당하여 방랑하기 위한 수단으로 승려가 된 것이지 어떤 신념에 의하여 선택한 것은 아니었다. 또한 그는 유학과 불교가 근본적으로는 서로 다르지 않음을 알았기에 유학자로서 서

181) 정주동, 앞의 책, 191쪽.

승없이 승복을 걸칠 수 있었다고 본다. 따라서 작품에서도 '불교나 유학이나 그 지극한 경지에 이르러서는 모두 군자와 소인들로 하여금 마침내 바른 도리로 돌아가게 한다'[182]고 말하였던 것이다. 그는 불법佛法을 사람들로 하여금 자비로 인도하고 청정으로 이끌어서 생을 안분과욕安分寡慾하게 하는 사상으로 본 것인데, 이는 결국 유학의 애민·민본사상과 맥을 같이 한다고 생각한 것이리라.[183] 결국 그는 유학자였지만, 어쩔 수 없는 사정 때문에 승려가 되어 승려들과 가깝게 지냈다고 할 것이다. 이런 점을 염두에 두면서 작품이 어떻게 작가와 관련되어 있는지, 몇 가지 측면에서 살펴보기로 하겠다.

먼저 작가는 주인공을 통하여 자신의 유학자적 정치관을 잘 드러내고 있다. 매월당은 본래 유학자였으나, 외부적 요인에 의해 옷에 먹물을 들여 입게 되었다. 이를 두고 율곡은 '심유적불心儒蹟佛'이라 하였다고 했다. 이는 현실의 매월당으로 비유된 박생이 무의식적인 꿈속에서 유교가 불교보다 우위에 있으며, 또한 불교의 주요 교리인 극락과 지옥, 시왕, 그리고 윤회 등이 없음을 왕에 의해 확인하는 것으로 알 수 있다. 이러한 명쾌한 판단을 내려주는 것은 그의 무의식적 표출表出이라 보아야 할 것이다. 이는 또한 왕이 '죽어서 마땅히 여귀가 되어 도둑떼를 죽이리라'한 원한을, 그 역시 무의식적으로 공유하고 있었음에도 그런 것이다. 그러므로 남염부주의 왕은 불교에서 설정한 국왕이 아니고 왕도에서 출발한 충신의 원한을 설치하여 정경대원正經大原으로 돌아가게 하는 국왕으로, 매월당 자신이 허구한 창조적 염마왕이다.[184] 매월당이 이런 왕을 설정한 이유는, 그가 불교가 아닌 유학으

---

182) 其極致則 皆使君子小人 終歸於正理.
183) 임형택, 앞의 논문, 16쪽.
184) 이재수, 앞의 논문, 앞의 책, 78쪽 참조.

로만이 세상을 올바르게 다스릴 수 있다고 믿었기 때문일 것이다. 따라서 어떤 이가 그에게 "불교의 학설도 세상을 다스릴 수 있습니까." 하니, "불가합니다. 다만 욕심만 제거할 뿐입니다"[185]하고 대답하였던 것이다. 그리고 그는 한나라 광무제 이후로 당나라 태종 이전까지는 정치를 잘 했다는 군주가 있었음을 듣지 못하였다고 하며, 이는 그들이 불교를 좋아하고 참선을 좋아하여 불도로 세상을 다스렸기 때문이라고 하였다.[186] 결국 매월당은 유학으로만이 세상을 다스릴 수 있다고 믿은 왕도주의 정치가였던 것이다.

그러면 왜 매월당이 유불 관계의 종교적 문제를 작품의 주제로 삼았을까? 이는 그가 비록 승복을 걸쳤지만 어렸을 때 배운 대로 철저한 유학자가 되고 싶은 소망이 자기도 모르게 무의식적으로 나타난 것으로 보아야 할 것이다. 그 스스로도 '머리를 깎은 것은 세상을 피하려는 뜻이고, 수염을 기른 것은 장부의 뜻을 나타내려 함이다'고 한 것도 이런 맥락에서 이해될 수 있을 것이다. 따라서 매월당은 누가 뭐래도 철저한 유학자이었다고 말할 수 있다.

다음으로 매월당의 벼슬에 대한 무의식적 욕망이 박생에게 잘 나타나 있음을 발견하게 된다. 이는 왕이 박생에게 한 다음 말에 잘 나타난다.

> 내 들으니, 그대는 정직하고 뜻이 굳어 인간 세상에 있으면서 지조를 굽히지 않으셨다 하니, 진실로 달인達人이십니다. 그러나 그대의 그 뜻을 세상에 한번도 펴보지 못하였으니, 마치 진주가 티끌 이는 벌판에 버려지고, 밝은 달이 깊은 못에 잠긴 것과 같습니다. 훌륭한 장인을 만나지 못하면 누가 지극한 보물을 알아주겠습니까? 어찌 애석하지 않겠습니까?[187]

---

185) 『매월당집』 속집 1. 「잡설」 浮屠氏說 可以治世否 曰不可 但去慾而已.
186) 같은 곳 참조.
187) 寡人 聞子正直抗志 在世不屈 眞達人也 而不得一奮其志於當世 使荊璞棄於塵野

이렇게 매월당은 그 마음 깊은 구석에서 스스로 '진흙 속에 묻힌 진주'라 생각하고 그를 알아주는 사람이 나타나길 원하였던 것이다. 그러나 현실은 그를 용납하지 않았고, 그도 현실을 용납할 수 없었으므로, 이 간절한 소망이 꿈으로 나타난 것이다. 그 소망은 "이 나라를 맡아 다스릴 이는 그대가 아니고 누구이겠습니까?"[188]할 정도로 강렬하게 나타난다. 이는 매월당의 자부심과도 무관하지 않다. 그리고 매월당이 염라왕이 되려고 하는 것은, 그가 미워하는 무리를 벌주려고 하는 무의식이 나타난 것으로 볼 수 있다. 그것은 염라국의 군장이 하는 업무를 보면 짐작이 갈 것이다.

> 지금 이 땅에서 내게 의지해서 사는 사람들은 모두 전세의 인간에서 부모나 임금을 죽이는 일을 한 대역이나 간흉들입니다. 그들은 이 땅에 의지해 살면서 내게 통제를 받아 그릇된 마음을 고치려 하고 있습니다.[189]

이에서 보면 매월당이 벼슬하려는 목적은 천명에 따라 백성을 중심으로 다스리는 데도 있었지만, 일면 그가 대역이나 간흉이라 생각했던 수양대군의 일파를 벌주고 싶은 심정에서도 찾아볼 수 있다. 이는 그도 인간이기에 이런 복수심을 씻어버릴 수 없었을 것이다. 이는 무엇보다 그들 때문에 왕도정치를 실시할 수 없다고 생각했기 때문일 것이다.

살펴본 바에 의하면, 매월당은 박생이란 주인공을 내세워 결국 그의 무의식적 욕망을 이야기하고 있다. 즉 세조의 숭불적인 사회 폐습을

明月沉于重淵 不遇良匠 誰知至寶 豈不惜哉.

188) 司牧此邦 非子而誰.

189) 今居此地 而仰我者 皆前世弑逆姦凶之徒 托生於此 而爲我所制 將格其非心者也.

타파하여 진정한 유교이념에 따라 통치해야 한다는 것을 밝히고, 나아가 그 스스로 그런 국가를 건설하고자 높은 벼슬을 하고 싶다는 것이 그의 소원이었다. 따라서 이 작품은 바로 작가 내면의 소리라고 아니할 수 없다. 그래서 국왕을 통해서 국왕이나 저승의 존재를 부정하고, 제왕을 통해서 제왕의 횡포를 거부하는, 즉 당시의 정치적 장벽에 대한 항변[190] 이상의 뜻을 내포하고 있다고 하겠다. 왜냐하면 〈남염부주지〉는 매월당의 사상집이 아니라, 엄연한 그의 소설이기 때문이다. 따라서 작품의 사상만 논할 것이 아니라 그것을 통한 본래의 뜻이 무엇인지를 문학적으로 살피는 것이 마땅할 것이다.

다음으로 〈용궁부연록〉은 '매월당의 자서전'이라 할 만큼 주인공 한생은 매월당을 연상시키기에 충분한 인물이니, 작품의 서두에 잘 나타나 있다.

> 고려 때 한생이 살고 있었는데, 젊어서부터 글에 능하여 조정에 이름이 알려져서 문사로 평판이 있었다.[191]

알다시피 매월당은 율곡의 〈김시습전〉에 의하면, 세상에 나온 지 여덟 달만에 스스로 능히 글자를 알고, 세 살에 능히 시를 짓고, 다섯 살에 『중용』·『대학』을 통달했으므로, 사람들이 그를 신동이라 불렀다. 또한 당시의 세종대왕으로부터도 승정원에 불려가서 시詩로 시험당하였으니, 그 명성이 조정은 물론 전국에 떨쳐 '오세五歲'라고 칭하게 되었다고 한다. 그러나 한생이 문명만 떨쳤지 벼슬이 없는 일개 문사였던 것과 같이 매월당도 본 작품을 쓴 30대 후반까지 세상에 명성

190) 조동일, 앞의 논문, 앞의 책.
191) 前朝 有韓生者 少而能文 著於朝廷 以文士稱之.

만 났지 벼슬길에 나가지 못했다. 수기치인의 유학적 사고방식으로는, 사士는 대부大夫로 나아가는 것이 바람직한 길이다. 이에 매월당은 한 생을 내세워, 자신의 무의식적 공명심과 자부심을 소설로 엮어 나갔던 것이다. 즉 그의 현실적 불만을 무의식세계에서 해소하였다.

30대 중반에 경주 금오산실에 숨어있던 매월당, 그의 동료들은 모두 세상에 현달하여 고관대작이 되어 있는 모습이 그에게는 주마등처럼 스쳤으리라. 그러나 그는 결코 그들보다 못하다는 생각은 꿈에도 없었다. 그는 스스로 신동이라 자부하고 남들도 그렇게 불렀기 때문이다. 이러한 그의 심정은 취중에 무의식적으로 쓴 〈취주醉酒〉라는 시에 잘 드러난다.

得酒無端喜欲狂	술 얻으면 무단히 기뻐 미칠 것만 같더니
百年人世定蹉跎	백년 인생살이 정녕 낭패로세
莊周初醒蝴蝶夢	장주는 처음으로 나비 꿈에서 깨어났고
元載新桃鼻準魔	원재는 새로 코 큰 마귀에게 도발당했네
花徑浪遊同蔣詡	꽃길에 낭유함은 장후와도 같고
詩壇獨步似廉頗	시단에서 독보함은 염파를 닮았구나
問山我是何爲者	산더러 묻나니, 난 대체 무엇하는 자인가?
宇宙開來知我	우주가 열린 뒤로 날 아는가 모르는가?[192]

이는 그가 어려움에 빠져 술을 보면 미친 듯이 마시며 스스로의 처지를 노래한 시이다. 즉 전한시대 사람인 장후가 왕망이 정권을 잡자 병을 칭탁하여 벼슬을 그만두고 향리에 돌아와 은거한 것같이, 매월당도 세조가 정권을 잡자 경주 금오산에서 은거하게 된다. 그러나 전국시대 조나라의 명장인 염파가 성격이 오만하여 자기가 제일이라고 생

192) 『매월당집』 시집 5.

각하여 그와 외교의 쌍벽이었던 인상여를 안중에 두지 않았던 것처럼, 김시습도 스스로 우리 문단에서 독보적인 존재라고 자부하고 있었다. 그러나 그의 현실은 가정도 지위도 없는 몸. 따라서 그는 하 답답하여 말 없는 산에게 '난 대체 무엇하는 자인가?'하고 자문하는 것이다. 결국 그는 '우주가 열린 뒤로 날 아는가 모르는가?'하며, 그가 초세의 존재임을 스스로 밝힌다. 바로 이러한 심정—은거하면서도 스스로의 재주가 누구 못지않다는 자부심에서 〈용궁부연록〉이 나온다.

이처럼 매월당은 한생을 통하여 그의 무의식세계를 표출한다. 곧 최고의 인물들(여기서는 용왕과 세 신들)로부터 자신의 문재를 인정받고, 또한 거기에 합당한 지위와 풍류를 누리고 싶은 마음 속 깊은 곳의 심정을 작품으로 나타낸 것이다. 따라서 본 작품에 나오는 시문은 타 작품보다 시재詩才를 부려서 화려하기까지 하다. 즉 〈벽담지곡〉·〈회풍지곡〉 등의 곡曲과 곽개사· 현선생 등의 행가行歌와 조강신·낙하신 등이 노래한 칠언七言 팔운八韻, 그리고 한생의 오언五言 20운 등이 그것이다. 또한 곽개사가 자신을 소개할 때, '인정기술·행적·사평'의 순서로 전개되는 전의 글쓰기 방식을 취하고 있다. 이것은 전의 일대기적 구성 방식과 가전假傳의 의인화 기법만을 차용한 것으로, 예리한 독자라면 재치 있는 의인화의 기법, 전아한 문체, 전체傳體를 활용한 일대기적 구성 등이 조성해 내는 파격이 주는 문예미에 감탄할 수 있게 한다. 한마디로 제문, 제, 전 등의 글쓰기를 작품 내에 제시함으로써 작가 자신의 문장을 과시하였던 것이다.[193] 따라서 본 작품에서의 삽입시는 다른 작품들과는 달리 사건의 내용과 내용을 이어주는 역할보다는 그 자체의 작품성에 힘쓴 까닭에 시문의 유기성이 타 작품보

193) 전성운, 『어문논집』 57, 민족어문학회.

다 결여되어 있는 것이 사실이다. 이처럼 그는 그의 문재를 자랑하고 싶었던 것이다.

본 작품에서 한생의 시를 칭찬하는 부분만 뽑아보면 다음과 같다. 우선 상량문에 대한 용왕과 세 신들이 보인 반응은 이러하다.

> 용왕은 크게 기뻐하여 이내 세 신들에게 돌려보이니, 세 신들이 모두 떠들썩하게 탄복하고 칭찬하였다.[194]

그리고 한생의 장편시 이십 운에 대한 반응은 이러하다.

> 만좌의 사람들은 모두 감탄하고 칭찬하지 않은 이가 없었다. 용왕은 감사하면서 말하였다.
> "마땅히 이 시를 금석에 새겨 제 집의 보배로 삼겠습니다."[195]

우리는 위에서 용왕과 세 신, 그리고 모든 이가 한생의 시재를 찬양하는 것을 볼 수 있다. 또한 전술했다시피 한생과 그 시를 간접적으로 칭찬하는 부분들이 있었으니, 미인 십여 명이 부른 〈벽담곡〉, 용왕이 부른 〈수룡음〉, 산속의 도깨비와 괴물들이 부른 노래, 그리고 낙하신의 시 등이 그것이다. 이러한 것들은 앞에서 이야기한 대로 매월당이 곧 왕과 만인으로부터 자신의 시재를 인정받고 싶어 하는 심정의 무의식적 표출로 보아야 할 것이다.

다음 매월당의 시 〈방언放言〉의 일부는 이러한 그의 마음을 더욱 잘 이해하게 해줄 것이다.

---

194) 神王大喜 乃命三神傳閱 三神皆喈喈歎賞.
195) 萬座皆歎賞不已 神王謝曰 當勒之金石 以爲弊居之寶.

於斯有一玉　여기 옥 하나 있는데
久向櫃中韞　오랫동안 상자 속에 간직되었어도
光輝耀天地　광채가 온 천지에 번쩍거려서
烱烱不敢隱　번쩍번쩍 하는 것 숨길 수 없네.
何用沽於世　그것 어찌 세상에 자랑하랴?
聲已聞遠近　성명은 이미 원근에 들려 있네.[196)]

우리는 위의 시에서 매월당이 시의 제목 그대로 함부로 떠드는 중에 그 스스로를 상자 속에 갇힌 옥이라 비유하여, 그것이 숨어 있더라도 세상이 그 빛을 이미 알아 그 스스로도 그것을 숨길 수 없음을 노래하고 있는 것을 볼 수 있다. 따라서 이는 그의 숨겨진 문재文才를 알아주기를 바라는 심정에서 지은 것이라 해야 할 것이다.

결국 본 작품은 용왕과 세 신들은 물론이고, 용궁 속의 모든 사람들이 한생의 시문과 선비다움을 칭찬하는 글이다. 이러한 부분은 『금오신화』의 다른 작품에서는 찾아볼 수 없는 광경이다. 따라서 본 작품은 무엇보다 자신의 시재를 인정받고 싶어 하는 작가의 무의식적 욕구가 잘 드러난 작품이라 해야 할 것이다.

다음으로 매월당은 자부심이 강하고 오만하였는데, 이러한 생각들이 작품 속에서도 잘 나타난다. 즉 '이름이 삼한에 떨치며 재주가 백가에 으뜸간다'는 구절이 그것이다. 이것은 그의 드높은 자존심의 표현이라 하겠다. 더욱이 작품의 마지막 장면에서 우리는 매월당의 본래 모습을 더욱 잘 이해할 수 있다.

> 한생이 이것(야명주와 흰 비단)을 비단으로 바른 상자에 깊이 간직하여 진귀한 보배로 삼고 남에게는 보여주려 하지 않았다.[197)]

196) 『매월당집』 시집 1.

이는 양생이 여자와 함께 가면서도 행인에게 말하지 않고, 홍생이 기씨녀와 지낸 일을 친구들에게 속인 것과 같이, 한생은 용궁에서 받은 야명주와 흰 비단을 남에게 보여주려 하지 않았다. 여기서 야명주와 흰 비단은 꿈속에서 용왕으로부터 시재를 인정받고 받은 선물이다. 이를 남들에게 보이지 않았다는 것은 그의 시재를 남에게 보이지 않았다는 말이다. 그는 그 시재를 깊이 간직하여 남에게는 잘 보이지도 않는 소극적인 사람이었다. 그러기에 매월당은 "산에 가면 나무를 벗겨 희게 하고 시를 쓰고서는 외고 읊기를 한참 하다가 곧 통곡하고는 깎아버렸고, 혹은 종이에 썼어도 또한 사람에게 보이지 아니하고 많이는 물이나 불에 넣어 던져 버렸던 것이다."[198] 이는 그의 무의식 속에서 스스로의 재능을 인정받지 못한다는 데 대한 반발이라고 보아야 할 것이다.

그가 『금오신화』를 써서 석실에 감춘 것도 이런 측면에서 이해할 수 있다. 김안로(1481-1537)의 『용천담적기』에 보면, "매월당은 금오산에 들어가 책을 써서 석실에 넣어두고 이르기를, 후세에 반드시 나를 알아줄 사람이 있을 것이라고 하였다. 그 책은 대체로 술이述異와 우의寓意로 되어 있다."[199]는 기록이 전하는데, 감춘 책은 아마 『금오신화』일 것이다. 이는 작품에 나타나는 그 스스로의 무의식—속마음을 남에게 보이는 것이 부끄러웠기 때문일 것이다. 나아가 매월당은 스스로의 재주를 타락한 이 세상이 아니라, 언젠가는 올 정당한 세상에서 인정받을 수 있다는 굳은 신념에서 그런 행위가 가능하였을 것이다. 이제 우리는 그를 정당하게 이해해 주어야 할 때가 되었다고 본다. 그

---

197) 生藏之巾箱 二爲至寶 不肯示人.

198) 이이, 『매월당집』, 「김시습전」, 9쪽.

山行好白樹 題詩諷詠 良久 輒哭而削之 或題于紙 亦不示人 多投火水.

199) 김안로, 『용천담적기』, 403쪽.

著書藏石室曰 後世必有知岑者 其書大抵述異寓意.

래서 그의 천년 한을 풀어주어야 한다.

더욱이 한생이 '세상의 명예와 이익을 생각에 두지 않고 명산에 들어갔듯이', 매월당도 세상의 명예와 이익을 얻을 수도 있었지만 의리 때문에 물리치고 한생처럼 명산을 찾아 방랑한 것이다. 숨은 기재 김시습, 그는 한생을 통하여 그 울분을 스스로 달랬던 것이다. 그러나 그의 울분은 우리 모두의 울분이기도 하다. 과거와 현재, 그리고 너와 나를 불문하고 누구나 자기의 재능을 인정받고 싶고, 또한 그에 걸맞는 자리를 누리고 싶은 것은 인지상정이기 때문이다. 따라서 본 작품은 영원한 우리의 반려자가 될 수 있는 위대한 고전인 것이다.

살펴본 대로 〈남염부주지〉와 〈용궁부연록〉은 마치 자매편처럼 동전의 앞뒤처럼 서로 연결되어 있음을 알 수 있다. 왜냐하면 〈남염부주지〉에서는 자신의 종교관과 국가관에 따라 새 나라를 세우고, 〈용궁부연록〉에서는 용궁 같은 그런 이상적인 나라에서 자신의 문재를 인정받고, 거기에 걸맞는 자리에 앉아 풍류를 즐기고자 하는 인간적인 속마음을 그렸기 때문이다.

4. 창작기법

소설의 기법이 중요함을 마크 쇼어(Mark Shorer)는 이렇게 말하고 있다.

> 기법은 주제의 완전한 구체화이며 효과와 의미의 완전한 극대화를 준다. ……가장 좋은 형식은 그 주제를 가장 잘 나타내는 것이다.[200)]

200) 고석용, 「현대소설의 기교」, 『영미소설론』, 신구문화사, 1980, 267쪽.

여기에는 소설의 기법이 주제와 의미, 그리고 그 효과를 극대화시키고 있음을 잘 지적한 말이라 하겠다.『금오신화』도 우리가 이를 더 잘 이해하고 평가하기 위해서는 작가가 어떻게 작품의 주제와 의미를 발전시켜 나갔는가에 대한 기법을 고찰해 보아야 할 것이다. 이제 기법이 무엇인지 조금 더 살펴보고 다음으로 넘어가기로 한다.

> Greek로 technique는 'craft manship'을 의미한다. 이 말의 고전적인 의미는 Plato의 대화 'tapragmata technia' (the affairs of craftman ship)에서 엿볼 수 있다. Plato는 설명하기를 technique란 어떤 소재(specific material)와 그 소재를 다루는 행위자의 목적성(a purpose of the performer)—이 두 가지의 존재에 강요된 하나의 기술이라 하였다. 그러므로 'technique'는 소재와 목적성을 내포한 어떤 창작행위에도 절대 분리될 수 없는 것이다.[201)]

이에서 보듯이 기법은 어떤 소재와 그것을 다루는 작가의 목적성에서 발생하는 것으로, 이는 "내용(content), 즉 경험(experience)과 달성된 내용(achieved content)의 차이"[202)]라고 할 수 있다. 따라서 자신의 경험적 소재를 그 목적에 맞게 가장 훌륭하게 처리할 수 있는 작가만이 가장 내용이 충실한 작품, 가장 폭과 깊이가 있는 작품, 그리고 최대의 의미를 가진 작품을 산출할 수 있다는 결론이 나온다.

더불어 문학에는 도처에 정도가 다른 기교가 존재한다. 표현 속에서도, 상상 속에도, 구성 속에도 존재한다.[203)] 따라서 우리는 매월당의 작품 구석구석에서 어떤 기법들이 사용되었는지, 그리고 그것들이 어

---

201) 같은 책, 27쪽.
202) 같은 책, 271쪽 재인용.
203) G.Michaud/원형갑역,『문학의 열쇠』, 새문사, 1979, 139쪽.

떻게 작품의 생명을 효율적으로 나타내고 있는지를 검토해 보아야 할 것이다.

(1) 흥미의 유발 – 죽은 여자와의 사랑

『금오신화』에서는 무엇보다도 아름다운 여인을 등장시켜 독자들에게 흥미를 주려고 했던 것으로 보인다. 이는 독자들로 하여금 작품에 대한 흥미를 유발하게 하는 훌륭한 기법이라 하겠다. 지금도 얼른 보면 마치 연애소설같이 보이는 것이 그것을 증명한다고 하겠다. 그리고 그 여인들은 하나같이 미인들이고 호감이 가는 젊은 아가씨들이다.

작품에 나타난 여인들의 모습을 한번 살펴보기로 한다.

> 한 아름다운 여인이 나타나는데, 나이는 열여섯 살쯤 되어 보였다. 머리를 두 갈래로 땋았고, 깨끗한 옷차림을 했는데, 얼굴과 태도가 마치 하늘의 선녀와 같았으며 가만히 바라보니 태도가 단정하였다. 〈만복사저포기〉[204)]

> 선죽리 귀족집에 최씨 처녀가 살고 있었는데, 나이는 십오륙 세쯤 되었다. 태도가 아리땁고 자수에 익숙하며 시부에도 능통하였다. 〈이생규장전〉[205)]

> 뜻밖에 나타난 사람은 한 아름다운 여인이었다. ……여인의 몸가짐은 엄숙했고 의복도 단정하여 귀족집 아가씨 같았다. ……작은 소리로 시를 읊는데, 풍류와 몸가짐에 엄연한 범절이 있었다. 〈취유부벽정기〉[206)]

여기 여주인공들은 모두 선녀처럼 얼굴이 아름다우며, 겉모습이 단정하며, 예의범절이 있고, 또한 시부에까지 능한 여인들이다. 이는 조

---

204) 俄而有一美姬 年可十五六 丫鬟淡飾 儀容綽約 如仙姝天妃 望之儼然.
205) 善竹里 有巨室處子崔氏 年可十五六 態度艶麗 工於刺繡 而長於詩賦.
206) 見則一美娥也……威儀整齊 狀如貴家處子……微吟 風流態度 儼然有序.

선의 전형적인 이상적 여인상으로, 당시 독자인 사대부들의 마음을 사로잡기에 넉넉하였다고 본다.

알다시피 조선조사회는 유학정신에 입각한 철저한 금욕사회였다. 그러면서 남성본위의 사회이기도 하였다. 따라서 조선의 남성들은 겉으로는 점잖은 체했지만 기실 그 무의식적인 본능까지는 숨길 수 없었다. 이에 조선의 사대부들은 알게 모르게 골계와 음담을 즐겼다. 그것은 매월당이 처했던 조선 초기에도 이육의『청파극담』, 강희맹의『촌담해이』, 그리고 서거정의『태평한화』등의 골계집들이 저작된 것으로 미루어 보더라도 그렇다고 할 것이다. 이 중에 특히『촌담해이』는 남녀간의 음란한 성관계의 이야기가 주류를 이루고 있다. 더욱이 서거정 같은 이의『태평한화』속에도 남녀간의 속된 이야기가 있으니 당시 다른 선비들도 성에 대한 무의식적 호기심을 가지고 있었다고 본다. 따라서 매월당은 한국의 전형적인 미인을 내세움으로써 인간의 본능적 흥미를 유발시키려 하였음이 틀림없다. '독자에게 흥미와 감동을 주려는 것은 소설의 본능적 욕구'[207]이며 작가의 희구이기도 하기 때문이다. 그러나 이 여인들이 왜 모두 죽은 여자인지에 대해서는 이미 앞에서 언급한 바 있으므로 생략하기로 한다.

(2) 문체와 내용의 일치

매월당은『전등신화』를 읽고 나서, 그 문체에 관심을 보이고 있다. 그것은 〈제전등신화후〉라는 시 속에서 엿볼 수 있다.

有文有騷有記事　문이 있고 소도 있고 기사도 있어[208]

207) 정한숙,『소설기술론』, 고대출판부, 1973, 143쪽.
208)『매월당집』시집 4.

이는『전등신화』에는 문·소·기사 등의 문체가 있다는 말이다. 이에 의거할 때, 매월당은『금오신화』의 문체도 의도적으로 설정했을 것으로 미루어 짐작할 수 있다. 이제『금오신화』5편의 문체를 살펴보면 다음과 같다.

전傳 : 〈이생규장전〉
기記 : 〈만복사저포기〉·〈취유부벽정기〉
지志 : 〈남염부주지〉
록錄 : 〈용궁부연록〉

위의 각 작품의 문체는 '전'·'기'·'지'·'록'임을 알 수가 있다. 먼저 각 문체에 대한 간략한 개념을 파악하고 나서, 실제 문체와 작품의 내용이 각각 어떠한 관계를 가지고 있는지를 알아보기로 하겠다.

1) 전

먼저 '전'에 대한 정의부터 살펴보기로 한다.

> 사적을 기재하여 후세에 전하는 것을 전이라 하니, 여러 사책 중의 열전이 그것이다.[209)]

이를 보면 전은 문체의 한 명칭으로, 어떤 사람의 사적을 후세에 전하기 위하여 기술한 것이다. 이러한 전은 크게 4종으로 세분되니, 다음과 같다.

---

209)『집운』
記載事迹 以前於後世也 亦曰傳 諸史列傳是也.

> 첫째 사전史傳이 있으니 정正·변變의 두 체가 있고, 둘째 가전家傳, 셋째 탁전托傳, 넷째 가전假傳이 있다.[210]

사전史傳이란 한나라 사마천이 『사기열전』을 지은 것이 전의 시초이며, 후대 여러 문인들은 이를 본떠서 정사 이외의 인물들의 전기까지도 짓게 되었다. 곧 시골에 어렵게 사는 자라도 덕이 있거나 남에게 모범이 될 만한 자의 행적을 기록하여 이를 세상에 널리 포창하고 후세에 교훈으로 전하려는 것이 정체正體요, 거기에 치빙문묵자馳騁文墨者의 골계지술滑稽之術에 의하여 어이없게 상대방을 착각에 빠뜨려서 소기의 목적을 달성하는 내용의 행적을 기록한 것이 변체變體다.

가전家傳이란 개인집에 전할 목적으로 어떤 이의 가계를 전기의 형식으로 기술한 글이다.

탁전托傳이란 전기의 체제로서 은자隱者가 다른 사람이나 물건에 의탁하여 세상에서 이해하지 못하는 자신의 심회와 처세를 우의적으로 술회한 자서전의 일종이다. 한나라 동방삭의 〈비유선생전〉, 육조시대 원적의 〈대인선생전〉, 도연명의 〈오류선생전〉 같은 것이 그 보기이다.

그리고 가전假傳이란 어떤 사물이 인간에게 미치는 영향이 크거나 심할 때 역시 치빙문묵자의 여기적인 필법으로 고사를 인용하여 인간에게 가탁하여 마치 사람의 행적과 같이 기술한 것을 말한다.[211] 여기에 해당하는 작품으로는 〈이생규장전〉을 들 수 있다. 그것은 매월당이 이생이란 주인공을 내세워 그 자신의 모습을 적은 일종의 자서전이기 때문이다.

---

210) 『문체명변』

一曰史傳 有正變二體 二曰家傳 三曰托傳 四曰假傳.

211) 서울대 동아문화연구소편, 『국어국문학사전』, 신구문화사, 1979.

작품을 읽어 보면 〈이생규장전〉은 시간적으로 이생의 일생이 담긴 작품이다. 〈만복사사저포기〉, 〈취유부벽정기〉, 〈남염부주지〉, 〈용궁부연록〉 등은 주인공이 하루 동안 잠깐 다른 세계에 갔다가 돌아와 사라지거나 얼마 후에 죽는 것으로 끝나, 그 시간적 길이가 상당히 짧다. 그러나 〈이생규장전〉은 이생의 총각시절과 결혼시절, 그리고 아내와의 사별 후 세계, 그리고 그가 죽을 때까지의 일이 기술되어 한 사람의 전기로서 충분하다고 하겠다.

또한 주인공 이생과 최씨 처녀는 매월당으로 가탁되어 있다. 작품론에서 이미 밝힌 바 있지만, 특히 매월당의 실제 소극적인 성격이 이생에게 그대로 나타나 있다. 그리고 여주인공 최씨 처녀는 그의 반대 성격 — 적극적인 성격을 가지도록 했으니, 이는 그가 바라는 이상적인 모습이다. 즉 매월당은 본 소설 속에 그의 양면을 가탁시켰으니, '있는 그'와 '있어야 할 그'이다. 이를 '전달'하기 위해서 전을 지은 것이다. 따라서 〈이생규장전〉은 '있는 그'와 '있어야 할 그'의 일생이 그려져 있다고 하겠다.

결국 작가가 고래의 '전'을 본 작품의 문체로 선택한 것은 그 자신의 양면을 가탁하기 위한 것이니, 이는 문체론적인 당위성을 가지고 붙인 것임을 알 수 있다. 따라서 〈이생규장전〉은 문체와 내용이 일치하는 작품이라 하겠다.

2) 기 · 지 · 록

지와 록은 기에 포함되므로 여기서 함께 다룬다. 기 역시 문체의 명칭으로, 기사記事, 지志, 록錄 또는 술述이라고도 말하며, 모두 어떤 사물을 객관적으로 서술한 글이다. 기체의 글에 작자의 이론이 섞여 있는 것도 있기는 하지만 그런 것은 정체가 아니라 변체가 된다.

기란 칭호는 『주례』의 〈고공기〉, 『예기』의 〈악기〉, 〈학기〉, 〈방기〉, 〈표기〉에서 비롯되었다. 이 중 〈고공기〉만이 객관적인 서사체의 글이고 『예기』의 여러 편에는 작자의 이론이 섞여 있으니, 아무래도 〈고공기〉를 기의 정종正宗으로 보아야 할 것이다. 한나라 시대엔 양웅의 『촉기』가 잘 알려져 있다. 육조 시대엔 별로 보이지 않고 당대 이후로 성행하였는데, 특히 한유의 『화기』, 유종원의 『영주팔기』등이 명문이라 일컬어진다. 송대 이후에는 자기의 이론을 섞어 쓰는 변체의 기가 성행한다.[212)]

우선 '기'에 해당하는 〈만복사저포기〉와 〈취유부벽정기〉를 살펴보기로 한다. 두 작품 모두 매월당의 이론이 섞인 변체의 기임을 알 수 있다. 즉 어떤 사물을 객관적으로 서술하되, 그의 이론이 섞여 있다는 말이다. 따라서 이 기는 일기와 마찬가지로 개인적인 일을 주관적으로 서술하는 문체이다.

우선 〈만복사저포기〉는 원기寃鬼에 대한 기술이다. 매월당은 여기서도 자신의 양면을 가탁시키어, 주인공 양생은 현실의 그 자신이고, 여인은 숨겨진 그 자신이다. 매월당은 양생으로 하여금 여인의 원한을 풀어주게 함으로써 스스로의 한도 풀게 된다. 이는 그의 원귀관을 잘 서술한 것으로 일생이 아니라 생애의 일부분을 기록한 것이라 하겠다.

다음으로 〈취유부벽정기〉는 신선에 대한 매월당의 기술이다. 여기서도 매월당은 자신의 양면을 가탁시키었으니, 주인공 홍생은 '현실의 그'요, 여인은 그가 원하는 '이상의 그' 자신이다. 결국 홍생은 현실을 초월한 여인을 따름으로써 자신도 초월의 세계로 나아가 신선이 된다.

---

212) 같은 책.

이 역시 작가의 사생관을 표현하기 위해서, 당시의 신선관을 그대로 이용했다고 하겠다. 그리고 이는 전과 달리 하루 동안에 일어난 일을 기록한 점에서 일치한다고 하겠다. 따라서 기는 일기와 같은 종류의 성격임을 알 수 있다. 따라서 〈만복사저포기〉나 〈취유부벽정기〉, 모두 문체와 내용이 일치함을 알 수 있다.

다음에 지에 해당하는 〈남염부주지〉를 살펴보기로 한다.

지는 '견문의 미친 것을 서술'[213]하는 문체로 기의 일종이다. 따라서 지는 자기가 보고 들은 견문을 자기의 이론을 섞어 기술한 문체라고 하겠다. 〈남염부주지〉의 내용이 이와 일치하는 것은 우연이 아니다.

이 작품은 매월당이 종교와 정치에 대해서 보고 들은 것을 서술한 글이다. 즉 작품에서 박생이란 주인공을 내세워 유불의 차이점을 밝히고 아울러 유학의 왕도정치로 이교의 미신성을 타파하려는 내용이다. 이는 물론 매월당의 종교와 정치에 대한 견문을 기록한 것이므로 문체와 내용이 일치한다고 하겠다.

끝으로 '록'으로 살펴보기로 한다.

'록'이라 하면 우리는 얼른 실록實錄을 연상하게 된다. 실록은 임금을 단위로 하여 편찬한 역사로, 『당서』 〈예문지〉에 의하면 양나라 사람 주흥사가 편찬한 『양황제실록』 2권이 최초의 실록인 듯하다. 우리나라에서도 고려 시대부터 한 임금이 돌아가면 실록을 엮어 〈사〉를 보존해 왔다.[214] 따라서 록은 일상적인 일의 기록인 기와 달리 특별히 남겨야 할 일을 기록한 것이라고 생각된다. 〈용궁부연록〉은 비록 용왕의 이야기일지라도, 왕에 대한 기록이기에 특별한 사건이다. 따라서 우리는 매월당이 용왕의 이야기를 기록했기 때문에 의도적으로 록

---

213) 이가원, 『한문신강』, 신구문화사, 1963, 237쪽.
214) 『한국의 명저』, 현암사, 1969, 191~192쪽.

이란 문체를 설정한 것으로 보아야 한다. 이런 점은 역시 그의 천재적인 창작기법에 속한다.

이제까지 살펴본 결과, 우리는 다음과 같이 결론 내릴 수 있다. 『금오신화』 5편의 각 문체는 매월당이 그 내용을 염두에 두고, 거기에 부합하는 합당한 문체명을 붙였다. 따라서 문체와 내용이 일치한다고 하겠다. 이 역시 그의 훌륭한 창작기법으로 보아야 마땅할 것이다.

(3) 표제의 상징성

표제는 그 작품의 이름이요, 얼굴이다. 그만큼 중요하다는 말이다. 이의 중요성은 다음에 잘 설명되어 있다.

> 작품의 타이틀을 주제 표출과 부합시켜서 내세우는 작품도 있고, 주제와는 무관하게 정하는 경우도 있는데, 타이틀을 주제표출의 한 방편으로 사용하는 경우는 그 사람과 그 성명과의 관계와도 같다. 즉 그 사람이 훌륭하면 그의 성명도 훌륭해 보이고 그 이름이 인물과 합치된다고 믿게 되는 것과 마찬가지로 소설도 명작일수록 그 타이틀과 합치하게 된다. 즉 주제와 타이틀이 부합된다고 말할 수 있는데, 톨스토이의 『전쟁과 평화』 같은 작품이 그 예이다.
>
> 왜 이러한 타이틀을 붙였을까 하는 의문이 작품을 독파하고 난 다음에도 계속된다면, 그 작가는 주제표출의 한 방편을 비효과적으로 운용했기 때문이다.[215)]

여기서는 주제와 표제가 일치하는 것이 가장 좋은 것이라고 말하고 있다. 물론 주제와 표제가 일치하지 않더라도 주제를 암시할 수 있는 사건이나 분위기를 포착할 수 있는 것이라면 일단 성공한 표제라 해야

215) 정한숙, 앞의 책, 82~83쪽.

할 것이다. 이제 우리는 『금오신화』의 각 표제가 주제와 어떤 관계를 맺고 있는지를 검토하여 보자. 이는 표제를 성공적으로 붙였는지의 기법을 알아보는 것이 된다.

먼저 〈만복사저포기〉의 표제에 대한 정주동의 평은 이러하다.

> 〈만복사저포기〉에서는 고대소설의 상례적인 표제명을 벗어난 가장 핵심적인 장면과 사건을 복합한 표제명으로 완전히 주제에 부합하는 이름은 아니나 천편일률적인 인물명의 표제보다는 훨씬 멋이 있고 인상적이다.[216]

이는 〈만복사저포기〉가 만복사라는 장소와 저포놀이의 사건을 복합한 멋있고 인상적인 표제명이라는 것이다. 그러나 주제에 부합하지 않는다는 주장에는 동의할 수 없다. 이에 필자는 이를 주제와 연관해서 좀더 구체적으로 고찰해 보고자 한다.

먼저 이 소설은 매월당처럼 정처없이 떠돌던 원한 맺힌 귀신이 양생을 만나 한을 풀고 또 양생의 한도 풀어주는 것으로, 결국 서로의 한을 푸는 것이 주요 내용으로 되어 있다. 그리고 그것을 푸는 계기가 된 것이 부처와의 저포놀이에서 비롯된다.

이 장면을 작품에서 한번 읽어 보기로 한다.

> 날이 저물어 저녁 불공이 끝나자, 사람들이 드문 틈을 타서 양생은 저포를 소매 속에 품고 법당에 들어갔다. 그는 저포를 내어 불전에 던지기 전에 소원의 말씀을 드렸다.
>
> "제가 오늘 부처님과 더불어 저포놀이를 할까 합니다. 만약 제가 지면 법연을 차려서 치성을 드리고, 만약 부처님께서 지시면 아름다운 아가씨

216) 정주동, 앞의 책, 492쪽.

를 구하셔서 저의 소원을 이루어 주옵소서."

축원을 마치고 나서 저포를 던지니, 과연 소원대로 양생이 승리하였다.[217)]

이를 볼 때, 양생이 부처와 저포놀이로 내기를 하는 것은 일종의 투기라고 할 수 있다. 그러므로 이기고 지는 확률은 각각 50:50인 것이다. 그러므로 이의 결과는 운명이라고밖에 할 수 없다. 양생이 과연 소원대로 이겼기에, 이후에는 모든 것이 그의 소원대로 이루어지는 만복을 얻게 된다. 만복은, 큰 복으로 모든 복을 말한다고 하겠다. 따라서 매월당이 하필 많은 절 중에서 〈만복사〉를 배경 장소로 택했는가 하는 것은, 그 절이 주는 이름의 상징이 밝혀질 때 스스로 명백해질 것이다.

곧 '한'의 해소가 주제인 이 소설은, 만복을 얻고 안 얻고는 저포놀이처럼 일종의 운명임을 자탄하면서도, 그러나 그의 소원대로 이루어지기를 빌면서 이 표제를 붙였다고 생각한다. 결국 〈만복사저포기〉는 주제와 표제가 완전히 일치하는 작품임을 알 수 있게 한다.

다음 〈이생규장전〉의 표제는 『금오신화』의 전 작품 중 가장 상징적인 의미를 띠고 있다. 본 작품은 매월당으로 비유된 소극적이고 절의 잘 지키지 않는 이생이 무의식적으로 그와 반대로 적극적이고 절의를 잘 지키는 여인을 만나, 결국 그도 적극적으로 절의를 잘 지키는 사람으로 변모되는 과정이 그려진 작품이다.

우선 작품에서 제목을 암시하는 부분을 옮기면 다음과 같다.

---

217) 日晩 梵罷人稀 生袖樗蒲 擲於佛前曰 吾今日與佛 欲鬪蒲戲 若我負則 設法筵以賽 若不負則 得美女以遂我願耳 祝訖遂擲之 生果勝.

> 이생은 일찍부터 책을 옆에 끼고 학교에 다닐 때는 항상 최 처녀의 집 북쪽 담 밖으로 지나갔는데, …… 이생이 어느 날 그 나무 밑에서 쉬다가 우연히 담 안을 들여다보았더니 여러 가지 꽃들이 만발하고 벌과 새들이 요란하게 재잘거리고 있었다. 그 곁에는 작은 누각이 꽃떨기 사이로 은은히 보이는데, 구슬발은 반쯤 가려져 있고 비단 휘장은 낮게 드리워져 있었다. 그 속에 한 아리따운 여인이 있는데, 수를 놓다가 손을 잠시 멈추며 턱을 괴고 시를 읊는다.[218]

여기서 담 밖은 의식의 세계요, 담 안은 평소에는 잘 알 수 없는 무의식의 세계를 상징한다고 생각된다. 이 무의식은 평소에는 나타나지 않다가, 가령 '나도 모르게' 실수를 한다든가, '어쩔 수 없이 이끌리는 듯한 기분'으로 무엇을 한다든지 하는 경우에 나타난다.[219] 본 작품에서도 이생은 늘 최 처녀의 집 북쪽 담을 지나다녔지만, 그 안을 보지 못했다. 그러나 어느 날 나무 밑에서 아무 생각(의식)없이 쉬다가 우연히 무의식세계로 들어가니,[220] 그것이 담 안을 들여다보는 것으로 상징화된다. 그 담 속에서, 반쯤 가린 구슬 발 속에서 이생은 무의식적으로 그의 본래 모습인 여인을 발견한다. 이것이 표제로 명명된 것이라 하겠다.

즉 최 처녀는 이생이 무의식적으로 스스로 되고 싶은 이상적인 인간상으로, 적극적이고 절의를 지키는 여인이다. 결국 이생도 여인처럼 적극적으로 절의를 지키는 사람으로 변모되어 마지막에는 죽어서까지 여인의 뒤를 따른다. 이로 보아 〈이생규장전〉이 의미하는 바는, 이생

---

218) 李生嘗挾册詣學 常過崔氏之家 北墻外……李生憩於其下 一日窺墻內 名花盛開 蜂鳥爭喧 傍有小樓 隱暎於花叢之間 珠簾半掩 羅幃低垂 有一美人 倦繡停針 支頤而吟.

219) 이부영, 『개정증보 분석심리학』, 일조각, 1998, 62쪽 참조.

220) 같은 책, 51쪽 참조.

이 그 자신의 무의식세계를 들여다본다는 뜻으로 이 작품 전체의 주제를 암시하는 성공적인 표제명이라 하겠다. 그러므로 이를 "인물과 사건의 복합명"[221]으로 보는 것은 피상적인 관찰이라는 비난을 면하기 어려울 것이다.

다음 〈취유부벽정기〉의 표제에 대한 정주동의 평은 이러하다.

> 〈취유부벽정기〉의 취유는 늘 음주를 일과로 삼던 방랑인 시습 자신의 생활상이요 부벽정은 시습이 평양에서 놀던 중심 무대였으니…… 곧 〈취유부벽정기〉는 작자 자신이 직접 유람하던 중 가장 인상 깊던 장면과 행동을 표제화한 것이다.[222]

이는 방랑인 매월당이 즐겨 음주하던 '부벽정'을 표제로 삼았다는 말이다. 이를 좀더 구체적으로 검토하여 보자. 이 작품은 허무를 느낀 매월당이 주인공 홍생으로 하여금 신선을 만나 초월의 세계로 나아가게 함으로써, 스스로의 허무를 극복한 작품이다. 작품에서 주인공이 부벽정에 나아가는 장면은 다음과 같다.

> ……영명사와 부벽정도 그 고적 중의 하나이다. 영명사 자리는 동명왕의 구제궁 터이다. 이 절은 성 밖 동북쪽 20리 되는 곳에 있는데, 긴 강을 내려다보고 평탄한 들판을 멀리 바라보며 아득하기 끝이 없으니, 진실로 좋은 경치였다. …… 술이 취한 홍생은 배로 돌아갔으나 밤은 서늘하고 잠이 오지 않아 문득 옛날 당나라 시인 장계의 시 〈풍교야백楓橋夜泊〉이 생각나서 맑은 흥취를 견디지 못해 작은 배에 올라 달빛을 싣고 노를 저어서 물을 따라 올라갔다. 흥취가 다하면 돌아가리라 생각하고 올라가는데 이윽고, 부벽정 밑에 이르렀다.…[223]

---

221) 정주동, 앞의 책, 589쪽.
222) 같은 책, 650쪽.

제목이 암시하듯, 주인공 홍생은 역시 매월당과 같이 인생의 허무를 느끼고 술을 마시고는 부벽정으로 나아간다. 그러나 여기서 주목해야 할 것은 부벽정이란 이름이 주는 의미와, 부벽정 주위의 환경이다. 부벽정이란 푸른 바다 위에 뜬 정자라는 뜻이다. 푸른 바다는 영원하고 그 위에 뜬 부벽정은 바다에 비하면 정말 허무하다 할 것이다. 이는 고구려 동명왕의 궁궐이 섰던 자리에 서 있기에 더한층 인생의 허무를 절실하게 느끼게 해 주는 자리이기도 하다.

이는 매월당이 부벽루에서 읊은 〈억구유憶舊遊〉라는 시를 읽어 보면 더욱 확실하다.

浮碧樓高秋水深　부벽루 높다랗고 가을 물은 깊었는데
畵船笳鼓動江心　그림배의 피리와 북소리 강에서 울려오네.
如今重億曾遊處　이제 와서 다시 예전 놀던 곳 생각하니
陳迹依俙成古今　묵은 자취 희미하게 고금이 달라졌네.[224]

이를 보면 매월당은 유구한 강 위에 서 있는 부벽루에서 깊은 허무감을 느낀 것을 노래하고 있다. 따라서 〈취유부벽정기〉에서 '취유'는 '음주를 일과로 삼던 방랑인 시습 자신의 생활상'이면서, 동시에 부벽루에서는 '취유'로 인생을 살아가게 하는 허무감을 느끼게 하는 곳으로 여겨진다. 따라서 인생의 허무감을 이기기 위해 취유하는 것을 나타내는 제목으로 여겨진다. 그러므로 작품의 주제는 인생의 허무감을 이기는 것에 집중되어 있다. 이 무상을 해결하고 초월의 세계로 나아

---

223) 永明寺浮碧亭 其一也 永明寺 則東明王九梯宮也 在郭外東北廿里 俯瞰長江 遠(矚?)平原　一望無際　眞勝境也……酣醉回舟　夜凉無寐　忽憶張繼楓橋夜泊之詩 不勝淸興 乘小艇 載月打槳而上 期興盡而返 至則浮碧亭下也.
224) 『매월당집』 시집 2.

갔기 때문이다. 따라서 본 표제는 주제와 표리의 관계를 유지한 명표제라 하겠다.

다음 〈남염부주지〉의 표제적 의미는 작품 속에 그 설명이 나와 있다.

> 이곳은 속세에서 이르는 염부주입니다. 대궐의 북쪽 산이 곧 옥초산입니다. 이 섬은 하늘과 땅의 남쪽에 있으므로 남염부주라고 부릅니다. 염부라는 말은 불꽃이 활활 타서 늘 공중에 떠 있기 때문에 불리게 된 이름입니다.[225)]

여기서 남염부주는 우리가 사는 사파 세상의 남쪽 바다 가운데 있는 지옥을 두고 말한 것이다. 그러나 이것은 불경에서 말하는 지옥이 아니라, 매월당이 가공적으로 만든 지옥인 것으로 보인다. 여기에는 그럴만한 이유가 있다고 본다. 이 작품은 유교와 불교를 대비하면서 유교가 불교보다 우위의 것이라는 것과, 나아가 유학적으로 세상을 통치하고 싶은 그의 욕구를 표현한 작품이다. 따라서 불교의 윤회, 응보 또는 귀신류를 부인하고, 불교의 허망함을 갈파한다. 불교의 교리를 부인하고 불교의 허망함을 갈파한 작품에서 작가가 그 불교의 지옥을 무대로 삼는 모순을 범하지는 않을 것이다. 따라서 이를 '불교의 섬부주의 잘못이 아닌가'하고 추정하는 것은 상식에서 벗어난 일이 아닐까 한다.

매월당이 이런 무서운 가공의 지옥을 만든 것은 "인간에서 부모나 임금을 죽이는 일을 한 대역이나 간흉들"[226)]을 벌주어 다스리고자 하는 유학자적 욕구에서 일어난 것이다. 왜냐하면 이들은 유학의 강상에 가장 어긋난 사람들이기 때문이다. 결국 매월당은 강상에 어긋나는 사

225) 所謂炎浮洲也 宮之北山 卽沃焦山也 此洲在天地之南 故日南炎浮洲 浮洲者 炎火赫赫 常浮大處 故稱之云耳.

226) 皆前世弑逆姦凶之徒.

람들은 무서운 벌을 받게 하는, 유가적 왕도정치를 실현해야 한다는 그의 의지를 나타내기 위해서 무서운 가공의 지옥을 내세워 그 표제를 삼았다고 하겠다.

끝으로 〈용궁부연록〉은 "장면과 행동을 복합한 표제명"[227]이다. 그러나 우리는 이에서 상당히 '시적인 환상'을 느낄 수 있다. 곧 용궁의 잔치라는 이미지가 그런 환상을 불러일으키는 것이다. 옛날 선비들의 잔치라면 의례히 가무가 뒤따랐다. 시로 화답하면서 춤을 추며 잔치의 흥을 돋우었던 것이다. 따라서 표제명에서 우리는 심상하지 않는 시를 대할 것만 같은 것은 필자만의 생각일까?

이 작품은 매월당이 그의 시재를 자랑하고, 왕으로부터 인정받고 싶은 마음을 그린 것이다. 따라서 표제명에서 풍기는 시적인 환상과 작품의 내용이 부합한다고 하겠다.

살펴본대로 『금오신화』의 5편은 그 표제가 모두 작품의 주요 사건, 주요 배경, 그리고 주요 인물 등으로 명명되었으면서도 동시에 그 주제와도 밀접한 상관성을 가지고 있다. 따라서 우리는 그 표제만 보더라도 이내 작품의 분위기와 내용을 은연중 알아낼 수 있다. 이는 표제와 주제가 상당히 밀접하게 부합된 고도의 소설기법을 썼기 때문이다. 이러한 기법은 현대작가들이 쓰는 수법인데, 지금부터 벌써 600여년 전에 매월당이 처음으로 사용한 것은 아무리 높이 평가하더라도 지나치지 않을 것이다.

(4) 배경의 적실성適實性

고소설은 흔히 관념적이라 하여, 사실적인 현대소설과의 구별을 짓

227) 정주동, 앞의 책, 722쪽.

게 하는 주요 특질의 하나로 꼽는다. 여기서 언급하려는『금오신화』는 물론 현대소설에 비해 비사실적임이 사실이다. 그러나 그 주인공이나 시대·사상적 배경을 살펴보면 다른 고소설에 비하여 상당히 사실적인 것임을 알 수 있다. 그러므로 이는 매월당 당시로서는 상당한 고도의 창작기법임에 틀림없다.

이에 대해서는 이미 조동일이 이기철학에 의거하여 초기소설은 일원론적 주기론에 입각한 소설임을 밝히고, 아울러 이는 사실주의소설임을 밝혔다. 즉 일원론적 주기론의 소설은 역사적·사회적 시공에서 전개되는 있는 그대로의 대결을 대결의 최종적인 실체로 보아 이것을 생생하게 드러내고, 드러낸 현장 자체에서 본질을 추구하는 소설이기에 사실주의 소설이라는 것이다. 따라서 초기소설은 최초의 소설인 동시에 사실주의 소설이라고 하였다. 그러나 세계의 전설적 횡포나 자아의 신화적 능력이 자아와 세계의 대결 자체에서 그렇게 된 이유가 밝혀져 있지 않기 때문에, 초기소설의 사실주의는 한계가 있다고 하였다.[228)]

여기서는 이러한 견해에 원칙적으로 동의하면서 작품에 보이는 사실성을 구체적으로 하나하나 찾아서 살펴보고자 한다.

우선 〈만복사저포기〉부터 보기로 한다.

본 작품의 지리적 배경은 전라도 남원이다. 시간적으로는 봄이고, 또한 주요한 사건으로는 왜구의 침입이 있다. 아울러 불교적인 색채가 짙은 것도 빼놓을 수 없다.

이 작품은 남녀 간의 사랑이 주 소재이므로 계절적으로 '봄'은 적절한 시간적 배경이며, 지리적으로는 남원에 실제 만복사라는 절이 있었다.[229)] 지금도 남원에 가보면 만복사의 절터에 주춧돌이 남아있는 것

228) 조동일, 앞의 논문, 앞의 책, 263쪽.
229)『동국여지승람』권39「남원조」, 동국문화사, 1958, 677쪽.

을 볼 수 있다. 또한 매월당이 왜구의 침략 사실을 이야기에 넣은 것은 당시 왜구의 피해가 아주 심하였기 때문이다. 고려말 공민왕 때 130여 회나 침입하였고, 이어 우왕 때에는 14년간에 걸쳐 전후 140여회나 침입하여 극도에 이르렀다. 조선에 들어와서 정부에서는 회유와 토벌로 맞서왔지만 약탈은 계속되었다. 이에 세종이 대마도를 정벌하고 나서야 왜구의 침입은 줄어들었다. 그러나 완전히 근절된 것은 아니었다. 얼마 뒤에 임진왜란이 일어난 것은 이런 사실을 뒷받침하여 준다고 하겠다.[230)]

더욱이 매월당이 남원을 지리적 배경으로 택한 것은 남원의 운봉이 한때 왜구 침탈의 본거지가 되었으므로, 남원에 있는 만복사를 배경으로 빌어 왔던 것이다. 또 작가는 왜구의 피해를 직접 보고 듣고 하여서 그 생생한 기억 속에서 살고 있었던 것 같다.[231)] 이렇게 볼 때, 본 작품의 배경과 주인공과 사건이 모두 실제로 있던 일이라 상당히 사실적인 느낌을 많이 준다.

특히 이 작품은 다른 작품에 비하여 불교적인 사상이 주류를 이루고 있다. 이를 분석하면 무상관·인연사상·윤회사상·정토사상 등이다. 이렇게 불교사상이 주류를 이루고 보니 자연 무대의 중심이 사찰이 되고, 제사 등의 양식이 불교식으로 되어 있는 것이다.[232)]

이 작품의 배경이 되는 13-14세기에는 불교사상이 일반의 생활과 의식을 지배하고 있었다. 따라서 그 시대 인물들은 불교적인 관념에 젖었음이 당연하다. 따라서 이 작중인물들은 당시 사람들의 일반적인 사고방식을 반영하고 있다.[233)] 물론 이러한 점도 있겠으나, 필자는

萬福寺 在麒麟山 東有五層殿 西有二層殿 殿內有銅佛 長三十五尺 高麗文宗所創

230) 홍이섭 『세종대왕』, 세종대왕기념사업회, 1971, 30~46쪽 참조.

231) 같은 책, 70쪽.

232) 정주동, 앞의 책, 497쪽.

작품이 불교를 바탕으로 삼고 있는 점은 보다 더 심원한 의미를 내포하고 있는 것으로 본다. 즉 불교가 배경이 된 것은 작품의 사건 및 주제인 '한의 해소'와 밀접한 관계를 맺고 있는 것으로 보인다.

이들이 불교를 통하여 한을 해소하는 과정을 살펴보면 다음과 같다. 우선 주인공 양생이나 여귀女鬼는 둘 다 그들의 한(배필을 얻는 것)을 해소하기 위하여 부처를 찾았다. 그리고 이들은 부처를 통하여 만나 3일간의 운우지락 끝에 이별을 하게 된다. 이후 이들의 미진했던 사랑을 잇기 위하여 다시 만나는 것도 〈보련사〉라는 절을 통해서였다. 여기서 그들은 평생의 한을 다 풀기도 전에 업보를 비낄 수 없어 다시 헤어지게 된다. 이후 양생은 여인의 한을 달래기 위하여 정식장례를 치르고, 전답과 가옥을 죄다 팔아 절에 가서 불교 의식대로 사흘 저녁을 재를 올렸다. 이에 여인은 모든 한을 풀고 '다른 나라에서 남자의 몸'으로 태어나게 된다.

살펴본 대로 불교는 사건의 주요 모티프를 이루며, 결국에는 주인공들의 한을 해소하는 방법으로 사용되었음을 알 수 있다. 이는 불교의 재가 한의 해소와 관계있다고 믿었던 당시 민중의 사고이기도 하다.

다음 〈이생규장전〉을 보기로 한다.

본 작품의 시간적 배경은 신축년(1361) 봄[234]이고, 지리적 배경은 송도이며, 그리고 주요 역사적 사건으로는 그 해에 홍건적이 당시의 서울인 개경을 점거한 사건이다. 또한 유학적 분위기가 특색이다.

역시 본 작품은 남녀애정이 주요 소재이므로 계절은 '봄'이 적합하다. 특히 신축년의 홍건적은 실제 있었던 역사적 사건이었다.

---

233) 임형택, 앞의 논문. 39쪽.

234) 최 처녀가 부른 시 "無端暗結東風怨 살랑이는 봄바람을 부질없이 원망하며"에서 계절이 봄임을 알 수 있다.

> 공민왕대에 8년(1359)과 10년(1361)의 2차례에 걸쳐 홍건적의 침입이 있었다. 한때 개경이 점령되고 공민왕은 안동까지 피난을 가지 않으면 안 되는 곤경에 놓여 있었다.[235]

이는 본 작품의 "신축년(공민왕 10년, 1361)에 홍건적이 서울을 점거하매 임금이 복주(안동)로 피난갔다"[236]는 이야기와 일치한다. 따라서 이러한 역사적 사실을 작품의 배경으로 삼음으로써, 작품의 사실성을 더욱 높여 주었다고 하겠다.

특히 유학이 배경사상이 된 것은 작품의 사건과 주제의 관계가 깊기 때문이다. 먼저 두 주인공 모두 유학을 공부하는 사람이라 할 수 있으니, 이생은 일찍부터 국학에 다녔고 최씨 처녀는 시부에도 능하였기 때문이다. 이들이 처음 만나는 것은 이생이 국학에 오가면서 시부를 매개로 하여 알게 된다. 그러다가 이들이 헤어지게 되는 명분도 역시 유학이다. 곧 이생의 부친은 이생이 성인의 참된 가르침을 잘 배우지 않고, 또한 자신의 체면과 여인의 가문을 손상시킬 것이 두려워 아들을 울주로 보내는 것이다. 이는 모두 유학적 발상이라 하겠다. 그러나 이들이 다시 결합되는 것도 역시 유학적 사고와 방법을 통하여서이니 재미있는 결구라고 생각된다. 즉 이생과 헤어져 상사병으로 누워 있던 최씨 처녀는 『시경』과 『주역』의 이야기를 예로 들어 자신의 사정을 이야기하고, 또한 유학에서 강조하는 일부종사一夫從事를 하겠다는 굳은 의지를 내보인다. 이런 최씨 처녀의 적극성에 따라, 그의 부모는 중매자를 내세워 혼례를 이룬다. 여기서 중매자를 통하여 만나게 되는 것 역시 유학적 방식이니, 남녀는 반드시 중매자를 통하여 알아야 하기

235) 이기백, 『한국사신론』, 일조각, 1979, 196쪽.
236) 辛丑年 紅賊據京城 王移福州.

때문이다.237)'이들은 유학적 절차에 따라 다시 만나 한동안 행복하게 살지만, 신축년 홍건적이 침범하매 피난을 가게 된다. 피난 중 최씨 여자는 적에게 잡혔으나, 유학에서 말하는 '열불경이부烈不更二夫'에 따라 정절을 지키기 위해 무참하게 죽음으로 다시 이별하게 된다. 그렇지만 여인은 절의를 중시하여 옛날의 맹세를 이루기 위해 다시 귀신의 몸으로 이생을 찾아와 이들은 다시 결합된다. 그리고 이들은 "어버이가 살아 계실 때에는 예로써 섬길 것이요, 돌아가신 뒤에는 예로써 장사 지낼 것이다"238)라는 말에 따라 두 집 부모님의 해골을 거두어 각각 오관산 기슭에 합장하고는 나무를 심고 제사를 드려 모든 예절을 다 마쳤다. 이후 여인의 인연이 다하여 이생을 떠나자, 이생도 여인에게 절의를 지키기 위해 그녀의 뒤를 따라 죽었다.

살펴본 대로 유학은 이 작품의 모든 사건의 주요 모티프를 이루고 있으며, 그 핵심을 유학에서 말하는 절의였다. 따라서 유학은 본 작품의 배경사상으로서 '적극적인 절의의 추구'라는 주제와 무관하지 않다.

다음 〈취유부벽정기〉를 살펴보기로 한다.

시간적으로는 천순 초년(1457)으로 되어 있고, 지리적으로는 평양이다. 더욱이 신선설화가 배경으로 되어 있다.

천순 초년은 세조 3년으로, 단종의 복위를 꾀하던 사육신이 참변을 당하던 그 이듬해로 누구나 인생허무를 느낄 수 있는 때였다고 하겠다. 왜냐하면 많은 사람들이 권력다툼의 틈바구니 속에서 목숨을 잃었기 때문이다. 그 장소도 멸망한 고구려의 서울인 평양으로 삼아 더욱 허무감을 자아내게 하였으며, 특히 부벽정은 동명왕의 구제궁 터 옆에 자리잡고 있어 한층 더 허무감을 주고 있다. 이는 작품의 주제를 살리

237) 『곡례』, 男女非有行媒 不相知名

238) 生事之以禮 死葬之以禮.

는 데 적절한 배경이라 하겠다.

나아가 신선이 그 배경설화로 사용된 것은 역시 작품의 사건이나 주제와 긴밀한 관계가 있기 때문이다. 신선은 일반적으로 하늘로 자유로이 왕래하여 조물자인 천제와 접할 수 있고, 인간 세계에 나타나서는 생사의 한계나 시공의 경계를 초월하여 활동할 수 있는 불사신不死身을 뜻한다.[239] 따라서 인생허무를 느끼고 있었던 주인공 홍생이 초월적 존재인 신선을 만나 장생불사하게 된 것은 오직 신선설화로서만 가능한 이야기라 하겠다. 즉 홍생은 평양 부벽정에서 허무를 초월한 신선을 만난다. 그리고 그는 여인이 신선이 된 경위를 알게 되고, 그 역시 여인을 따라 '견우성 막하의 종사관'[240]이 되어 득선을 하게 된다. 이렇게 작품은 작자의 허무감을 이기기 위하여 신선을 매개로 하여 이루어져 있다.

다음 〈남염부주지〉를 보기로 한다.

이 작품의 시간은 성화초기(성화원년이 세조 11년임)이고, 장소는 신라의 수도였던 경주이다. 그 배경은 염부주 — 불꽃이 활활 타서 늘 공중에 떠있는 섬 — 로, 이는 불(火)의 세계인 양의 세계라 하겠다.

세조 11년 즈음은 종교적으로 불교의 폐단이 심하였을 때라고 짐작할 수 있다. 왜냐하면 세조는 태조로부터의 숭유억불정책을 바꾸어 오히려 불교를 숭상했기 때문이다. 따라서 작품에서 유학자인 박생이 이를 비판하는 것은 시기적으로 적절한 배경이라고 하겠다. 또한 경주를 지리적 배경으로 하였음은, 경주가 다른 지역보다 불교적인 요소가 더 많이 남아 있었기 때문일 것이다. 왜냐하면 경주는 불교국이었던 신라의 도읍지로 많은 사찰이 산재해 있었음을 감안하면, 이러한 추론은

239) 김현룡, 『신선과 국문학』, 평민사, 1979, 35쪽.
240) 使隷河鼓幕下 爲從事.

무리가 아닐 것이다.

더불어 배경사상이 된 불의 세계인 '염부주炎浮洲'는 양의 세계로, 『주역』으로 말하면 만물을 시작하는 성물지용成物之用이다. 이는 곧 사회적인 제도나 문물의 쓰임을 새롭게 시작하는 세계이다. 이에 작품 안에서도 문물이나 제도에 관한 이야기가 많이 나온다. 작품론에서 살펴본 대로 불교의 윤회·응보 또는 귀신류를 부인하고, 나아가 불교의 폐단까지도 개탄한다. 그리고 나라는 민본주의로 다스리되 천명을 거역하여서는 안 되며, 또한 이도異道를 숭상해서도 안 되고 간신들도 멀리 해야 한다고 주장한다. 이러한 모든 것은 유학에 바탕을 둔 문물과 제도를 새롭게 수립하려는 의지라 해야 마땅할 것이다. 이는 또한 작품의 주제인 '유자적 통치욕'과도 관계를 맺고 있다. 따라서 그 배경사상으로 염부주인 불의 세계를 사용한 것은 탁월한 기법이라 하겠다.

끝으로 〈용궁부연록〉을 살펴보기로 한다.

이 작품은 고려 때를 시간적 배경으로 삼고, 송도 천마산의 박연폭포를 지리적 배경으로 하고 있다. 특히 이 작품은 인간의 보편적 욕망을 주제로 삼았기에 〈만복사저포기〉와 마찬가지로 구체적인 시간 설정이 없다. 다만 용궁 속의 이야기를 담았기 때문에 옛날부터 용신이 살고 있다는 이상한 전설이 전기에 실려 전해오는[241] 박연을 지리적 배경으로 삼고 있음은 작품을 사실적이게 한다.

배경사상이 된 용궁은 음의 세계인 물로, 『주역』으로 말하자면 만물을 거두는 성물지원成物之源이다. 따라서 이는 〈남염부주지〉와 달리 사회적인 문제가 아니라 인간의 내면적인 욕구가 근원이 된다. 이에 작품 중에 한생은 그 자신의 문제를 해결하려고 한다. 곧 인간세상에

241) 夙著異靈 載諸傳記.

서 제대로 인정받지 못하던 한생은 물(水)의 세계인 용궁에 가서야 비로소 그의 재능을 완전히 인정받게 된다. 이렇게 볼 때, 용궁인 물의 세계를 배경사상으로 설정한 것은 그 주제—지기지은知己之恩의 갈구—와 일치되는 사상이라 하겠다.

이제까지 5편의 작품 배경을 간략하게 살펴보았지만, 각 작품은 시간적 혹은 지리적 배경이 작품의 주지主旨와 적확하게 일치하도록 설정되어 있음을 보았다. 더욱이 각 작품의 배경사상으로 불·유·선 및 『주역』 음·양의 세계로 설정되어, 사건이나 주제와 긴밀히 유지되어 있음도 보았다. 따라서 각 작품은 정말 있었던 이야기처럼 들리고 또한 친근감까지도 든다. 이는 배경을 적실하게 설정한 작가의 창작기법의 하나로 높이 평가하여야 하며, 이로 인하여 작품의 전기성도 많이 감소되었다고 하겠다.

특히 필자가 이에 덧붙여 하고 싶은 말은 『금오신화』는 이 다섯 편 이외에 더 이상 있을 수 없다고 단언을 내리고 싶은 것이다. 그것은 이의 사상적 무대가 음·양, 그리고 유·불·선으로 당시 사상과 종교가 모두 갖추어져 있기 때문이다.

(5) 서두와 결말의 유기성有機性

작품의 서두와 결말은 본문과 유기적인 관련을 갖는다. 따라서 작품의 서두 부분에 우리는 주의력을 집중할 필요가 있다. 그것은 작가가 의도하든 안 하든, 작품의 첫머리에 자신의 일부를 노출시키기 때문이다. 그러므로 서두는 작품 전반의 내용을 예고하는 부분이라 하겠다. 그리고 결말에 이 예고가 지켜지는 것이다. 따라서 명작에서는 이 결말이 결코 서두와 관계없이 맺어지지는 않는다. 이러한 혼돈 속의 질서를 '조화 있는 종합'이라 해도 좋을 것이다. 즉 서두와 결말, 즉 첫머리의 제시부와 대단원—작자가 가장 자연스럽게 그리고 필연적으로 자신을 드러내는 곳은, 또 경우에 따라서 '꼬리를 드러내는' 곳은 틀림없이 그곳이다.[242] 따라서 작품에 있어서 서두와 결말은 그만큼 중요한 부분인 것이다. 이제 본 작품에서는 서두와 결말이 어떻게 유기적으로 결합되어 있는지를 찾아볼 차례이다.

우선 〈만복사저포기〉의 서두 부분을 옮겨 보면 다음과 같다.

> 전라도 남원부에 사는 양생이 일찍이 부모를 여의고는 아직 장가는 들지 아니하고 만복사의 동쪽 방에서 홀로 생활하고 있었다.[243]

본 작품의 서두에서 훌륭한 독자라면 단번에 양생이 여자문제로 고민하고 있음을 눈치챌 수 있을 것이다. 그것은 주인공 양생이 일찍 부모를 여읜 고아에다, 나이는 들었으나 아직 장가를 못 갔으며, 또한 속세와는 큰 인연이 없는 절의 한쪽 귀퉁이 방에 살고 있었기 때문이다. 따라서 본문에서는 양생이 그의 여자에 대한 한을 여귀에게서 푸는 것으로 사건이 전개된다. 그리고 결말에 가서는 양생은 그런 문제를 뛰어넘어 초월의 세계로 나아감을 보여주고 있다. 그래서 결말은 이렇게 맺고 있다.

> 양생은 그 뒤 다시는 장가들지 않고 지리산에 들어가 약초를 캐며 살아갔다고 하는데, 그가 어디에서 세상을 마쳤는지 아는 이가 없다.[244]

---

242) G. Michaud/원형갑역, 『문학의 열쇠』, 45쪽.
243) 南原有梁生者 早喪父母 未有妻室 獨居萬福寺之東房.
244) 生後不復婚嫁 入智異山採藥 不知所終.

여기 결말에서 보듯, 역시 여자문제를 언급하고 있다. 즉 '다시는 장가들지 않고' 라는 부분이 그것이다. 이렇게 서두에서 암시했던 문제를 결말에 가서 훌륭하게 해결해 주고 있다. 그는 이제 여자에 대한 한을 모두 풀었기에 다시는 장가갈 필요가 없었던 것이다.

다음 〈이생규장전〉의 서두를 옮겨 본다.

> 송도에 이생이 낙타교 옆에 살고 있었는데, 나이는 십팔 세였다. 얼굴이 말쑥하고 재주가 뛰어나 일찍부터 국학에 다녔는데, 길을 가면서도 글을 부지런히 읽었다.[245)]

여기서 우리는 주인공 이생이 재주가 뛰어나고 부지런히 공부하는 유학자이므로 나중에 큰 인물이 될 것임을 예감하게 된다. 실제 작품에서 이생은 대과에 합격하여 높은 벼슬도 하게 된다. 그러나 무엇보다 절의節義를 생명으로 아는 유학자 이생이 아내의 죽음에 대해서는 소극적인 절의밖에 취하지 않았다. 그러나 그가 적극적인 아내로 인하여 나중에는 스스로 그것을 깨닫고 적극적인 절의를 지키는 사람으로 변모한다. 이는 결말에서 자세히 읽을 수 있다.

> 이생은 여인의 말대로 그녀의 유골을 거두어 부모님의 묘소 곁에 장사를 지내 주었다. 이생은 지나간 일을 지극히 생각한 나머지 병을 얻어 수개월 만에 세상을 떠났다. 이 사실을 들은 이들은 모두 애처로워하고 슬퍼하며 그들의 절의를 사모하지 않는 이가 없었다.[246)]

---

245) 松都 有李生者 居駱駝橋之側 年十八 風韻淸邁 天資榮秀 常詣國學 讀詩路傍.
246) 生拾骨 附葬于親墓傍 旣葬 生亦以追念之故 得病數月而卒 聞者 寞不傷歎而慕其義焉.

'이생이 지나간 일을 지극히 생각한 나머지 병을 얻어 수개월 만에 세상을 떠났다'에서 지나간 일은 무엇보다 그의 아내가 죽음을 당했을 때 소극적으로 처신했던 바로 그 일일 것이다. 따라서 그가 죽는 것은 아내에 대한 절의를 지키기 위해서였다. 이런 절의를 중히 여기는 것은 유학에서 가장 중요한 덕목 중의 하나이기 때문이다. 따라서 서두의 훌륭한 유학자가 결말에 가서 남들로부터 '절의를 사모'받게 되는 것은 당연한 귀결이라 하겠다.

다음 〈취유부벽정기〉의 서두를 보기로 한다.

> 평양은 옛 조선의 서울이었다. 주나라 무왕이 은나라를 이기고 기자를 방문하니, 홍범구주의 법을 일러 주었으므로 무왕은 기자를 이 땅에 봉하였으나 신하로 삼지는 않았다.[247]

이 서문에서 우리는 '평양이 옛 조선의 서울'임을 생각하면, 왠지 허무한 느낌을 떨쳐버릴 수 없다. 따라서 이 부분은 아주 옛적의 사실을 끄집어내어 인생의 허무함을 실감하게 해 주는 역할을 충실히 해내고 있다. 그러므로 이야기는 자연 주인공 홍생이 인생의 허무함을 느끼고 그와 반대인 초월한 존재인 신선과 만나게 되는 것으로 전개된다. 나아가 결말에 가면 홍생이 완전히 허무를 초월한 존재로 바뀌게 되니, 다음이 그것이다.

> 그는 턱을 괴고 잠깐 누웠다가 문득 세상을 떠났는데, 곧 이날은 9월 보름이었다. 그의 시체를 빈소에 안치한 지 수일이 지나도 얼굴빛이 조금도 변하지 않았다. 사람들은 '홍생이 신선을 만나서 죽음을 이기고 신선이 되었기 때문이다.'라고 하였다.[248]

---

247) 平壤 古朝鮮國也 周武王克商 訪箕子 陳洪範九疇之法 武王封于此地 而不臣也.

이 결말은 서두의 허무를 극복하고 초월의 세계로 나아간다는 대역전극이다. 따라서 서두와 결말이 유기적으로 치밀하게 연결되어 있음에 다만 놀랄 뿐이다.

다음 〈남염부주지〉의 서두는 다음과 같다.

> 성화 초기에 경주에 박생이라는 사람이 살고 있었다. 그는 유학에 뜻을 두어 일찍 태학관에서 보강하였으나, 한번도 과거에 합격해 보지 못하여 항상 불쾌한 감정을 품고 있었다. 그는 뜻과 기상이 매우 고상하여 세력에 굴복하지 않았으므로 남들은 다 그를 오만한 청년이라고 하였다.[249)]

여기 '성화초기'는 무신들이 발호하던 때이며, 숭유에서 숭불로 후퇴하던 때이기도 하다. 따라서 유학에 뜻을 둔 선비는 불만을 품을 만하였다. 특히 주인공 박생은 한번도 과거에 합격해 보지 못하여 더욱 그러하였다. 그러나 그는 뜻과 기상이 높은 오만한 청년이라 세력에 쉬 굴복하지 않았다. 여기서 우리는 이 청년이 결국은 어떤 방법으로라도 그의 뜻을 관철시키리라는 암시를 받게 된다. 본문에서 그는 꿈속에서 염마왕과의 토론을 통하여 유학이 불교보다 우위에 있다는 생각을 확인한다. 나아가 그는 기어이 그의 뜻을 성취시키니, 결말에 가서 유학의 강상에 어긋나는 자들을 벌주고 다스리는 남염부주의 왕이 된다는 것이 그것이다.

> 그가 막 세상을 떠나려 하던 날 저녁에 이웃집 사람의 꿈에 어떤 신인이 나타나서 말하기를, '너의 이웃집 박 ○○는 장차 염라왕이 될 것이다.' 라고 하였다 한다.[250)]

---

248) 支頤暫臥 奄然而逝 卽九月望日也 殯之數日 顔色不變 人以爲遇仙屍解云.

249) 成化初 慶州 有朴生者 以儒業自勉 常補太學館 不得登一試 常怏怏有憾 而意氣高邁 見勢不屈 人以爲驕俠.

결국 박생은 이 세상의 왕은 되지 못하였을 망정 저 세상의 왕이 되었다. 그것도 유학의 강상에 어긋나는 대역이나 간흉들을 다스리는 군장이 된 것은, 서두의 '뜻과 기상이 매우 고상하여 세력에 굴복하지 않았으므로' 이루어질 수 있었던 것이다.

끝으로 〈용궁부연록〉의 서두는 다음과 같이 기술되어 있다.

> 송도에 천마산이 있는데, 그 산은 공중에 높이 솟아 험준하므로 천마라 한다. 그 산속에는 깊은 못이 있는데, 이름을 박연이라 한다. 그 못의 둘레는 좁으나 깊이는 몇 길이나 되는지 알 수 없으며, 물이 넘쳐서 폭포를 이루고 있는데, 폭포의 길이는 백여 길이나 될 것 같다. 경치가 맑고 아름다워 구경 오는 스님이나 손들은 반드시 이곳을 관람하였다. 옛날부터 여기에는 용신이 살고 있다는 이상한 전설이 전기에 실려 전해오므로, 국가에서도 명절에는 큰 소를 잡아서 용신에게 제사를 지내게 하였다.[251]

여기서 보다시피 서두에 명산과 그 속에 있는 유명한 박연폭포가 소개되었다. 또한 그 폭포 속에는 용신龍神이 살고 있다는 전설을 이야기하고, 국가에서도 명절을 당하면 용신에게 제사 지낸다는 말을 하여 독자로 하여금 실제 용신이 살고 있을 것이라는 믿도록 하도록 한다. 따라서 이야기는 현실에서 인정받지 못하고 있던 한생이 용궁에 들어가서 용왕에서 문재文才를 인정받고, 아울러 잔치까지 대접받는다는 내용으로 주인공의 소원이 이루어지는 것으로 되어 있다. 이제 그 결말을 보기로 한다.

---

250) 其將化之夕 夢神人告於四隣曰 汝隣家某公 將爲閻羅王者云.

251) 松都有天磨山 其山高挿而峭秀 故曰天磨 山中有龍湫 名曰瓢淵 窄而深 不知其幾丈溢而爲瀑 可百餘丈 景槪淸麗 遊僧過客 必於此而觀覽焉 夙著異靈 載諸傳記 國家歲時 以牲牢祀之.

> 그 뒤에 한생은 명예와 이익을 생각에 두지 않고 명산에 들어갔는데, 어느 곳에서 세상을 마쳤는지 알 수 없다.[252)]

서두에서 명산의 용궁 이야기가 나오고, 결말에서는 주인공이 명산으로 들어가는 이야기로 맺어져 있다. 여기서 훌륭한 독자라면 한생이 간 곳은 바로 그 용궁임을 쉽사리 짐작할 것이다. 왜냐하면 용궁은 그에게 모든 것을 해결하여 주는 장이기 때문이다.

이제까지 살펴본 대로, 『금오신화』는 각 편이 모두 서두와 결말이 유기적으로 연결되어 조화를 이루고 있을 뿐만아니라, 작품의 주제와도 긴밀히 연결되어 있다. 이는 매월당의 뛰어난 구성기법이라 아니할 수 없다.

5. 김시습의 작가정신

작가정신이란 한 마디로 정의하기가 용이하지 않은 말이다. 그것은 그만큼 이 말의 범주가 클 수도 있다는 것을 의미한다. 따라서 여기서는 우선 이 말에 대한 개략적인 정의부터 내리고 본론으로 들어가는 것이 순서이겠다. 작가정신에 대한 정의는 다음에 잘 나타나고 있다.

> 작가정신은 문학 본령의 정신으로, 예술로서의 문학작품을 형상화하는 에티몬(etimon)이다. 그것은 현실을 역사적으로 투시하고 인식하는 작가의 방출체이며, 수용된 현실을 예술적 구조로 형상화하여 미를 추구하는 장인의식이기도 하다. 거기에는 현실을 주시하고 해부하는 날카로운 비평의식과 영원한 미의 황홀에 탐닉하려는 미의식이 그 기저를 이룬다.[253)]

252) 其後 生不以名利爲懷 入名山不知所終.

이에서 볼 때, 작가정신은 크게 두 가지로 나누어 볼 수 있겠다. 첫째는 현실을 역사적으로 투시하고 인식하는 의식이고, 둘째는 그것을 예술적으로 승화시키는 장인정신이 그것이다.

우리는 이미 매월당의 장인정신은 창작기법에서 살펴보았으므로, 여기서는 현실을 역사적으로 투시하고 인식하는 의식적인 측면을 주로 살피고자 한다. 이를 세분하면 다음 두 가지로 나뉘어질 수 있을 것이다.

> 첫째는 인간존재의 해명정신이다.
> 이것은 인간의 본질을 추구하여 삶의 의미를 정립하려는 정신이다.
> 둘째는 고발과 지향적 정신이다.
> 이것은 휴머니즘의 신장을 가로막는 여러 제약과 조건의 증인적인 고발이며, 그날을 추구하여 오늘을 사는 지표의 제시를 의미한다.[254)]

이제 우리는 매월당이 왜 『금오신화』를 쓰지 않을 수 없었는지, 위의 두 가지 측면에서 살펴보아야 할 것이다. 즉 그는 어떤 인간의 본질을 추구하였으며, 또한 인간성의 신장을 가로막는 어떤 것을 고발하여 내일의 삶의 지표로 제시하였는지를 알아보기로 한다.

우선 매월당이 인간의 어떤 본질을 추구하였는지 그 정신을 알아보기로 한다. 이는 그가 본 작품을 쓰게 된 동기에서 그 이유를 찾아야 할 것이다. 살펴본 대로 그는 작품에서 그 자신의 절실했던 문제, 그리고 그 자신의 문제이면서 동시에 모든 사람에게 공통되는 문제를 해결하고자 했다.

---

253) 구인환, 「작가정신과 현실」, 『관악어문연구』 제3집, 서울대 국어국문학과, 1978.
254) 같은 곳.

우선 그는 〈이생규장전〉에서는 자신의 소극성과 유학자로서의 절의의 문제를, 〈취유부벽정기〉에서는 현실적 유학자로서의 무상감無常感의 문제를, 그리고 〈남염부주지〉에서는 유학자로서의 종교관과 통치욕을 해결하고자 하였다. 이는 현실의 그 자신—그가 사는 현장에서의 삶의 상황—에서 있어야 할 그 자신—가변적인 현실을 초극하여 미래지향성에 의해 완성하려는 있어야 할 현실—로 나아간 것이다. 이는 자기실현의 정신이라 해야 할 것이다. 이는 '있는 자기'가 아니라 '있어야 할 자기'로, 바로 '본래의 자기 자신'으로 나아간 것이다. 이를 분석심리학적으로 말하면 자기실현이라고 한다.

다음으로 그는 〈만복사저포기〉에서 양생에 의탁하여 여귀로 하여금 한을 해소하며, 〈용궁부연록〉에서는 현실에서 인정받지 못하는 한생에 의탁하여 용궁에 가서야 자신의 문재를 인정받고 풍류를 즐기게 된다. 이는 매월당 개인의 문제이면서 동시에 우리 모두의 문제라고 본다. 즉 한의 해소는 한 많은 우리 민족 모두의 문제이며, 지기지은을 갈구하는 마음 또한 인간의 본능이기 때문이다. 따라서 매월당은 이 두 작품의 말미는 다같이 '부지소종不知所終'이라 하여, 다른 작품처럼 '죽는다'거나, '신선이 된다'거나, '염왕이 된다'는 식의 구체적인 해결책을 제시하지 않고 있다. 이는 작가의 주도면밀한 배려에서 나온 것이라 보여진다. 즉 자신에 국한된 문제는 구체적으로 해결하고, 자기의 문제이면서 동시에 우리 모두에게 해당되는 문제는 부지소종이라 하여 영원한 여운을 주고 있는 것이다. 이렇게 볼 때, 〈만복사저포기〉나 〈용궁부연록〉은 자기실현은 물론 인간성의 회복까지 부르짖은 정신 하에서 작품을 썼다고 보아야 할 것이다. 즉 자기자신의 문제를 인간 전체의 문제로까지 확대했다고 하겠다.

이제까지 살펴본 바에 의하면 결국 매월당은 중세봉건주의 하에서 가장 인간다운 인간이 되고자 이 작품을 썼다고 하겠다. 조선 초기 왕이라는 하나의 도그마에 의해 모두가 일리론적一理論的인 법칙 속에서 개성이 말살당하고 있을 때, 유독 매월당만이 조동일의 주장대로 일기론一氣論을 펴면서 자기다운 자기, 나아가 인간다운 인간이 되고자 하는 정신 하에서 이 작품을 쓴 것이다. 그것은 있는 '현실의 자기'를 벗어나 있어야 할 '이상의 자기'로 나아가는 데서 그 작가정신을 발견할 수 있기 때문이다. 이에 대해 정병욱 교수는 "진실로 그의 고고청순한 인간정신의 발현"[255]이라고 한 것은 정확한 지적이라 하겠다. 곧 중세 봉건사회에서 자기발견 및 나아가 인간성을 발견한 것이 그의 작가정신이라 보고 싶다.

다음으로 그가 이 인간성의 신장을 가로막는 현실의 여러 제약과 조건을 고발하여 인간다운 인간이 살 수 있는 현실의 장으로 만들고자 한 정신을 찾아보기로 한다. 이는 대사회적이고 대역사적인 의식적 측면이 강하다고 하겠다. 기존의 학설들은 대개 여기에 초점을 맞추어 언급되어 왔다.

기존의 연구 가운데 매월당의 작가정신이 논의된 것은 주로 〈이생규장전〉, 〈취유부벽정기〉, 그리고 〈남염부주지〉이다. 필자도 이 세 작품에서만 작가의 대사회적·대역사적인 정신의 편린을 살펴볼 수 있다고 생각한다. 따라서 기존의 연구를 검토하면서 필자나름의 견해를 제시하고자 한다.

먼저 〈이생규장전〉을 보기로 한다. 이의 작가의식에 대한 논의는 정병욱이 "이생이라는 남주인공과 최씨라는 여주인공은 가정의 맹렬한 반대와 계급의 층차層差에서 오는 부자연한 억제를 극복"[256]했다

255) 정병욱, 앞의 논문, 앞의 책.
256) 같은 곳.

고 한 데서 비롯된다. 또한 이재수는 작품이 자유결혼을 상징화한 것이라고 하고 엄격한 예교주의에서 탈피하고자 하는 반항의식의 표현이라고 볼 수 있다[257]고 하여 하여 이와 비슷한 견해를 보였다. 한편 임형택은 〈이생규장전〉에서 작가는 기일원론적 철학사상 위에서 인간의 삶을 중시하여, 아我와 비아非我(사회적인 인습·제도·전쟁·죽음 내지 운명)와의 갈등을 그리고 있다고 전제하면서, 결국 그 자신이 세아世我의 모순 속에서 고민하면서 끝까지 현실적인 모순에 반항했던 작가의식의 문학적 표현이라고 보았다.[258] 이는 결국 '인간성의 긍정'을 전제로 한 견해이다.

결국 위의 견해들은 이생과 최 처녀의 결합에 초점이 맞추어질 때 얻어질 수 있는 결론들이다. 그러나 필자가 본 〈이생규장전〉은 두 사람의 결합을 이야기한 것이라기보다는, 세 번의 결합이 있도록 한 최 처녀의 적극성과 그 절의에 작품의 초점이 맞추어져 있다. 따라서 사회적인 인습·제도·전쟁·죽음 내지 운명을 극복하는 것은 오로지 최 처녀의 적극성을 돋보이게 하기 위한 하나의 소도구에 불과한 것이다. 즉 이러한 어려움도 이겨냈다는 데서 최 처녀의 적극성을 나타내기 위한 제재에 불과한 것이다. 따라서 여기서 작가의 의식을 찾는다는 것은 작가의 본의와 멀어질 가능성이 크다. 따라서 작가가 의도한 것은 개인적인 자기실현의 지향일 뿐이라고 본다. 즉 이생이 이 여인으로 하여금 스스로 적극적인 절의의 사람으로 변모되어, 자기실현을 이룬 것이다.

다음으로 〈취유부벽정기〉에 관해서 알아보자. 이 작품에 대한 작가정신의 논의는 최남선에게서 비롯된다.

---

257) 이재수, 앞의 논문, 앞의 책.
258) 임형택, 앞의 논문.

> 더욱 〈취유부벽정기〉에 '평양고조선국야'를 기두로 하야, 은예기녀가 마츰내 동명 '신인'에 증제되어 선여에 회참하게 되는 일단 가름에서는 작자정신의 일면을 엿볼 것이 있다 할지니라.[259)]

이러한 견해는 천태산인에게도 그대로 계승되어 『금오신화』에서 향토색과 자주정신을 찾을 수 있다고 하였다.[260)] 이어 이가원이 사건은 은연히 단종의 손위와 세조의 찬탈을 통탄함[261)]이라고 보아 역사의식이 있음을 암시하였다.

이를 더욱 구체화시킨 예는 정주동의 글에서 찾아볼 수 있다.

> 곧 「약질弱質」은 유주 단종이요, 「선조先祖」 곧 「기씨箕氏」는 이태조를 두고 말하는 것이며, 「예악전형禮樂典刑…」은 유교 입국의 조선초의 찬란한 문물을 두고 말하는 것이며, 「일단천보간난一旦天步艱難 재환엄지災患奄至 선고패적필부지수先考敗績匹夫之手 수실종사遂失宗社」와 「위만승시衛滿乘時 절기보위竊其寶位 이조선지업추의而朝鮮之業墜矣」라는 것은 곧 수양대군이 단종의 왕위를 앗은 것이요, 「약질전궐낭자弱質顚蹶狼藉 욕수정절欲守貞節 대사이이待死已而」라는 것은 단종이 참변을 당하여 영월에서 죽음을 기다리는 것이요, 「신인神人」이라는 것은 죽어서 선화된 선조를 두고 말하는 것이다.[262)]

이는 신선의 이야기를 단종 고사의 우의와 가탁으로 풀이한 것으로, 곧 매월당이 작품을 통하여 세조의 왕위찬탈에 대한 울분을 나타냈다는 것이다. 이렇게 작품의 내용이 단종의 역사적 사건과 관계가 있다

259) 최남선, 앞의 논문.
260) 김태준, 앞의 책
261) 이가원, 앞의 논문, 앞의 책.
262) 정주동, 앞의 논문, 앞의 책.

고 보는 것은 이후 박성의, 이재수, 이재호 등에 의해서도 유사한 견해를 보이고 있다.[263)]

이를 좀더 포괄적인 관점에서 역사적 현실로 본 것은 임형택에 의해 제기되었다. 즉 주인공 홍생의 신분이 '개성상인'임에 착안하고, 그가 부벽루에서 회고적인 시를 읊은 것에 초점을 두고서 다음과 같이 언급하고 있다.

> 이 같은 회상으로 돌려버리기에는 정도가 지나치다. 즉 그의 비감이 천여 년 전을 회상하여 돋아났다면 이는 너무도 어처구니없는 일이다. 우리는 거기에 신정권으로부터 소외된 개성인의 감정이 포함된 것으로 본다. 여말선초 이색 원천석 길재 등 이씨왕조에 타협하기를 거부했던 사대부들이 구왕조를 회상하는 회고조의 시조를 남기었다. 그들은 현실에 대한 불만 때문에 농촌에 은거하면서 개성인의 후예로서 스스로 회고의 포로가 되었다. 그리하여 그의 망국의 비애가 고도 평양의 감상적인 분위기에서 애상으로 나타난 것이다. 이러한 회고조의 애상은 현실에 소극적인 반항이지만 결과적으로 모순과의 투쟁을 포기한 패배주의의 정신적인 안주지가 되고 만다.[264)]

이는 왕조교체에 따른 전조 유민의 저항으로 파악한 것으로 단종사건을 우의했다는 것보다는 좀더 포괄적인 관점에서 논한 것으로 보인다.

한편 작품의 배경이 도선적道仙的 문화의식을 반영하고 있으며 반존화적反尊華的 민족의식을 나타낸다고 본 것은 이상택이다.

---

263) 박성의, 『고대소설 논과 사』, 예그린출판사, 1978, 163쪽.
이재수, 앞의 논문, 앞의 책.
이재호, 「금오신화고」, 『금오신화』, 과학사, 1980.

264) 임형택, 앞의 논문, 41쪽.

〈취유부벽정기〉의 핵심적인 작품 갈등은 동이족의 문화적 우월감과 함께 주체적 역사의식을 바탕으로 한 극열한 반존화적 민족저항의 분한으로 파악된다.[265]

이렇게 매월당의 역사의식은 김부식 이래의 사대적 화이론자華夷論者들이 보여주던 자아몰각의 위축된 역사의식과는 매우 대조적인 것으로 상실된 민족의 자긍심을 회복하려는 강한 집념으로 보았다. 따라서 상실된 민족의 자긍심을 회복하려는 김시습의 집념이 〈취유부벽정기〉를 산출해 냈다는 것이다.

상기 견해들은 모두 작품의 배경과 기씨녀 내지는 신선사상에 초점을 모으고 추출한 결론들이라 할 수 있다. 그러나 살펴본 대로 〈취유부벽정기〉는 작가의 허무감을 해소하기 위해 씌어진 작품이다. 그리고 그 목적을 위해서 당시 널려 있던 신선설화를 근원설화로 이용했을 뿐이다. 그리고 기자箕子를 내세운 것은 당시 유학자들이 모두 그를 성인으로 받들던 데서 차용한 것이지 그리 큰 의미는 없는 듯하다. 따라서 주제가 아닌 소재에 집착한 작가정신의 추출은 작가의 본래 정신을 외면하는 결과만 초래할 뿐이다. 이 작품은 매월당이 스스로의 한계를 뛰어 넘으려는, 자기초월의 정신이 그 주지를 이루고 있다고 해야 할 것이다.

끝으로 〈남염부주지〉를 살펴보기로 하자. 먼저 정병욱은 이 작품은 "설재천혼設齋薦魂의 폐습을 규탄하였다"[266]고 하여 대사회적인 의식을 말하고 있다. 한편 정주동은 특히 "왕도와 패도의 다른 점을 논하면서 강열한 저항정신을 드러내었다"[267]고 하였다. 또한 임형택은

265) 이상택, 앞의 논문, 앞의 책.
266) 정병욱, 앞의 논문, 앞의 책.

"〈남염부주지〉는 현실을 개조하려는 이상을 표현한 작품인데 인간생활에 있어서 제 미신과 정치적 사회적 불합리를 비판하는 대신 현실주의적인 사상을 내세웠다. 우리는 이 소설이 이념적인 갈등을 통해서 현실주의적인 이상의 승리를 그렸다고 보는 것이다"[268]라고 하였다. 결국 이들은 종교적·사회적·정치적 의식을 갖고 작품을 썼다는 결론이 된다.

〈남염부주지〉에서 종교적·사회적·정치적 의식을 갖고 작품을 썼다는 것은 특히 이교異敎로 인한 타락상을 이야기하는 데 초점을 두고 이야기한 결과라 하겠다. 그렇지만 작품 전체로 볼 때 이 부분은 오직 유학으로 통치되지 않고 이교가 판을 치는 세상을 빗대어 하는 표현일 뿐이다. 곧 세상은 유학이 아니면 제대로 통치될 수 없다는, 매월당의 유학적 통치관을 강조하기 위한 하나의 방편일 따름인 것이다. 따라서 그는 유학으로만 통치되어야 한다는 신념이 있었기에 강상에 어긋나는 대역이나 간흉을 다스리기 위해 염라국의 왕이 되는 것이다. 이를 사회의식이라고 할 수 있을까? 필자는 아니라고 본다. 왜냐하면 진정한 사회의식은 어떤 종교의 수단에 의해서 척도尺度될 것이 아니라, 그 스스로 목적이 되어야 하기 때문이다. 역시 〈남염부주지〉도 작가의 유자적인 통치욕을 나타낸, 자기 고백적인 수단 이상도 이하도 아닌 것이다.

필자는 이제까지 〈이생규장전〉, 〈취유부벽정기〉, 그리고 〈남염부주지〉를 살펴보면서 기존의 작가의식을 거의 부인하였다. 근본적으로 『금오신화』에는 인간이 인간답게 살 수 있도록 하기 위해 현실의 여러 제약과 조건을 고발한 면이 두드러지게 나타나지 않기 때문이다. 따라

267) 정주동, 앞의 책, 688쪽.
268) 임형택, 앞의 논문, 31쪽.

서 "세계에 대한 김시습의 대결은 개인적이며 환상적이고도 사변적인 것이었다."[269]라는 조동일의 지적은 이에 대한 적확한 표현이라 하겠다. 결국 매월당의 사회나 역사에 대한 의식은 극히 피상적으로 보일 뿐이며, 그 주지는 주인공 개인의 문제에 있었던 것이다. 즉 〈이생규장전〉에서의 빈부차이에 의한 결혼도 그 자체로서의 의미를 부여하고 있지 않다. 그것은 다만 최 처녀의 적극적인 성격을 나타내는 데 기여하였을 뿐이다. 그리고 〈취유부벽정기〉의 기씨나 신선도 작품의 전체적 의미를 놓고 볼 때 하나의 소재적인 범주를 벗어나지 못한다. 또한 〈남염부주지〉에서 사회의 타락상이나 패도悖道에 대한 공격도 어디까지나 왕도에 의한 유가적 통치만이 국가사회를 구할 수 있다는 개인적 신념의 발로일 뿐이다.

결국 기존의 작가의식에 대한 언급은 작품의 부분을 너무 과대평가하여 나온 결과로 보고 싶다. 작품의 부분은 어디까지나 작품 전체 속에서의 부분으로 해석되어야지, 부분을 위해서 작품전체를 희생할 수는 없다. 이는 작품의 주제적인 측면이 바뀔 때, 그 부분의 역할도 바뀌기 때문이다. 또한 그 부분에서 상기의 작가정신이나 의식을 발견할 수 있다 하더라도 그것은 개인적이고 사변적이며 환상적인 것에서 벗어날 수는 없을 것이다.

그러면 이제 다시 논의의 방향을 처음으로 돌아가자. 매월당의 작가정신은 무엇인가? 그는 왜 이 작품을 썼는가? 살펴본 대로 작가는 그 자신의 문제, 그리고 그 자신의 문제이면서 우리 모두의 문제를 해결하기 위한 정신에서 작품을 썼다. 즉 〈이생규장전〉, 〈취유부벽정기〉, 〈남염부주지〉에서는 그 자신의 절의와 무상감과 통치욕을 해결하기

---

269) 조동일, 앞의 논문, 앞의 책.

위해서, 그리고 〈만복사저포기〉와 〈용궁부연록〉에서는 그 자신뿐만 아니라 우리 모두의 문제가 될 수 있는 한과 지기지은의 문제를 해결했다. 즉 그는 '있는 그'에서 '있어야 할 그'로 나아간 것이다. 그리고 '있는 우리'에서 '있어야 할 우리'를 발견해 준 것이다. 따라서 자기실현의 정신, 더 크게는 중세봉건제 아래서 인간성회복의 정신 하에서 작품을 썼다고 하겠다. 그러나 그는 인간보다는 어디까지나 개인적인 문제의 해결에 중점을 두었음을 부인할 수 없을 것이다. 그러나 우리는 여기서 매월당이 섰던 때가 중세봉건시대임을 유의해야 한다. 왜냐하면 중세는 신이나 왕이라는 도그마에 의해 인간이 스스로를 발견하지 못하던 몰개성의 시대였다. 매월당은 그런 때에 처음으로 스스로의 개성을 발견하고 그것을 실현하기 위해 작품을 썼다는 데서 그의 작가정신은 높이 평가 받아야 마땅할 것이다.

Ⅴ. 문학사적 의의

『금오신화』는 작품의 형성과정에서 살펴본 대로, 우리 고대설화와 여말의 시화·가전에서 그 형식과 구조, 그리고 근원설화를 계승 발전시켜, 당시의 시대적 요구에 의해 성립된 최초의 본격적인 고소설이다. 이에는 물론 중국의 『전등신화』가 직접적인 영향을 끼쳤음은 물론이다. 이는 당나라의 전기소설이 전대의 설화를 계승하여 『유선굴』·『침중기』·『남가기』·『두자춘전』·『유전』등으로 발전하여, 다음 송나라 시대의 백화소설로 이어주는 것과 마찬가지라 하겠다. 따라서 당의 전기소설이 삼국통일 이후 고려를 거치는 동안 우리나라에 수입되지 않을 수 없었을 것이고, 이에 우리 문학이 당의 전기소설에 영향 받았을 것임이 틀림없을 것이다. 그러나 현전하는 신라나 고려의 전기소설은 『최치원전』 이외에는 별로 찾을 길이 없다. 따라서 당대 전기와의 영향 관계를 밝힌다는 것은 심히 어려운 일임에 틀림없다. 이에 본고에서는 『금오신화』의 형성과정을 전대의 설화나 여말의 시화·가전, 그리고 영향 받은 바가 확실한 『전등신화』에 국한하여 밝혀 보았던 것이다. 이제 이의 문학사적 의의를 점검하여 보기로 한다.

『금오신화』가 본격적인 창작소설의 효시라는 점은 이미 거의 모든 학자들간에 받아들여지고 있다. 이의 문학사적 의의는 먼저 정주동에게서 찾을 수 있다.

> 『금오신화』는 전대의 설화 가전체를 계승 발전시켜 다음 본격적인 고대소설 『숙향전』이나 『홍길동전』으로 도입하는 우리나라의 본격적인 전기소설의 효시요 고대소설의 모든 요구의 원류를 이루고 있는 것이니, 이는 마치 중국에서 당의 전기소설이 전대의 설화를 받아서 다음 송대의 백

화소설로 인계하는 위치에 서는 것과 마찬가지이다.[1)]

이는 중국의 『전등신화』와 대비한 데서 나온 결과로, 곧 『금오신화』는 우리나라의 본격적인 전기소설의 효시요 고소설의 원류라는 것이다. 또한 정병욱은 작품뿐만 아니라 작가 김시습의 문학사적 의의까지도 아울러 언급하고 있으니 다음과 같다.

> 작가 김시습은 이 땅의 대부분의 문인들처럼 문학을 출세의 도구나 정치의 시녀로 이용한 것이 아니라 문학 그 자체에 궁극의 목적을 둔 본격적인 문학가였다는 평을 내릴 수 있을 것이다. 그리고 작품 『금오신화』는 양생, 이생, 홍생, 박생, 한생 등 문사를 주인공으로 설정하여 그들로 하여금 인간의 참모습을 보여줌으로써 이 땅의 소설문학을 확고한 자리를 잡게 하였다는 역사적 의의를 지니고 있다고 할 것이다.[2)]

곧 김시습은 본격적인 문학가이며, 그의 작품 『금오신화』도 본격적인 소설이라는 것이다. 이러한 이론들은 정당하고, 또한 설득력도 있다. 본고에서는 이러한 의견에 동의하면서, 『금오신화』와 『전등신화』의 차이점에서 『금오신화』의 문학사적 위치나 의의를 좀더 구체적으로 살피고자 한다. 그것은 어쨌든 『금오신화』가 중국의 『전등신화』에서 직접적으로 영향받고 형성되었기 때문이다. 그러므로 양자를 대비할 때, 『금오신화』의 위치가 더욱 두드러지게 나타날 것이다.

이제까지 『금오신화』와 『전등신화』를 대비한 업적은 많으니, 대개 다음과 같이 요약될 수 있다. 즉 『금오신화』는 『전등신화』를 모방하였으나 이를 무비판적으로 받아들인 것이 아니라 이를 국학정신 아래에

---

1) 정주동, 『매월당 김시습연구』, 신아사, 1965, 828-9쪽.
2) 정병욱, "금오신화 연구", 『금오신화』, 아세아문화사, 1973.

이를 토착화하여 우리 고유의 인물·지명·풍속 등에서 그 제재를 취하여 향토색을 발휘하였으며, 그 화려한 문체는 오히려 『전등신화』를 능가하였고, 또한 설화나 가전에서 진일보하여 우리 고소설의 출발점이 되는 획기적인 작품이라는 것이다. 이에 여기서는 이 두 작품의 근본적인 차이점을 한번 살펴보기로 하겠다. 필자는 두 작품에서 근본적인 3가지의 차이점을 발견할 수 있었다.

첫째는 작가의식면의 차이이다.

『전등신화』는 전기소설집이다. 그러면 이러한 전기소설이 당대에 어떻게 하여 발생하였는지, 그 동기부터 알아보기로 한다.

> 당대에 있어서 사람들은 흔히 이른바 〈혼권混券〉을 만들어 이것으로써 스스로의 학식과 문장의 능력을 과시하여 상사의 비위에 영합함으로써 출세의 한 수단으로 삼았었다. 배항裵航이 혼권으로 사용했던 것이 곧 『전기傳奇』라는 이름의 3권으로 된 그 당시의 소설류였다. 〈전기〉라는 명칭은 바로 여기에서 비롯되었다. 그러니까 〈전기〉는 원래 당 배항의 혼권의 이름이었음을 알 수 있다. 그 후로 차츰 이 전기라는 명칭은 당대의 소설 전체를 지칭하는 명사로 그 자리를 굳혀 왔다.[3)]

이에서 보면, 중국의 전기는 그 출발부터가 스스로의 학식과 문장의 능력을 과시하여 상사의 비위에 영합함으로써 출세의 한 수단으로 삼은 것이었다. 곧 세상과 영합했으므로 현실비판보다는 세상을 교도敎導하는 권선징악勸善懲惡에 가까웠다. 그러므로 엄밀한 의미에서 작가정신이 결여되어 있다고 할 수 있다.

또한 구우瞿佑가 『전등신화』를 쓴 동기를 그 권두 자서에서 살펴보

---

3) 정범진, 「당전기의 범주와 분류의 문제」, 『대동문화연구』 제12집, 성대 대동문화연구원, 1978.

기로 한다.

> 내가 이미 고금괴기지사古今怪奇之事를 편집해서 『전등록剪燈錄』이라고 했는데 무릇 사십 권이다. 그 속의 사건들은 모두 희비경괴喜悲驚怪한 일인데 애석한 바는 필로황무筆路荒蕪하고 사원천협詞源淺狹하여 크게 논할 바는 아니나 권선징악에 가까운 바 있을 것 같다.[4)]

이에서 보듯이 구우가 『전등신화』를 쓴 목적은 권선징악에 있었던 것이다. 또한 그의 문장이나 학식도 자랑하고, 아울러 상사의 비위를 맞추기 위해서 그러하였다고 하겠다. 이는 그가 『전등신화』의 원본인 『전등록』을 지어 널리 세상에 펴서 출세의 한 수단으로 삼은 것이 그 증거가 된다. 그러면 우리나라에서의 『금오신화』는 그 출발이 어떠하였는가? 이에 대하여는 정주동이 이렇게 언급하고 있다.

> 결국 『금오신화』를 제작하게 된 동기는 작가가 궁수窮愁를 씻기 위하여, 불교관을 반영하기 위하여, 강개심을 우의하기 위하여 패관서를 지어 보겠다는 욕구를 갖고 있던 차 마침 『전등신화』를 읽고 그 화려한 문장과 그 풍류기화의 뒤에 숨은 뜻이 자기의 염원과 일치하기 때문에 이를 본받아 이보다 나은 작품을 만들어 보겠다는 욕구에서 나온 것이라 하겠다.[5)]

여기서는 매월당이 자신의 빈궁과 시름과 강개심을 씻기 위하여, 또한 자신의 불교관을 반영하기 위한 수단으로 『금오신화』를 지은 것이라고 말한다. 그러나 매월당이 이 작품을 지은 동기는 그가 쓴 〈제금오신화題金鰲新話〉라는 시 속에 더 잘 나타난다.

---

4) 監谷瀘, "전등신화 해제" (지나문예대관 권10, 이재수, 앞의 논문, 재인용).
5) 정주동, 앞의 책, 463쪽.

玉堂揮翰已無心	옥당에서 글 짓던 것 벌써 이미 마음 없어
端坐松窓夜正深	송창에 단좌하니 밤은 정히 깊었구나
香揷銅爐烏几淨	향로에다 향 꽂으니 오궤가 깨끗한데
風流奇話細搜尋	풍류스런 기이한 말 자세하게 찾아내오.[6]

여기서 보면 매월당은 중국의 전기소설 작자처럼 출세의 한 수단으로 소설을 쓴 것이 아니니, '옥당에서 글 짓던 것 이미 마음 없어'라는 구절에서 세속의 욕망을 떠난 심정이 잘 드러나고 있다. 그래서 그는 '향로에다 향 꽂는' 초월의 세계에서 『금오신화』를 창작하는 것이다. 따라서 『금오신화』는 중국의 전기소설처럼 학식과 문장의 능력을 과시하여 상사의 비위에 영합하여 출세의 한 수단으로 삼지 않은 것이 분명 아니다.

오히려 매월당은 작품분석에서 살펴보았지만, 현실과 이상이 일치하지 않음을 피력하였다. 조동일의 이론으로는 자아와 세계의 대결이다. 결국 『금오신화』는 작가 자신의 결함과 세상의 결함을 고발한 문학이다. 따라서 출세의 수단이 아니라, 쓰지 않고서는 배길 수 없는 피로써 쓴 문학이다. 그렇기에 그는 그의 작품을 아무도 볼 수 없는 석실에 감추었던 것이었다.

둘째는 주인공의 성분이 다르다는 점이다. 즉 『전등신화』에서는 서민에서 양반까지, 그리고 다양한 직업의 사람들이 등장한다. 그러나 『금오신화』에는 양반 내지는 그 후예인 선비층만을 주인공으로 삼고 있다. 즉 『전등신화』에서는 선비, 부자, 관리, 협객, 상인, 평민, 농민, 처사 등이 등장하는 반면에 『금오신화』에서는 가난한 선비와 부유한 선비만이 등장한다. 이는 작품이 시대적 한계를 크게 벗어나지 못함을

6) 『매월당집』 시집 6.

나타내는 정직한 보고이면서, 동시에 『금오신화』가 최초의 고소설일 수 있는 당위성을 더욱 입증해 줄 수 있는 사실이라 하겠다.

즉 『전등신화』 속에서 이미 평민, 상인까지 주인공으로 등장한다는 것은 상당히 근대화에 가까워진 시대의 소산이므로 『전등신화』는 최초의 소설이라는 영예를 누릴 수 없다. 중국에서는 명 이전인 당송에 이르러 정치의 주역이 시민들을 중심한 지주들로 바뀌었을 때, 이미 전기소설이 출현하였기 때문이다. 그러나 『금오신화』에서는 모두 양반층 선비가 등장한다는 것은 아직 근대화에 가까워지지 못한 전근대의 소산으로, 우리나라 최초의 고소설이라는 문학사적 위치를 누릴 수 있는 역설적인 증거가 될 것이다. 우리나라 소설에서 평민들이 주인공으로 나오는 것은 훨씬 후대의 판소리계 소설에 가서야 가능하다. 왜냐하면 판소리계 소설이 출산된 시기는 영·정조대로 상당히 근대적인 시대정신이 성장한 때였기 때문이다. 따라서 『금오신화』야말로 설화의 시대에서 최초의 소설의 시대를 개막한 유일의 작품이 될 수 있는 것이다. 이는 다음의 형성과정에서도 밝혀질 것이다.

셋째는 형성과정에 있어서 『전등신화』는 시대에 역행한 데 비하여, 『금오신화』는 전대의 문학을 계승하여 발전시켜 나간 점이 다르다.

먼저 중국문학사상에 있어서 『전등신화』의 위치를 알아보자.

> 송대 흥기를 본 백화체소설은 원을 거쳐 명대에 이르러 작품이 산출되었는데도 불구하고 명초 구우의 『전등신화』는 당시 문예복고운동에 편승하여 당시 유행하던 백화체소설을 배척하고 진당의 지괴류에 추종하여 당인이 지은 염정 신화 일화 기문 괴담류의 전기를 즐겨 문어체로 이루어진 명대 희귀 유명한 단편집이다.[7)]

---

7) 감곡온, 앞의 논문.

즉 『전등신화』는 명대의 문예복고운동에 편승하여 당시 유행하던 백화체소설을 배척하고 오히려 진나라나 당나라의 지괴류志怪類를 추종한, 문학사적으로 시대에 역행한 작품이라고 하겠다. 이에 비해 『금오신화』는 그 형성과정에서 살펴본 대로 전대의 설화·가전·시화 등에서 형식이나 구조, 그리고 근원설화에서 이들을 긍정적으로 수용하여 후대에 근대소설이 나올 수 있는 발판을 마련한 최초의 유일한 고소설이다. 따라서 『금오신화』는 우리 문학사에 있어 없어서는 안 될 교량적인 역할을 담당하고 있다. 곧 전대의 문학적 전통을 발전적으로 계승한 수작이라 하겠다.

살펴본 대로 『금오신화』는 출세의 수단이 아니라 자기와 세계의 고발이라는 작가의식면에서, 주인공이 평민이 아닌 양반이어서 오히려 최초의 소설이 될 수 있다는 문학사적인 면에서, 그리고 퇴보가 아닌 전대문학의 발전적 계승이라는 면에서 『전등신화』와 그 발생이 구별된다. 이렇게 성립된 『금오신화』는 후대 고소설의 연원이 되어 본격적인 소설의 시대를 선포한다.

『금오신화』가 후대의 작품에 끼친 영향에 대해서는 이미 정주동에 의하여 자세히 고찰된 바가 있다. 그는 첫째 표제에서, 둘째 인물형에서, 셋째 유불도의 혼합사상에서, 넷째 신괴소설에서, 다섯째 환몽소설에서, 여섯째 연정소설에서, 일곱째 서민적 소설에서, 여덟째 저항소설에서, 아홉째 일본문학에 영향을 준 점에서 모두 후대소설의 원류가 된다고 주장하였다.[8] 필자도 이에 대체로 공감을 하지만, 소설의 표제와 형식, 구조와 제재면에서 이를 재정리하고자 한다.

첫째, 표제면에서는 정주동과 같은 생각이다. 후대의 『홍길동전』·『

---

8) 정주동, 앞의 책, 828-831쪽 참조.

춘향전』 같은 '전'이나, 『삼설기』·『사씨남정기』 같은 '기'나 『수성지』 같은 '지'나, 『원생몽유록』·『임진록』 같은 '록'은 모두 『금오신화』의 문체에서 유래하였다고 하겠다.

둘째, 형식면에 있어서 후대소설은 거의 『금오신화』와 마찬가지로 삽입시의 형식을 취하고 있다. 이에 대하여서 정규복의 언급도 있었지만,[9] 『운영전』이나 『원생몽유록』등의 초기 작품에는 상당히 많은 삽입시가 있으나 후대로 가면 『구운몽』이나 『춘향전』등에서와 같이 점차 그 수효가 적어지는 것이 특색이다.

셋째, 구조면에 있어서 〈현실-이상〉의 양면구조를 취하고 있다. 이는 무릇 모든 소설에 있어 작자가 '있는 세계'에서 '있어야 할 세계'를 추구하는 본질상, 소설은 현실과 이상의 세계를 동시에 수용하고 있기 때문이다. 잘 알려진 『춘향전』을 보더라도 현실의 기생춘향과 이상의 양반춘향인 양면이 드러나는 것이다.[10]

넷째, 제재면에서 『금오신화 속에 있는 인귀교환설화, 신선설화, 지옥설화, 용궁설화 등이 후대의 작품에서도 수용된다.

인귀교환설화는 『양산백전』·『숙영낭자전』등에 수용되며, 신선설화는 『삼자원종기』·『김신선전』등에 수용되며, 용궁설화는 『심청전』이나 『토끼전』 등에 수용됨은 너무나 잘 알려진 사실이다. 크게 보면 『금오신화』가 설화를 근원으로 하여 소설화되었듯이, 후대의 소설들도 설화를 근원으로 하여 소설을 생성하였던 것이다.

이렇게 볼 때, 『금오신화』는 후대의 작품에 그 표제, 형식, 구조, 근원설화면에서 그대로 영향을 주고 있음을 알 수 있다. 이는 『금오신화』가 고소설로서 완전한 형식을 갖추었다는 증명이 되기도 한다. 따라

---

9) 정규복, 「한중 비교문학의 문제점」.
10) 설중환, 「춘향전 재고」, 『국어국문학』 82, 국어국문학회, 1980 참조.

서 『금오신화』는 고소설의 전범이며 원류라 하여 당연할 것이다.

결국 『금오신화』는 전대문학의 전통 속에서 거둘 수 있는 모든 예술적인 성과를 집대성하여 이를 후대에 물려준 데서 그 문학사적인 의의를 찾을 수 있다. 따라서 『전등신화』는 중국소설사에서 제대로 언급도 될 수 없는 반면에, 『금오신화』는 우리 소설사에서 대서특필되어야 하는 이유가 바로 여기에 있다고 생각된다.

Ⅵ. 결론

지금까지 김시습의 작가적 배경과 『금오신화』의 형성과정, 그리고 작품의 문학적 특질과 그 문학사적 의의를 고구해 보았다. 이제 이들을 요약하여 결론으로 삼고자 한다.

매월당은 양면성을 지닌 정치가, 사상가, 문학가로서 살아갔다. 그러나 이제까지 매월당에 대한 연구는 주로 그의 어느 일면에만 치우친 듯한 감이 없지 않았다. 이에 본 논문에서는 그의 양면을 동시에 고려하면서, 그와 그의 작품을 총체적으로 이해하고자 하였다. 매월당이 유학자이면서 승복을 걸쳤고, 절의를 지키면서도 공명을 이루려 했고, 또한 현실주의자이면서도 늘 이상을 추구했던 양면적 생활은, 그가 처했던 시대상황과 무관하지 않았다. 살펴본 대로 여말·선초는 우리 역사의 일대변혁기로 정치적으로는 왕권과 신권이, 사상적으로는 유학과 불교가, 그리고 문학적으로는 관인문학과 처사문학이 서로 대립해 있던 양면성의 시대였다. 이런 신·구가 교체되던 과도기 속에서, 매월당은 주어진 현실보다 늘 더 나은 이상을 추구한 정열적인 지식인이었다고 할 수 있다.

그는 유학의 왕도정치가 가장 이상에 가깝게 실현되던 세종대에 하급무관의 한미한 집안에서 태어났으나, 왕도정치 하에서 화려하였던 옛날의 가문을 되찾고자 당시 거유들이었던 이계전, 김반, 윤상 등의 문하에서 대망을 품고 학업에 매진하였다. 그러나 중첩되는 가정비극, 유일한 희망이었던 과거에의 낙방, 그리고 숭불무단인 세조의 등극 등으로, 그는 타의에 의해 은둔의 길을 걷게 된다. 처음 20대에는 실의하여 전국을 주유하며 무상감을 달래었고, 30대에 들어가서는 다시 막연하나마 현실에 참여할 준비를 위해 책을 사가지고 경주 금오산실에 정착한다. 10여 년간의 방랑 끝에 외딴 암자에 파묻힌 그에겐 초라한 현실과 끝내 포기할 수 없는 이상 사이에서 갈등을 하게 되고, 그것이 작품 『금오신화』로 표현된다. 그는 이 작품으로 그의 모든 절박했던 문제들—한, 소극적인 절의, 허무감, 유자적 통치욕, 지기지은—을 해결하였던 것이다.

세상이 다시 숭불무단의 패도에서 숭유문치를 표방한 성종의 시대로 바뀌자, 때를 기다리던 처사 매월당은 현실세계로 뛰어나간다. 그러나 서거정, 정창손, 김수온 등의 옛 동료들은 이미 달관현직하여 있었고, 그는 이상을 실현하기에는 너무 늙었음을 실감하게 된다. 이에 그는 한동안 실의에 빠져 미친 듯 행동하다가, 이내 수락산에 들어가 선문에 의지하여 슬픔을 달랜다. 그러나 그는 47세 때 다시 세상에 나와 승복도 벗고 재혼도 하여 한 사람의 평범한 일상인이 되고자 하였으나, 하늘은 그를 범인으로 놓아두지 않았다. 즉 그의 재취한 부인이 죽고, 세상은 다시 윤씨 폐비사건으로 시끄러워졌다. 이에 그는 다시 방랑의 길을 떠난다. 왜냐하면 그는 더 이상 현세에서 성취할 아무 것도 없었기 때문이다. 그가 어렸을 때부터 품었던 야망도, 은둔하면서까지 기다렸던 막연한 꿈도, 끝내는 가장 평범한 일상인으로의 절박한 소망까지 사라진 것이다. 따라서 그는 이제 현실에서가 아니라 초월적 공간에서 초세의 도를 닦고자 입산한 것이다. 하지만 선문에 의지하며 초세하고자 했던 매월당도 인생의 무상을 벗어날 수 없었으니, 59세를 일기로 그의 마지막 안식처였던 홍산 무량사에서 조용히 숨을 거둔다.

결국 매월당은 현실 속에서 이상을 추구하다가, 타의로 은둔하게 되고, 때가 왔다고 생각하여 세상에 나갔으나 좌절만 하고, 이후엔 초월적 공간에서 초세의 도를 닦으며 은일하였던 것이다.

그의 문학세계도 생애와 더불어 변모하여 갔으니, 그가 이상을 품고 수학하던 때에는 관인문학에 열중하였고, 처사가 되었을 때는 자연 처사문학 쪽으로 기울게 된다. 그러나 그는 이 두 세계의 어디에도 안주할 수 없었으니 이들 세계가 그를 용납하지 않았고 그도 이들을 거부하였기 때문이다. 이에 그는 방외인이 되었고, 결국은 방외인문학이란 새로운 문학의 장을 열게 된다. 결국 그는 관인문학에서 처사문학으로, 끝내는 방외인문학을 개척하게 된 것이다.

『금오신화』의 형성과정에 있어서는 두 가지 측면에서 살펴보았다. 첫째는 조선초기의 편찬사업과 번역사업에서 보인 바 왕성했던 문화적 기운과, 훈민정음 창제정신인 민본주의, 자주정신, 과학기술주의 등 당시 심층적으로 내재하여 있던 근대적인 문화적 성격에서 소설이 발생할 수 있었다고 본다. 둘째로 이러한 문화적 기운과 성격 속에서 소설이 형성될 구체적 여건이 성숙되었으니, 삽입시와 찬의 형식, 〈현실-이상〉의 양면구조, 그리고 인귀교환설화, 신선설화, 지옥설화, 용궁설화 등 근원설화의 제재가 그것이다. 이는 전대문학인 설화와 시화와 가전에서 발전해 온 것들이었다. 이러한 성숙된 여건을 결정하여 하나의 구체적인 소설로 개화하게 된 것은 중국의 『전등신화』를 언급하지 않을 수 없다. 왜냐하면 그는 『전등신화』와 똑같은 문체, 형식, 구조, 근원설화를 취하였기 때문이다.

결국 『금오신화』는 매월당이 당대의 문화적 기운과 성격 속에서 『전등신화』의 직접적인 영향을 받아 전대의 국내외문학의 전통을 계승하여 발전시킨 것이라고 하겠다. 이것은 그가 중세 봉건주의 하에서도 근대적 의식을 각성한 선각자이었으므로 최초의 소설가라는 영예를 안게 된다.

작품의 문학적 특질에 관해서는 작품의 구조적 의미, 창작기법 그리고 작가정신 등의 측면에서 살펴보았다.

작품의 구조는 〈현실-이상-현실-이상〉의 양면구조를 취하고 있었다. 이것은 신·구가 교체하던 그 시대의 양면성을 나타내면서, 동시에 금오산실에서 현실과 이상 사이에서 갈등하던 작가의 양면적인 심정을 나타낸 것이기도 하다.

작품은 주인공의 역할에 따라 두 가지로 나누었다. 먼저 〈만복사저포기〉, 〈이생규장전〉, 〈취유부벽정기〉는 매월당이 그의 양면을 남녀 주인공에게 의탁하였다. 곧 양생은 고독하고 한 많던 현실의 그 자신을, 이생은 소극적인 절의를 지켰던 생육신 김시습을, 홍생은 유자로서 현세에 허무를 느낀 현실의 그를 각각 대변한다고 하겠다. 그리고 여주인공은 모두 매월당이 바라는 무의식적 이상형이었으니, 〈만복사저포기〉의 여귀는 양생으로 하여 한을 풀었으며, 〈이생규장전〉의 최랑은 이생에게 적극적인 절의를 지켰으며, 〈취유부벽정기〉의 기씨녀는 신선이 되어 허무한 세계를 벗어났다. 작품은 현실의 매월당으로 비유된 남주인공들이 이상의 매월당으로 설정된 여주인공을 따라가는 과정을 그리고 있다. 이는 작가 자신이 바라던 무의식적 꿈이 이루어지는 것으로 보아야 할 것이니 한의 해소, 적극적인 절의의 추구, 죽음에서의 해탈 등이 그것이다.

다음으로 〈남염부주지〉와 〈용궁부연록〉은 남자 주인공만 나온다. 그러나 이 한 사람의 주인공에 매월당의 양면이 의탁되어 나온다. 즉 〈남염부주지〉에서의 박생은 현실계에선 유불 사이를 방랑하고 과거에 떨어져 늘 불쾌해 하고 있었는데 이는 곧 현실의 그 자신을 나타내고, 박생이 염부주에 가서야 염왕과 대답을 통해 유교가 정도이고 불교가 사도임을 확인하게 되고 더불어 실력도 인정받아 염왕까지 되니, 이는 '이상의 그'를 그린 것이라고 하겠다. 다음으로 〈용궁부연록〉에서의 한생은 현실계에서 문사로 이름이 났지만 크게 인정받지 못한 존재로 현실의 매월당과 같았으나, 그가 용궁에 가서야 용왕으로부터 이름이 삼한에 떨치고 재주가 백가에 으뜸간다는 인정을 받고 풍류를 즐겼으니 이는 바로 매월당 자신의 자부심의 표현이었다. 이렇게 두 작품은 현실계에서 불만족하던 주인공들이 염부주나 용궁에 가서야 그들의 바라던 바를 얻는 과정을 그리고 있다. 이 역시 작가의 꿈—유자적 통치욕과 지기지은을 갈구하는 심정이 잘 드러난 작품이라 하겠다.

결국 『금오신화』 5편은 모두 현실의 매월당과 이상의 매월당이 동시에 나타나서 이상이 현실을 이기고 그 꿈을 실현하는 과정을 그리고 있다. 이것은 매월당이 본래의 자기를 발견한 것이라 할 수 있을 것이다. 그러나 〈만복사저포기〉나 〈용궁부연록〉에서는 자신의 문제를 확대하여 인간 모두의 문제—한과 지기지은—를 다룸으로써 인간의 발견에까지 나아갔다고 하겠다. 이와 같이 자기발견 내지 인간의 발견은, 그 당시가 중세봉건주의라는 사실을 감안할 때 위대한 작가정신의 발로라 아니할 수 없다.

또한 『금오신화』가 위대한 작품이 되는 이유는 그 구조적 의미와 작가정신 이외에도, 창작기법에서 밝혀질 수 있다. 먼저 독자로 하여금 흥미를 유발하게 하기 위하여 조선의 전형적인 이상적 여인을 여주인공으로 설정하였으며, 문체와 내용이 일치하고, 각 표제가 주제와 밀접한 관계를 맺게 상징적으로 명명하였으며, 또한 배경은 지리적이고 시간적인 것을 사실적으로 설정하였음은 물론, 주제와 밀접하게 유불선과 음양을 그 사상적 배경으로 취하여 적실하다고 하겠다. 아울러 서두에는 작품의 의미가 암시되어 나타나고 결말에는 그 암시가 잘 지켜지도록 하여 서두와 결말이 상호 유기성을 갖도록 꾸며져 있다. 이러한 이유들로 하여 『금오신화』는 위대한 고소설이라 할 수 있겠다.

끝으로 문학사적 의의를 살펴보았다. 『금오신화』는 『전등신화』로부터 직접적인 영향을 받았지만, 비교한 결과 출세의 수단이 아니라 자기와 인간의 발견이라는 작가정신면에서, 주인공이 평민이 아닌 양반 선비이어서 오히려 최초의 고소설이 될 수 있다는 문학사적인 면에서, 그리고 문학사의 흐름에서 복고가 아닌 전대문학의 발전적 계승이라는 점에서 『전등신화』와 차별된다.

결국 『금오신화』는 전대문학의 전통 위에서 거둘 수 있는 모든 예술적인 성과를 수렴하여 하나의 위대한 전통을 세워 후대에 물려주었다는 데서 그 문학사적인 의의를 찾을 수 있을 것이다. 본 연구를 끝내면서 필자는 『금오신화』가 문학사적 위치뿐만 아니라 작품 그 자체로서의 문학성도 정말 뛰어남을 새삼 강조하고 싶다.

참고문헌

〈기본자료〉

김시습, 『매월당전집』, 영인본, 성대 대동문화연구원, 1973.

〈논저〉

강진옥, 「금오신화와 '만남의 문제」, 『고전소설연구의 방향』, 한국고전문학연구회 편, 새문사, 1985.

고석구, 「현대소설의 기교」, 『영미소설론』, 신구문화사, 1980.

구인환, 「작가정신과 현실」, 『관악어문연구』, 서울대 국문과, 1978.

금장태, 「세종시대의 철학사상」, 『세종조문화의 재인식』, 한국정신문화연구원, 1982.

김무조, 「집현전고」, 『여천서병국박사화갑기념논문집』, 형설출판사, 1979.

김미란, 「금오신화에 나타난 여귀」, 『연세어문학』 9·10 합집, 1977.

김성기, 「만복사저 포기에 대한 심리적 고찰」, 『한국고전산문연구』, 동화문화사, 1981.

김용덕, 「남염부주지의 구성 분석」, 『고전소설연구의 방향』, 한국고전문학연구회 편, 새문사, 1985.

김일렬, 「금오신화 고찰」, 『조선전기의 언어와 문학』, 형설출판사.

김일렬, 「설화의 소설화」, 『한국문학연구입문』, 지식산업사, 1982.

김현룡, 『한중소설설화비교연구』, 일지사, 1977.

박병채, 『역해 훈민정음』, 박영사, 1976.

박성의, 「비교문학적 견지에서 본 금오신화와 전등신화」, 『문리논집』 제3집, 고대 문리대, 1958.

박태상, 『조선조애정소설연구』, 태학사, 1996.

박홍수, 『세종대왕의 과학정책과 그 성과』, 한국정신문화연구원, 1982.

서규태, 「매월당의 유심적 인생관과 시세계」, 고대 대학원, 1982.

서대석, 「몽유록의 장르적 성격과 문학적 의의」, 『한국학논집』 제3집, 한국학연구소, 1975.

설중환, 「고대소설 여주인공들의 연령」, 『국어국문학』 87, 국어국문학회, 1982.

설중환, 「금오신화론」, 『한국고전소설론』, 한국고전소설편찬위원회, 새문사, 1990.
설중환, 「금오신화와 홍길동전의 거리」, 『인문논집』 6, 고려대 인문대학, 1988.
설중환, 「금오신화의 귀신」, 『어문논집』 23, 고려대 국문학과, 1982.
설중환, 「금오신화의 삽입시연구시론」, 『전주우석여대논문집』 제1집, 1980.
설중환, 「금오신화의 역학적 고찰」, 『성곡논총』 제27집 1권, 성곡학술문화재단, 1996.
설중환, 「만복사저포기: 분석심리학으로 읽어보기」, 『한국학연구』 15, 고려대학교 한국학연구소, 2001.
설중환, 「만복사저포기와 불교」, 『어문논집』 27, 고려대 국문학과, 1987.
설중환, 「매월당 김시습과 경주」, 『경주사학』 제16집, 경주사학회, 1997.
설중환, 「이생규장전: 분석심리학으로 읽어보기」, 『한국학연구』 21집, 고려대 한국학연구소, 2004.
설중환, 「조선초기 전기소설의 개념과 형성」, 『한국서사문학사의 연구』, 경산사재동박사화갑기념논총, 중앙문화사, 1995.
설중환, 「파한집의 수필문학적 성격」, 『어문논집』 제21집, 고대 국어국문학회, 1980.
신석호, 「학문의 발전과 편찬사업」, 『한국사』 11, 국사편찬위원회, 1974.
안계현, 「불교억제책과 불교계의 동향」, 『한국사』 11, 국사편찬위원회, 1974.
윤사순, 「조선 전기 성리학의 사상적 기능」,『한국학논집』 2, 계명대 한국학연구소, 1975.
이가원, 「금오신화 해제」, 『금오신화』, 통문관, 1959.
이병혁, 「여말·선초의 관인문학과 처사문학」, 『한국문학연구입문』, 지식산업사, 1982.
이부영, 『개정증보판 분석심리학』, 일조각, 1998.
이상익, 「시화집에 정착된 설화들」, 『국어교육』 31, 한국국어교육연구회, 1977.
이상택, 「취유부벽정기의 도가적 문화의식」, 『한국고전소설의 탐구』, 중앙출판, 1981.
이숭녕, 「세종조의 시대적 배경」, 『세종조 문화의 재인식』, 한국정신문화연구원, 1982.
이우성, 「조선전기 성리학과 사대부」, 『한국학논총』 2, 1975.
이원주, 「도학파의 문학」, 『한국문학연구입문』, 지식산업사, 1982.

이재수, 『한국소설연구』, 선명문화사, 1969.
이종진, 「시와 문의 분합관계로 본 중국문학의 연진」, 『중국어문학』 창간호, 영남중국어문학회, 1980.
임동진, 「한국의 민속종교와 불교」, 『어문논집』 제13집, 중앙대 국문학과, 1978.
임형택, 「16세기 사림파의 문예의식」, 『한국학논집』 제3집, 계명대 한국학연구소, 1975.
임형택, 「한문학」, 『한국사』 11, 국사편찬위원회, 1974.
임형택, 「현실주의적 세계관과 금오신화」, 국문학연구회, 1971.
장덕순, 「김시습과 금오신화」, 『한국고전문학의 이해』, 일지사, 1973.
전성운, 「금오신화의 창작방식과 의도」, 『고소설연구』 제24집, 한국고소설학회, 2007.
정규복, 「한중비교문학의 문제점」, 『어문학』 12호, 한국어문학회, 1965.
정규복, 「환몽설화고」, 『아세아연구』 통권 18호, 아세아문제연구소, 1958.
정병욱, 「김시습과 금오신화」, 『한국고전소설』, 계명대학출판부, 1974.
정병욱, 「매월당집 해제」, 『국역매월당집』 1, 세종대왕기념사업회, 1977.
정요일, 「조선전기의 시학」, 『한국고전시학사』, 홍성사, 1979.
정주동, 「김시습의 귀신관과 도교관」, 『조윤제박사회갑기념논총』, 1964.
정주동, 『매월당 김시습연구』, 신아사, 1965.
정한숙, 『소설문장론』, 고대출판부, 1977.
조동일, 「가전체의 장르규정」, 『장암지헌영선생화갑기념논총』, 1971.
조동일, 「조선 전기 성리학과 국문학의 장르」, 『한국학논총』 제2집, 계명대한국학연구소, 1975.
조동일, 『한국소설의 이론』, 지식산업사, 1977.
주요섭, 「소설론」, 『영미소설론』, 신구문화사, 1980.
차용주, 「몽유록계소설연구」, 고대 대학원, 1978.
최남선, 「금오신화 해제」, 『계명』 19, 1927.
최삼룡, 「금오신화의 구조적 특질」, 『국어국문학』 제21집, 전북대 국문과, 1980.
최삼룡, 「금오신화의 비극성에 대한 초월의 문제」, 『어문논집』 22, 1981.
최삼룡, 「전기소설 창작에 대한 도가적 입장에 관한 시론」, 『국어국문』 제20집, 전북대 국문과, 1979.
최삼룡, 『한국초기소설의 도선사상』, 형설출판사, 1982.

최숙인, 「이생규장전 연구」, 『이화어문논집』 제3집, 이화어문학회, 1980

최승희, 「세종조의 문화와 정치」, 『세종조 문화의 재인식』, 한국정신문화연구원, 1982.

최승희, 「집현전연구 상·하」, 『역사학보』 32·33집, 1967.

최승희, 「훈민정음·서적편찬」, 『한국사연구입문』, 한국사연구회, 1981.

최웅, 「소설이란 용어의 개념에 대하여」, 『관악어문연구』 제4집, 서울대 국문과, 1979.

한영우, 「조선왕조의 정치·경제 기반」, 『한국사』 9, 국사편찬위원회, 1974.

한우근, 「한국사 개요」, 『한국사』 9, 국사편찬위원회, 1974.

한충희, 「조선초기의 의정부 연구」, 계명대 대학원, 1980.

홍이섭, 『세종대왕』, 세종대왕기념사업회, 1971.

황패강, 『조선왕조소설연구』, 한국연구원, 1978.

설중환

학력 및 경력

고려대학교 문과대학 국어국문학과 및 동대학원 졸업
문학박사
전주우석대학교, 계명대학교를 거쳐 고려대학교 교수로 재임 중 서창사무처장,
인문대학장, 한국학연구소장 등을 역임
현재 고려대학교 명예교수

저서

『금오신화연구』, 『판소리사설연구』, 『한국고소설의 이해』, 『한국고전산문의 이해』, 『꿈꾸는 춘향』, 『새롭게 읽는 춘향전』, 『새롭게 읽는 심청전』, 『다시 읽는 단군신화』 등 다수

논문

「고대소설 여주인공들의 연령」(1982), 「홍길동전의 구조적 의미와 유학」(1985), 「구운몽의 불교세계」(1991), 「한국인의 이상적인 승려상」(2000), 「전우치전의 한사상적 연구」(2007) 등 다수

民族文化研究叢書 15

(개정증보) 금오신화 연구

1983년 10월 10일 초판 발행
2013년 8월 31일 개정판 발행

저 자 설중환
발행인 최용철
발행처 高麗大學校 民族文化研究院

등록 1964년 9월 28일 제6-18호
주소 서울특별시 성북구 안암동
전화 02-3290-1610~3
팩스 02-926-8385
http://riks.korea.ac.kr

정가 17,000원